高等院校物流管理与工程类专业创新应用型人才培养立体化系列教材

物流系统仿真实验

主 编 周 敏

清华大学出版社
北京

内 容 简 介

本书立足高等学校物流教育的实际需要，牢牢把握本科物流管理专业人才培养的目标，旨在比较全面、系统地介绍物流系统仿真的主要内容和发展动态，从理论与实践相结合的视角，全面分析系统仿真的底层技术和仿真应用。本书从物流系统仿真概述、Arena 软件概貌、仿真输入与输出数据分析、Arena 仿真建模流程四个方面由浅入深详细描述相关基本理论；通过 10 个具体实验的介绍，详细阐述了利用 Arena 软件对实际物流运营系统建模的思路和操作步骤；通过 10 个配套练习，实现对课程内容的系统化回顾和应用，达到学以致用的目的。读者通过学习本书内容，可以对现实中的物流系统进行建模仿真。

本书可作为物流管理、供应链管理等相关专业本科生和硕士研究生物流系统仿真课程的教材或教学参考书，也可作为有关工程技术人员的自学参考书。

本书封面贴有清华大学出版社防伪标签，无标签者不得销售。
版权所有，侵权必究。举报：010-62782989，beiqinquan@tup.tsinghua.edu.cn。

图书在版编目（CIP）数据

物流系统仿真实验/周敏主编．—北京：清华大学出版社，2022.6
高等院校物流管理与工程类专业创新应用型人才培养立体化系列教材
ISBN 978-7-302-60625-3

Ⅰ.①物… Ⅱ.①周… Ⅲ.①物流－系统仿真－高等学校－教材 Ⅳ.①F253.9

中国版本图书馆 CIP 数据核字(2022)第 064526 号

责任编辑：吴梦佳
封面设计：常雪影
责任校对：李　梅
责任印制：丛怀宇

出版发行：清华大学出版社
网　　址：http://www.tup.com.cn，http://www.wqbook.com
地　　址：北京清华大学学研大厦 A 座　　邮　编：100084
社 总 机：010-83470000　　邮　购：010-62786544
投稿与读者服务：010-62776969，c-service@tup.tsinghua.edu.cn
质量反馈：010-62772015，zhiliang@tup.tsinghua.edu.cn
课件下载：http://www.tup.com.cn，010-83470410

印 装 者：北京国马印刷厂
经　　销：全国新华书店
开　　本：185mm×260mm　　印　张：15.25　　字　数：347 千字
版　　次：2022 年 6 月第 1 版　　印　次：2022 年 6 月第 1 次印刷
定　　价：45.00 元

产品编号：095054-01

前　言

随着互联网的快速发展,大规模存储设备和智能手机等移动终端设备的普及带动了云计算、物联网、大数据等新技术的兴起,从而给企业物流管理带来了巨大的变革。在现代大生产的格局中,企业在全球范围内开拓市场,物流也将获得进一步发展的更大空间。仿真是以系统理论、形式化理论、随机过程理论、统计理论以及优化理论为基础,借助计算机和仿真软件对实际系统行为进行动态实验研究的方法。通俗来讲,仿真是基于一定的知识或假设,对实际系统进行模拟,从而更加深入地了解整个系统,并且对系统做出科学的调整、改善和优化,为辅助决策提供依据。仿真、线性规划和网络技术一起被称为运筹学在应用领域中的三大支柱,在工业生产、交通运输、能源供应、医疗卫生、航空航天、军事作战、制造过程以及社会服务等领域发挥着重要作用,展现出美好的前景。Arena 是美国 Rockwell Software 公司开发的通用仿真软件,具有功能强大、使用方便、界面直观、动画显示等优点。

为满足大数据时代企业物流管理发展对物流人才的需求,我们在高校人才培养模式、教育教学改革、课程体系建设等方面进行了积极尝试,本书即为湖南工商大学教学改革成果之一。本书得到教研教改项目——湖南省普通高校青年骨干教师培养项目的经费支持。

本书由三部分组成:第1~4章为理论部分,重点阐述仿真基本理念、模型构建思路、软件基本操作等内容;第5~14章为实验部分,通过重点分析10个场景的物流系统仿真实验,提升读者对物流系统仿真建模的理解;第15章为模拟习题,所有实验部分都设置了对应的模拟习题,帮助读者通过实践训练提升分析问题和仿真建模的能力。另外,本书所对应的"Arena 仿真优化实验"课程被评为湖南省线上线下混合式一流课程,并建设了完整的在线课程网站,可以作为广大读者学习本书内容的有益补充。

本书具有以下三个特点。

(1) 理论与实践相结合,让读者"做中学"。本书以具体企业的物流管理实践为原型,采用理论讲述和实践案例相结合的方法,旨在帮助读者全面了解 Arena 软件的使用及实际物流运营系统的建模仿真,并通过以大量实际案例为基础的实验项目,提升读者的实际操作能力。

(2) 结构合理,逻辑体系完整,具有系统性特色。本书以物流运营系统及服务流程为主线,逻辑体系完整,形成一个有机系统。

(3) 内容丰富,体现科学性特色。本书内容丰富,不仅对 Arena 软件的使用及建模操作进行了阐述,更重要的是分析了系统建模的思路及仿真设计,使读者对企业物流管理内在规律有更深刻的体会。为方便读者学习，我们将涉及的内容制作成PPT、仿真模型等资料，供读者课外阅读。

本书是全体研究人员共同努力的成果。特别感谢湖南工商大学隆飘、伍可欣、占佳颖、黄劲龙等研究生在本书编写过程中进行的资料整理、实验案例测试等工作。在本书的研究与撰写过程中，我们学习借鉴了不少学者的研究成果，得到了清华大学出版社的大力支持与帮助，在此表示衷心的感谢。

本书可作为相关专业本科生和硕士研究生的教材或教学参考书，也可供有关工程技术人员自学参考。

现代物流运营系统的仿真优化是不断发展的过程，软件更新换代迅速，需要不断地研究与探索。因水平有限，书中难免存在不足之处，恳请大家批评指正。

周敏

2022 年 1 月

目 录

第1篇 理论部分

第1章 物流系统仿真概述 ………………………………………………… 3
第2章 Arena 软件概貌 …………………………………………………… 29
第3章 仿真输入与输出数据分析 ………………………………………… 66
第4章 Arena 仿真建模流程 ……………………………………………… 92

第2篇 实验部分

第5章 卸货平台手工仿真实验 …………………………………………… 127
第6章 制造物流系统基础实验 …………………………………………… 134
第7章 制造物流系统仿真实验 …………………………………………… 142
第8章 概率板仿真实验 …………………………………………………… 153
第9章 码头卸货仿真实验 ………………………………………………… 163
第10章 多队列的物流系统仿真实验 …………………………………… 169
第11章 物流服务资源调度仿真实验 …………………………………… 177
第12章 快餐配送中心调度实验 ………………………………………… 192
第13章 仓库布置优化仿真实验 ………………………………………… 201
第14章 库存控制优化仿真实验 ………………………………………… 209

第3篇 仿真习题

第15章 仿真实验习题 …………………………………………………… 219
参考文献 …………………………………………………………………… 236

第1篇 理论部分

第 1 章

物流系统仿真概述

> **学习目标**
>
> (1) 掌握物流系统的特点。
> (2) 熟悉物流系统仿真的基本概念和要求。
> (3) 掌握手工仿真的基本原理与方法。

1.1 物流系统概述

1.1.1 系统的概念

英文中系统(system)一词来源于古代希腊文,意为部分组成的整体。系统的定义应该包含一切系统所共有的特性。一般系统论创始人贝塔朗菲定义:"系统是相互联系、相互作用的诸元素的综合体。"这个定义强调元素间的相互作用以及系统对元素的整合作用。如果对象集 S 满足下列两个条件:①S 中至少包含两个不同元素;②S 中的元素按一定方式相互联系,则称 S 为一个系统,S 的元素为系统的组分。

这个定义指出了系统的三个特性。

(1) 多元性,系统是多样性的统一、差异性的统一。

(2) 相关性,系统不存在孤立元素组分,所有元素组分相互依存、相互作用、相互制约。

(3) 整体性,系统是所有元素构成的复合统一整体。

这个定义说明了一般系统的基本特征,将系统与非系统区别开来,但对于定义复杂系统有着局限性。另外,严格意义上,现实世界的"非系统"是不存在的,构成整体的而没有联系性的多元集是不存在的。对于一些群体中元素间联系微弱,从而可以忽略这种联系,可把它视为二类非系统。

1.1.2 物流系统的结构

物流系统和一般系统一样,具有输入、转换、输出三要素。通过输入和输出使系统与社会环境进行交换,使系统和环境相依存,如图1-1所示。

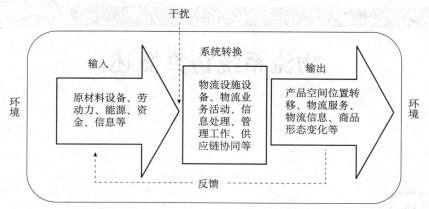

图1-1 物流系统的一般结构

物流系统是一个由许多不同层次结构的子系统组成的人工大系统,物流系统的各个层次在地位与作用、结构与功能上表现出不同的等级秩序。大多数管理系统都属于随机系统。对于这类系统,当其复杂性超过一定限度时,运用数学解析方法建立系统模型并求解往往是很困难的,甚至是不可能的。在这种情况下,系统仿真法就显示出其优越性。

1.1.3 物流系统的特性

物流系统是由物流各要素组成的,要素之间存在着有机联系并使物流总体功能合理化。物流系统的目的是实现物资在时间和空间上的最大效益,在保证社会再生产顺利进行的前提下,实现各种物流环节的合理衔接,并使经济效益最大化。物流系统是社会经济大系统的一个子系统。

物流系统除了具有一般系统所共有的整体性、相关性、目的性和环境适应性外,同时具有规模庞大、结构复杂、目标众多等大系统所具有的特征。其中,系统的整体性主要体现在系统的整体功能上,这个整体功能是指各组成要素通过整合使整体功能大于各部分功能之和;相关性是指各组成要素间相互作用、相互影响,从而使系统保持稳定;目的性是指系统具有能使各要素集合在一起的共同目的;环境适应性要求系统能够经常与外部环境保持最佳的适应状态。物流系统的特性体现在以下几个方面。

(1)物流系统是一个大跨度系统。物流系统在时间和空间上的跨度都很大。大跨度系统使其在管理上比较困难,而且对信息的依赖度也较高。

(2)物流系统是一个可分系统。随着人们对物流的认识和研究的不断深入,物流系统的子系统得以不断扩充,然后可以分解成若干个相互联系、相互影响的子系统。

(3)物流系统是一个动态系统。物流系统内部各要素及系统的运行状况经常发生变化,物流受到社会生产和需求的广泛制约。多变的社会环境要求人们必须对物流系统的各组成部分不断地进行修改、完善,物流系统也必须具有足够的灵活性与可变性。

(4)物流系统是一个复杂的系统。在整个物流活动过程中,贯穿着大量的信息,物流系统要通过这些信息把各子系统有机地联系起来。

(5) 物流系统是一个多目标函数系统。物流系统的总目标是实现宏观和微观的经济效益。为了使物流系统满足人们的要求，必须建立物流多目标函数，在多目标中获得最佳效果。

1.2 仿真概述

1.2.1 仿真的定义

仿真是以系统理论、形式化理论、随机过程理论、统计理论以及优化理论为基础，借助计算机和仿真软件对实际系统行为进行动态实验研究的方法。通俗地讲，仿真是基于一定的知识或假设，对实际系统进行模拟，从而更加深入地了解整个系统，并且对系统做出科学的调整、改善和优化，为辅助决策提供依据。

对于包含多种随机因素的复杂系统，通常难以用数学模型或解析方法精确地描述和求解时，可以根据系统内部的逻辑关系和数学关系，面向系统的实际过程和行为来构造仿真模型，在很少假设或不作假设的前提下，建立包括系统主要因素和具体细节的模型框架，并通过仿真实验运行，得到复杂系统的解。

1.2.2 仿真的优越性

相比其他研究方法，仿真具有以下三个优势。

(1) 仿真可以将研制过程、运行过程和实施过程放在实验室中进行，具有良好的可控制性、无破坏性、可复现性和经济性等特点。

(2) 系统仿真在理论上体现了实验思考的方法论，用它可以探索高技术领域和复杂系统深层次的运动机理与规律性，给出人们直观逻辑推理不能预见的系统动态特征，具有科学的先验性。

(3) 系统仿真建模具有面向过程的特点，仿真模型与所研究系统的运行过程在形式和逻辑上存在对应性，避免了建立抽象数学模型的困难，显著简化了建模过程，具有很好的直观性。

仿真已成为人类认识和改造客观世界的重要方法，在一些关系到国家实力和安全的关键领域，如航空航天、信息、生物、材料、能源、先进制造、农业、教育、军事、交通和医学等，发挥着不可或缺的作用。仿真、线性规划和网络技术一起被称为运筹学在应用领域中的三大支柱，在工业生产、交通运输、能源供应、医疗卫生、航空航天、军事作战、制造过程以及社会服务等领域发挥着重要作用，展现出美好的前景。

1.2.3 仿真科学的发展阶段

(1) 初级阶段。在第二次世界大战后期，火炮控制与飞行控制系统的研究孕育了仿真科学与技术。20世纪40—60年代，相继研制成功了通用电子模拟计算机和混合模拟计算机，属于模拟仿真阶段。

(2) 发展阶段。20世纪70年代,随着数字仿真机的诞生,仿真科学与技术不但在军事领域得到迅速发展,而且扩展到工业领域,相继出现了一些从事仿真设备和仿真系统生产的专业化公司,使仿真技术进入产业化阶段。

(3) 成熟阶段。20世纪90年代,为了更好地实现信息与仿真资源共享,促进仿真系统的交互操作和重用,以美国为代表的发达国家在聚合级仿真、分布式交互仿真、并行交互仿真的基础上形成了高层体系结构(high level architecture,HLA),网络化仿真成为典型特征,标志着仿真科学与技术进入成熟阶段。

(4) 新发展阶段。复杂系统仿真的新发展阶段是20世纪末和21世纪初,对广泛领域的复杂性问题进行科学研究的需求进一步推动仿真科学与技术的发展,仿真科学逐渐发展成具有广泛应用领域的新兴的交叉学科。仿真科学与技术在系统科学、控制科学、计算机科学交叉融合中实现了跨越和创新,极大地扩展了人类认知世界的能力。它可以不受时空限制,观察和研究发生或尚未发生的现象,以及在各种假想条件下发生和发展过程的现象;可以深入到一般科学及人类生理活动难以到达的宏观或微观世界去进行研究和探索,从而为人类认识世界和改造世界提供全新的方法与手段。经过近一个世纪的发展,仿真科学与技术已形成独立的知识体系,包括仿真建模理论、仿真系统理论和仿真应用。

1.2.4 仿真的实际应用

仿真的实际用途体现在事前分析认证和事后分析改善两大方面,其最终目的是要辅助决策,降低成本,提高效益,其主要应用领域如下。

(1) 国防军事领域。新装备研制过程仿真、作战仿真等。

(2) 生产制造领域。生产线布局、设施规划、厂址选择、瓶颈分析、资源分配等。

(3) 供应链管理领域。物流规划、库存决策、运输规划等。

(4) 社会服务领域。系统性能分析、业务流程分析、投资决策分析(决策方案比较)等。

仿真应用的具体表现:提高设备利用率、减少排队等待、有效分配资源、减少缺货损失、减少资源故障带来的影响、确定最优批量问题、确定最优服务顺序问题、解决物料搬运问题、日常运作决策、实时监控、方案筛选等。国际上一致认为系统仿真是迄今为止最为有效、最经济的综合集成方法,是推动科技进步的战略技术。

1.2.5 仿真模型的类别

仿真模型的类别包括离散系统仿真、连续系统仿真、混合系统仿真,如图1-2～图1-4所示。

在离散系统中,状态变量仅在随机的时点上发生瞬间的跃变,而在两个相邻的时间点之间,系统的状态保持不变。在连续系统中,系统输出连续变化,变化的时间间隔为无穷小量,且存在系统输入或输出的微分项。

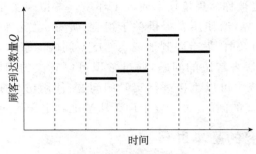

图 1-2 离散系统仿真

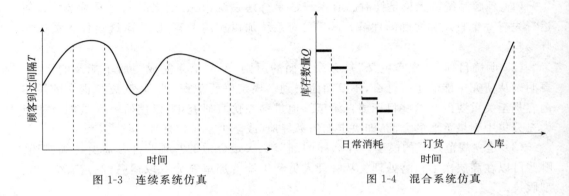

图 1-3 连续系统仿真　　　　　　图 1-4 混合系统仿真

1.2.6 仿真研究的适用性

适合用仿真研究方法解决的问题如下。

1. 复杂系统问题

复杂系统(complex system)是具有中等数目基于局部信息做出行动的智能性、自适应性主体的系统。复杂系统是相对牛顿时代以来构成科学事业焦点的简单系统而言的,二者具有根本性的不同。简单系统中的个体之间的相互作用比较弱,例如封闭的气体或遥远的星系,以至于人们能够应用简单的统计平均的方法来研究它们的行为。而复杂并不一定与系统的规模成正比,复杂系统要有一定的规模,复杂系统中的个体一般具有一定的智能性,如组织中的细胞、股市中的股民、城市交通系统中的司机,这些个体都可以根据自身所处的部分环境进行智能的判断或决策。

复杂系统是一个很难定义的系统,它存在于这个世界的各个角落。复杂系统不是简单系统,也不是随机系统;是一个复合的系统,而不是纷繁的系统(It's complex system, not complicated);是一个非线性系统;内部有很多子系统(subsystem),这些子系统之间又是相互依赖的(interdependence),子系统之间有许多协同作用,可以共同进化(coevolving)。在复杂系统中,子系统会分为很多层次,大小也各不相同。

2. 虚拟现实系统问题

虚拟现实系统(virtual reality system,VR,又译作灵境、幻真)是近年来出现的图形图像领域的高新技术,也被称为灵境技术或人工环境。虚拟现实是利用计算机模拟产生一个三度空间的虚拟世界,给使用者提供关于视觉、听觉、触觉等感官的模拟,让使用者如同身临其境一般,可以及时、没有限制地观察三度空间内的事物。

不适合采用仿真方法来解决的问题:通过常识可以解决的问题;通过理论分析可以解决的问题;在现实系统中可以直接进行实验的问题;使用仿真研究成本(资金成本、时间成本、数据成本等)过高的问题;过于复杂而无法被准确定义的问题。

1.2.7 仿真研究的基本过程

仿真研究不存在一个通用的套路,但通常要考虑以下几方面的问题。

(1) 理解系统。无论是针对已有系统还是待建系统,在研究之前一定要对系统如何运行先有一个直观和明确的理解。这需要对系统加以实地考察,以及系统运作人员的实际参与。

(2) 明确目标。"现实主义"是必须遵循的原则,不要承诺完成力所不能及的工作。要明确从研究中能够了解什么,不要面面俱到。规定好所观察、处理、变更与提交的具体内容是至关重要的。这些目标要自始至终地贯穿在仿真研究中,以使研究人员能将注意力充分集中到最重要的方面,即决定如何最好地(或至少是比较好地)运作该系统。

(3) 建立规范形式的模型。什么样的细节层次是合适的?哪些部分需要详细描述?哪些可以在高层次上粗略处理?从管理人员和决策者那里充分获取信息,制定有效的模型假设。

(4) 用计算机语言或软件实现模型。一旦模型假设得到确认,就可以用仿真软件来真实地表示这一模型。如果遇到困难,一定要以开放和诚实的态度来解决,决不能加以掩饰。要请懂得系统实际运行的人员积极参与。

(5) 验证所得到的计算机表示是否真实描述了概念模型。可以考察输入参数在各种极端情况取值下系统的行为,并利用能产生"直观明显"结果的输入数据来验证系统是否产生应有的输出,以及利用一些熟悉的数据按照模型逻辑过一遍,看是否能够得出预期结果。

(6) 模型确认。模型的输入分布与实地观察结果一致吗?模型的输出性能指标与实际情况一致吗?在此要做必要的统计检验,同时,许多经验和常识性的知识也是很有价值的。

(7) 实验设计。要策划出想要什么样的结果,以及如何通过仿真实验按一定的精度和效率得出这些结果。通常,经典的统计实验设计方法在此会很有帮助。

(8) 仿真实验运行。这一阶段的工作主要是计算机完成的。

(9) 分析结果。要想得到精确的结论表述,就要对结果进行正确的统计分析。显然,这又是与仿真实验设计密不可分的。

(10) 领悟本质。这一点说起来容易,实际做起来是很困难的。在目前的情况下,这些结果意味着什么?所有意义就在于此吗?其深层次的含义又是什么?通过这些结果能发现什么进一步的问题(需要进一步仿真)吗?所看到的是真正想要了解的系统性能指标吗?

(11) 对所完成的工作建立文档。相关工作不可能永远做下去，所以要让后续人员能比较容易地理解已完成了什么，以便工作能持续进行下去。要让管理人员最后能采纳辛苦得出的精确而可信的建议，提供一个好的文档将起着至关重要的作用。

1.3 物流系统仿真常见软件

1.3.1 Arena

Arena 是美国 Rockwell Software 公司开发的通用仿真软件，具有功能强大、使用方便、界面直观、动画显示等优点，可以很容易地建立诸如生产系统、服务系统等仿真模型；可以根据实际需要设定仿真参数进行动态系统模拟，从而对实际的复杂系统进行有效分析和处理；内嵌的 Microsoft VBA(Microsoft Visual Basic for Application)工具使 Arena 能够根据用户特定需求进行定制，还可以方便地与其他软件集成，如 Microsoft Office 产品、SQL Server 数据库产品等，从而对其功能进行扩充；Arena 采用面向对象编程(Object-Oriented Programming, OOP)的思想，将其核心模块都以类的形式封装在 Arena 类库中，以动态链接库(Dynamic-Link Library, DLL)的形式表现，在任何开发环境中都可以引用这些动态链接库，继而使用 Arena 的所有模块来达到控制整个仿真模型和仿真运行过程的目的。各种仿真软件的使用比例如图 1-5 所示。

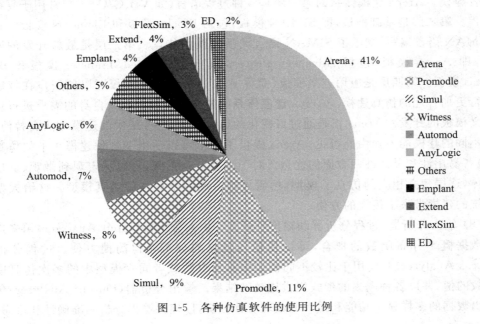

图 1-5 各种仿真软件的使用比例

Arena 的特点如下。

(1) 学术性强。全面深入地体现了系统仿真的有关理论，在学术界应用较广。

(2) 简单易用。采用可视化建模和运行环境，这一点和多数仿真软件类似。

(3) 友好稳定。相对于 FlexSim、eM-Plant 等仿真软件，其友好性体现在数据输入、输出及模型调试等方面。由于软件很成熟,而且模型中不能直接使用指针,所以系统更加稳定。Arena 提供二维图形制作功能和录制仿真动画功能。

(4) 应用方案模板。Arena 将一些常用的仿真逻辑封装在 Block(模块)中,相关的 Block 集成在 Template(模板)中(应用方案模板,AST)。模板有不同的级别,越高级的模板,功能越丰富,构建模型的效率也越高,但是越不灵活;越低级的模板,功能越单一,构建模型的效率也越低,但是越灵活。有些高级 Block 可以通过低级 Block 组合而成。一般应用高级模板即可方便快捷地构建仿真模型,对于非常复杂的仿真模型才需要用到低级模板。

(5) 模板开发环境。Arena 提供了用户自定义模板的开发功能,用户可以根据需要自己定制 Block 和 Template,从而解决仿真过程中相同或相似流程的重复建模问题,极大地增强了模板的可重用性和实用性。模板开发环境拉近了模型与实际系统之间的距离,使仿真模型更加直观和易理解,而且整个仿真模型的开发具有更高的可扩充性,为仿真大型、复杂系统提供了极为方便的手段。

(6) 面向仿真过程的开发。基于面向对象的思想和结构化的建模概念,将专用仿真语言的灵活性和仿真器的易用性很好地融合到一起,直接面向实际业务流程构建仿真模型,符合常规的思维习惯。

(7) 分层建模。Arena 通过使用层次化的建模体系,以保证灵活地进行各个水平上的仿真建模。Arena 建模体系的第一层是各种过程语言(如 VB、C/C++),常用于复杂建模过程。第二层是基础模板,即 SIMAN 模板,包括 Blocks 模板和 Elements 模板。它们由 SIMAN 语言编写,继承了 SIMAN 语言灵活建模的特点。第三层是最新开发的通用模板,即 Arena 模板,包括 Advanced Process 模板、Advanced Transfer 模板和 Basic Process 模板。第四层是应用方案模板(简称 AST),应用这些模板可以使用户在特定领域进行更加合理的仿真建模。Arena 建模体系的最高层是根据企业自身的需求进行用户自定义模板的开发。Arena 正是通过可视化的仿真环境,将各层次的建模方法交替使用,获得不同的建模能力。由此可见,Arena 提供了一个可以适用于各种建模水平的仿真环境,兼备易用性和灵活性两方面的优点。对于大型复杂系统,可以从宏观到微观、从抽象到具体,逐层建立相应的仿真子模型,然后再组合成一个完整的仿真模型。这给大型复杂系统的建模带来了极大的方便。

(8) 输入分析器、过程分析器和输出分析器。输入分析器(Input Analyzer)用来进行输入数据概率分布函数的拟合,可以使输入数据的分析变得简捷方便。过程分析器(Process Analyzer)主要用于比较不同模型中具体参数或者同一模型中的多次仿真中具体参数的值,并以各种图表的形式提供比较的结果。输出分析器(Output Analyzer)包括对输出数据的多样显示功能和强大的数理统计分析,以确保输出分析的准确性和可靠性。

1.3.2 AnyLogic

AnyLogic 是一款独创的仿真软件,它以最新的复杂系统设计方法论为基础,是第一个将 UML 语言引入模型仿真领域的工具,也是唯一支持混合状态机这种能有效描述离散和连续行为的语言的商业化软件。AnyLogic 是一款应用广泛的,对离散、系统动力学、多智能体及混合系统建模和仿真的工具。它的应用领域包括物流、供应链、制造生产业、行人交通仿真、行人疏散、城市规划建筑设计、Petri 网、城市发展及生态环境、经济学、业务流程、服务系统、应急管理、GIS 信息、公共政策、港口机场、疾病扩散等。

AnyLogic 提供独特的仿真方法,即在任何 Java 支持的平台,或 Web 页上运行模型仿真。AnyLogic 是唯一可以创建真实动态模型的可视化工具,即带有动态发展结构及组件间互相联络的动态模型。使用 AnyLogic,用户并不需要另外再学习什么语言或图形语言。AnyLogic 所有的建模技术都是以 UML-RT、Java 和微分方程(若用户想要为连续行为建模)为基础的,这些也是目前大多数用户所熟悉的技术。如果比较喜欢快速的"拖一拉式"建模,AnyLogic 也提供一系列针对不同领域的专业库。AnyLogic 的动态仿真具有独创的结构,用户可以通过模型的层次结构,以模块化的方式快速地构建复杂交互式动态仿真。AnyLogic 的动态仿真是 100% Java 的,因此可以通过 Internet 访问并在 Web 页上显示。AnyLogic 独特的核心技术和领先的用户接口使其成为设计大型复杂系统的理想工具,因为构建物理原型进行实验代价高昂,耗时太长,有时还不一定成功。

AnyLogic 强大而灵活,并提供多种建模方法:基于 UML 语言的面向对象的建模方法;基于方图的流程图建模方法;Statecharts(状态机),分为普通的和混合的微分和代数方程;用 Java 建模。AnyLogic 的建模语言是 UML-RT 的扩展。UML-RT 在许多复杂大系统的建模设计中被证明是一组最佳设计方法的集合。构建 AnyLogic 模型的主要方图是活动对象。活动对象有其内部结构和行为,可以任意向下封装其他对象。设计 AnyLogic 模型,实际上就是设计活动对象的类并定义它们之间的关系。运行时模型可看作活动对象瞬间展开的层次。活动对象通过边界对象与周围交互作用,如端口(用于离散交流)或变量(用于连续交流)。

1.3.3 FlexSim

FlexSim 是美国 FlexSim 公司开发的,迄今为止世界上第一个在图形环境中集成了 C++IDE 和编译器的仿真软件。在这个软件中,C++不但能够直接用来定义模型,而且不会在编译中出现任何问题。这样,就不再需要传统的动态链接库和用户定义变量的复杂链接。FlexSim 应用深层开发对象,这些对象代表着一定的活动和排序过程。要应用模板中的某个对象,只需要用鼠标把该对象从库里拖出来放在模型视窗即可。每一个对象都有一个坐标(x,y,z)、速度(x,y,z)、旋转以及动态行为(时间)。对象可以创建、删除,而且可以彼此嵌套移动,它们都有自己的功能或继承来自其他对象的功能。这些对象的参数可以把任何制造业、物料处理和业务流程快速、轻易、高效地描述出来。同时 FlexSim 的资料、图像和结果都可以与其他软件公用(这是其他仿真软件不能做到的),而且它可以从 Excel 表读取资料和输出资料(或任何 ODBC DATABASE),可以从生产线上读取现时资料用于分析功能。FlexSim 也允许用户建立自己的实体对象(objects)来满足用户自己的要求。在 FlexSim7 以上版本已经开发出 64 位版本,可以更好地调用计算机的内存。

FlexSim 采用经过高度开发的部件(object)来建模。部件表示商业过程中的活动、行列,即代表着时间、空间等信息。建立模型时,只需要将相应的部件从部件库拖放到模型视图(view)中,各个部件具有位置(x,y,z)、速度(x,y,z)、旋转角度(rx,ry,rz)和动态的活动(时间)等属性,如图 1-6 所示。

图 1-6 FlexSim 模型

部件可以被制造、被消灭,也可以移到另一个部件中,部件的参数是简单、快速、有效地建立生产、物流和商务过程模型的主要机能,可以对几乎所有的物流现象进行模型化。如机械手、操作人员、队列、输送机、叉车、仓库、交通信号、货柜、箱子等全都可以用 FlexSim 来建立模型,信息情报等"软"的部分也可以很容易地使用 FlexSim 功能强大的部件库来建模。

1.3.4 Witness

Witness 是英国 Lanner 集团集数十年系统仿真经验开发出的面向工业系统、商业系统流程的动态系统建模与仿真软件平台,是世界上该领域内的主流仿真软件。Lanner 集团总部位于英国奥克斯,在欧洲、美洲、亚洲等许多国家拥有分支机构与合作伙伴。在全球范围内,其核心产品 Witness 有超过 3 500 家企业用户,如 AENA、Airbus、法国航空、BAA、BAE 系统公司、维珍航空等。

Witness 是该集团集数十年经验开发的生产系统规划与运营仿真平台,广泛应用于生产和物流系统运营管理与优化、流程改进、工厂物流模拟与规划、供应链建模与优化等。在现代工业工程领域,计算机仿真一直是不可缺少的决策支持工具,它在大型工程项目的前期规划、投资平衡分析、生产物流的运行控制、供应链与库存管理、作业排序、资源分配、流程再造等众多方面发挥了巨大作用。Witness 是世界上该领域内的主流仿真软件。运用 Witness 进行仿真模拟可评估装备与流程设计的多种可能性,提高工厂与资源的运行效率,减少库存,缩短产品上市时间,提高生产线产量和优化资本投资等。

1.4 离散仿真系统举例

1.4.1 简单的例子

King in the hole

Long long ago, there lived a king. He loved horses. One day, he rode outing. Unfortunately, he fell into a hole. The hole has three doors. Three doors look the same. However, three doors leading to a different place。

First door is leading to a death sentence. If opened, the king will die.

Second door is leading to freedom. If opened, the king will be free.

Third door is leading to back road. If opened, the king will return to this hole again.

Problem: the probability of King's freedom?

国王在山洞

很久以前,有一位国王。他爱马。有一天,他骑着马去郊游。不幸的是,他掉进了一个山洞。这个山洞有三扇门。三扇门看起来是一样的。然而,三扇门通向三个不同的地方。

第一扇门通往死路。如果开了,国王将会死。

第二扇门通往自由。如果开了,国王获得自由。

第三扇门是通往来路。如果开了,国王将再次回到这个山洞。

问题:国王自由的概率是多少?

不同的人,给出了不同的答案。

答案 a:0.33。考虑国王出来的选择,有 1/3 的概率能够获得自由,所以是 0.33。

答案 b:0.5。不考虑返回的门,那么获得自由的概率是 1/2,所以是 0.5。

哪个才是正确的解答?还有没有其他的解答思路?例如,仿真实验重复 10 000 次实验,看国王的选择。

1. 建立模型 01-01

建立模型,如图 1-7 所示。

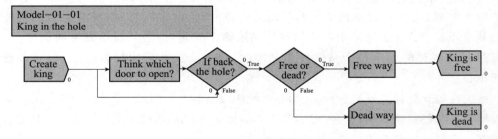

图 1-7　Arena 仿真模型

2. 仿真运行 10 000 次

运行结果如下:

Counter

Count	Value
Dead way	5 072.00
Free way	4 929.00

由此判断,国王自由的概率约为 0.5。

1.4.2　仿真情景

由于大量仿真模型中都会包含等待线或队列(queue),因此本书将从这样一个非常简单的模型出发。该模型表示了物流服务系统的一部分:"货车"到达物流处理中心,在仅有的单路站台卸货,然后离开,如图1-8所示。如果货车到达时卸货平台是空闲的,则立刻开始服务;否则,将进入一个"先进先出"(FIFO)的队列等待。此即模型的逻辑(logical)结构。

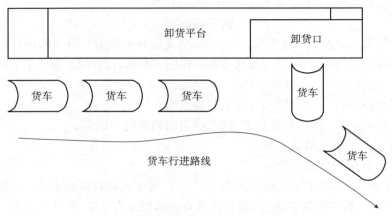

图1-8 货车卸货服务系统

对模型给定一些数值(numerical)成分,包括仿真是如何开始和结束的。首先,要确定最为基础的基准时间单位:本书将全部用分钟来计量时间。采用什么时间单位在逻辑上是无关紧要的,所以可针对待研究的系统的特点选取最合适、熟悉和方便的时间单位[①]。虽然可根据需要或方便使用不同的单位表示模型的输入时间量,如用分钟表示平均服务时间,用小时表示卸货机器平均无故障时间,但在计算时,所有的时间都要转换为基准单位。Arena允许用不同的单位表示输入时间,但必须设定基准时间单位,在仿真过程中各种时间单位会被转换为基准时间单位,而在输出报告中,仍显示各自的时间单位。

系统在第0分钟时开始运行,开始时系统中没有货车,而且卸货平台是空闲的。如果每天早上系统都重新开始,这种"空且闲"(empty-and-idle)假设是符合实际的,但对有初始状态且不断运行的系统来说,可能就不合适。

仿真中所用的各种时间量如表1-1所示。第一列是货车编号(顺序号),第二列是货车到达时间,第三列给出了前后两个货车到达的间隔时间,称为到达间隔(inter arrival time),服务时间(仅指在卸货平台上的服务时间,不包括在队列中的等待时间)位于最后一列。

仿真恰好在第20分钟时结束。如果届时在系统中仍有货车(正在服务或在队列中等待),那它们也只能完不成服务了。

[①] 选择基准时间单位时,不仅要注意时间本身(例如,对于一个要仿真20年的问题,就不能用秒作为基准单位;而对于一个仿真两分钟的问题,就不能用天作为基准单位),而且要注意避免在同一模型中出现极大和极小的时间值,因为即便使用Arena的双精度计算,计算机在处理舍入误差时也还是可能出现问题。

表 1-1　货车的到达、间隔和服务时间　　　　　　　　　单位:分钟

货车编号	到达时间	到达间隔	服务时间
1	0.00	1.73	2.90
2	1.73	1.35	1.76
3	3.08	0.71	3.39
4	3.79	0.62	4.52
5	4.41	14.28	4.46
6	18.69	0.70	4.36
7	19.39	15.52	2.07
8	34.91	3.15	3.36
9	38.06	1.76	2.37
10	39.82	1.00	5.38
11	40.82	—	—
⋮	⋮	⋮	⋮

1.4.3　研究目标分析

给出以上逻辑/数值模型后,接下来就要确定收集系统的哪些输出性能指标。以下就是本例所要计算的指标。

(1) 在 20 分钟服务过程中的总服务数(total service,在卸货平台完成服务并离开的货车数)。其数值应越大越好。

(2) 仿真过程中开始在卸货平台接受服务的货车的平均排队等待时间(average waiting time in queue)。这个时间记录的仅仅是货车在队列中的等待时间,而不包括任何在卸货平台上的服务时间。如果 WQ_i 表示第 i 个货车在队列中的等待时间,且在 20 分钟的仿真运行中有 N 个货车离开队列,则其均值为

$$\frac{\sum_{i=1}^{N} WQ_i}{N}$$

注意:由于货车 1 在 0 时刻到达,此时卸货平台空闲,一定有 $WQ_1=0$ 且 $N \geqslant 1$,因此不必担心可能会被 0 除。一般称这种形式的指标为离散时间(或离散参数)统计量,因为它所针对的数据(本例为等待时间 $WQ_1, WQ_2, \cdots$)具有自然的观察顺序,如第一个观测值、第二个观测值等。在 Arena 中,这类统计量被称为计数型(tally)统计量,这是因为它们每被观测到一次就累计记录一次(利用 Arena 的基础仿真语言 SIMAN 中 Tally 模块的特征)。从系统性能的角度来说,平均排队等待时间越小越好。

(3) 仿真过程中开始在卸货平台接受服务的货车的最大排队等待时间(maximum waiting time in queue)。这是用来度量最坏情况的指标,对于确定对顾客的服务水平保证应该会有所帮助。这个值越小越好。

(4) 排队等待的货车数对时间的平均值(time-average number of parts waiting in the

queue,正在卸货平台上服务的货车不记入在内),即平均队长。"对时间平均"的含义是对各种可能的队长值(0,1,2,…)加权平均,其中权重为队长在该值上持续的时间占仿真运行时间的比例。令 $Q(t)$ 为在任意时刻 t 队列中的货车数,平均队长就是 $Q(t)$ 曲线下的面积除以仿真时间长度 20,可用积分符号,即

$$\frac{\int_0^{20} Q_t \, dt}{20}$$

这种随时间离散变化(time-persistent)的统计量在仿真中很常见,表示的是队列在平均水平下有多长,在分配作业地空间时会有作用。

(5) 最大排队等待货车数(maximum number of parts that were ever waiting in the queue),即最大队长。事实上,如果希望自始至终在作业地都能保持合理空间,用这一指标来确定作业地空间比用平均队长更好。这是另一个度量最坏情况的指标,其值越小越好。

(6) 在卸货平台上完成服务并离开的货车的平均与最大系统逗留时间(average and maximum total time in the system),也称为流程时间(cycle time)。这是货车从到达到离开系统的时间间隔,所以它是排队等待时间和服务时间之和。这是一类周转时间,所以该值越小越好。

(7) 卸货平台的利用率(utilization),即卸货平台处于忙态的时间占仿真总时间的比例。这是另一个随时间离散变化的统计量,其随时间变化的函数为如下"忙态"函数。

$$B(t) = \begin{cases} 1 & \text{如果卸货平台在 } t \text{ 时刻忙} \\ 0 & \text{如果卸货平台在 } t \text{ 时刻闲} \end{cases}$$

利用率,即为曲线 $B(t)$ 下的面积除以仿真运行周期:

$$\frac{\int_0^{20} B(t) \, dt}{20}$$

资源利用率是很多仿真都会关注的一个指标,但很难说"希望"它高(接近 1)还是低(接近 0)。利用率高固然很好,因为这意味着很少的能力过剩;但也可能会很糟,因为可能会造成拥堵,形成很长的队列,并减慢吞吐速度。通常有许多可能的输出性能指标,在仿真中尽量多观测一些事物是一个好主意,因为可能会忽略已经观察到的事物,但永远也看不到没有观察过的事物,而且,有时还会发现意外惊喜。这样做唯一的弊病在于,大量收集那些关系不太密切的数据会减慢仿真运行速度。

1.5 分析方法

有了模型、定义了输入与输出以后,接下来就要确定如何根据模型逻辑从输入得到输出。本节将简要介绍几种处理方法。

1.5.1 根据经验猜测

虽然人们并不热衷于猜测,但有时草草地粗算一下至少也能得到一点对系统的定量认识(不过有时也得不到)。当然,结果怎样将完全取决于具体的问题状况。

对于引例,可以先计算平均流入率和处理率。从表 1-1 可以看出,10 个到达间隔的平均值为 4.08 分钟,而 10 个服务时间的平均值则为 3.46 分钟。这看起来还是很有希望的,因为服务速度比货车到的速度要快(至少在平均意义上),这意味着系统有机会在长时期内以稳定的方式运行而不会"爆炸"。如果这些平均值准确地出现在每一个货车身上(没有任何变化)那就肯定不会形成队列,即所有的等待时间都是 0,这真是一个令人兴奋的结果。可惜,不管这个结果多么让人高兴,毕竟还是不太正确,因为很明显,每个货车的到达间隔和服务时间都是不一样的,因此有时会形成队列。例如,正好在处理需要较长服务时间的货车时,又有货车以较小的间隔到达。

假如换一种情况,表 1-1 中输入数据的平均值关系正好相反,即平均到达间隔比平均服务时间要小。如果这种情况持续下去,在平均意义上货车到的速度比完成服务的速度要快,这意味着会出现严重的拥堵(至少过一段时间后会出现,也许这段时间比计划的 20 分钟运行时间要长)。与很多其他情况一样,实际结果会界于所猜测的极端情况之间。显然,猜测是有很大局限性的。

1.5.2 排队论方法

既然涉及队列,何不用排队论来解决?这一理论已经几乎有一个世纪的历史了,是一大批充满高度智慧的人通过辛勤工作所创建发展起来的。在一些情况下,应用这一理论能够得出简单的解析式,并能从中得到对问题的许多认识。

排队论研究的最简单和最多的也许就是 M/M/1 排队模型了。第一个"M"说明到达过程是马尔可夫过程(Markovian),即到达间隔独立且服从相同的指数概率分布。第二个"M"代表服务时间分布,此处也是指数分布。"1"表示只有一个服务台。至少在表面上这个模型很适合引例问题。更好的是,大多数输出性能指标可用简单的解析式表达。例如,平均排队等待时间(长时间运行下的期望值)可表示为

$$\overline{W} = \frac{\lambda}{\nu(\nu-\lambda)}, \quad \lambda = \frac{1}{\mu_A}, \quad \nu = \frac{1}{\mu_S}$$

其中,μ_A 是到达间隔分布的期望值,μ_S 是服务时间分布的期望值(假定 $\mu_A > \mu_S$,这样队列才不至于"爆炸")。于是立刻就会想到,可以用观测数据来估计 μ_A 和 μ_S,然后将估计值代入以上解析式,应用本例数据可得 $3.46^2/(4.08-3.46)=19.31$(分钟)。

这种方法有时可以给出合理数量级上的近似结果,帮助进行粗略比较,但也存在一些问题。

(1) 估计值 μ_A 和 μ_S 是不精确的,因此结果也会有误差。

(2) 只有假设到达间隔和服务时间服从指数分布时才能得出上面的公式,但引例数据可能并不满足这一假设。这就带来了公式可用性的问题。尽管对更一般的排队模型也能得到一些更复杂的结果,但总是需要有一些相关假设,而在实际中可能得不到满足。

(3) 以上公式描述的是长期运行的性能,而不是所要的 20 分钟的情况。这是大多数(尽管不是全部)排队论模型的典型问题。

(4) 以上公式没有提供任何有关系统可变性的信息。这是分析的难点,而且有其固

有的吸引力,如产出量会在多大范围变动(尽管有时也能找到其他公式来度量可变性)。

排队论在对问题进行粗略近似以获得一个大致了解,以及指导下一步应采用什么样的仿真比较合适等方面很有价值。读者应牢记以上问题,并能对具体情况做出相应的分析解释。

1.5.3 机械仿真

"机械"的含义是各项操作(到达、在卸货平台上接受服务等)的发生情况与实际发生情况完全一样。仿真模型中,事物的运动和变化在正确的时间、以正确的顺序发生,对彼此产生正确的影响,并对统计累加器变量产生正确的作用效果。按照这种方式,仿真就是直接、"强制"地对模型加以处理。仿真如何工作没有任何神秘可言,只有一些基本思想,以及由软件(如 Arena)完成的大量细节和数据记录。

1.6 事件驱动的手工仿真

本节将给出一个手工仿真过程的详细描述。下面首先简要介绍各事件处理中需要完成的工作,以及如何跟踪各有关量值和未来事件表的变化。

1.6.1 事件处理要点

(1) 到达:新货车进入系统。

① 安排下一个新货车的适时到达,即将其到达事件记录插入未来事件表。

② 更新随时间离散变化的各统计量(从上一事件发生到现在)。

③ 把到达货车的到达时间(即仿真时钟的当前值)保存在一个属性中,用于在后面计算该货车的系统逗留时间和排队时间。

④ 如果卸货平台空闲,则到达货车立即开始服务(其排队时间为0),将卸货平台状态置为"忙",并安排该货车的离开事件,统计该货车的排队时间。

⑤ 如果卸货平台正在服务其他货车,则将到达货车置于队列末尾,队长变量加1。

(2) 离开:货车在卸货平台上完成服务并准备离开。

① "完工货车数"统计累加器加1。

② 计算并记录离开货车的系统逗留时间,即用仿真时钟当前值减去该货车的到达时间(在处理到达事件时已将其保存在某一属性中)。

③ 更新随时间离散变化的各统计量。

④ 如果卸货平台前的队列不空,将排在第一位的货车取出,计算并记录其排队时间(此时该货车已完成排队)并开始服务该货车,并安排其离开事件(将事件记录插入未来事件表)。

⑤ 如果队列为空,则将卸货平台状态置为"闲"。注意,此时没有离开事件需要安排。

(3) 终止:仿真过程结束。

① 更新随时间离散变化的各统计量(到仿真终止)。

② 计算最终的各输出性能指标值,并形成总结报告。

每一事件处理完毕后(终止事件除外),从未来事件表中移出顶端记录,表示下一事件将在相应时间发生,然后将仿真时钟推进到该事件的发生时间,并处理该事件。

1.6.2 过程跟踪

表 1-2 给出了手工仿真的所有计算细节,给出了 $Q(t)$ 与 $B(t)$ 随时间变化的曲线。表 1-2 中每一行表示一个事件,其中相关的实体(货车)号位于第一列,发生时间位于第二列,其他各列给出了该事件处理完毕后系统的状态及实体属性,具体含义如下。

(1) 事件类型:指出所发生事件的类型,ARR 表示到达事件,DEP 表示离开事件。

(2) 变量:给出队长变量 $Q(t)$ 和机器状态变量 $B(t)$ 的当前值。

(3) 统计累加器:统计累加器在仿真开始时需要初始化,并在仿真过程中不断更新。统计累加器包括:

$P=$ 迄今为止服务完的货车数;

$N=$ 迄今为止完成排队的货车数;

$\sum WQ=$ 迄今为止完成排队货车的排队时间之和;

$WQ^*=$ 迄今为止观察到的最长排队时间;

$\sum TS=$ 迄今为止完成服务货车的系统逗留时间之和;

$TS^*=$ 迄今为止观察到的最长系统逗留时间;

$\int Q=$ 迄今为止 $Q(t)$ 曲线下的面积;

$Q^*=$ 迄今为止 $Q(t)$ 的最大值;

$\int B=$ 迄今为止 $B(t)$ 曲线下的面积。

(4) 未来事件表:在每个事件的发生时间,未来事件表的顶端记录将变成表 1-2 下一行左边的前三项(位于"刚完成事件"栏中)。

手工仿真系统的排队情况、装卸平台状别分别如图 1-9 和图 1-10 所示。

1.6.3 仿真执行过程

下面简要描述仿真执行过程。

(1) $t=0.00$,初始化:模型初始化,所有的变量和统计累加器的初值设为 0,队列设为空,卸货平台设为闲态,将第一个实体(货车)的到达事件(其发生时间为 0)和仿真终止事件(其发生时间为 20.00)放入未来事件表。然后检查下一个将要发生的事件,并从未来事件表中取出第一个记录——实体 1 在 0.00 时刻到达。

(2) $t=0.00$,实体 1 到达:安排下一个(第二个)实体的到达事件,即生成第二个货车(实体 2),令其到达时间为当前时间(0)加上实体 1 与 2 的到达间隔时间(1.73,表 1-2),并将该事件插入未来事件表。同时,实体 1 的到达使卸货平台由闲变忙,将实体 1 的到达时间存入其属性。此时队列仍为空,因为卸货平台可以立即开始服务该货车(故"属性"

表 1-2 手工仿真过程记录

实体	时间 t	事件	属性(排在队列的实体)	属性(正在接受服务的实体)	$Q(t)$	$B(t)$	P	N	$\sum WQ$	WQ^*	$\sum TS$	TS^*	$\int Q$	Q^*	$\int B$	未来事件列表[实体,时间,事件]
—	0.00	INIT	()	/	0	0	0	0	0.00	0.00	0.00	0.00	0.00	0.00	0.00	[1,0.00,ARR] [−,20.00,END]
1	0.00	ARR	()	0.00	0	1	0	1	0.00	0.00	0.00	0.00	0.00	0.00	0.00	[2,1.73,ARR] [1,2.90,DEP] [−,20.00,END]
2	1.73	ARR	(1.73)	0.00	1	1	0	1	0.00	0.00	0.00	0.00	0.00	0.00	1.73	[1,2.90,DEP] [3,3.08,ARR] [−,20.00,END]
1	2.90	DEP	()	1.73	0	1	1	2	1.17	1.17	2.90	2.90	1.17	1	2.90	[3,3.08,ARR] [2,4.66,DEP] [−,20.00,END]
3	3.08	ARR	(3.08)	1.73	1	1	1	2	1.17	1.17	2.90	2.90	1.17	1	3.08	[4,3.79,ARR] [2,4.66,DEP] [−,20.00,END]
4	3.79	ARR	(3.79,3.08)	1.73	2	1	1	2	1.17	1.17	2.90	2.90	1.88	2	3.79	[5,4.41,ARR] [2,4.66,DEP] [−,20.00,END]
5	4.41	ARR	(4.41,3.79,3.08)	1.73	3	1	1	2	1.17	1.17	2.90	2.90	3.12	3	4.41	[2,4.66,DEP] [6,18.69,ARR] [−,20.00,END]
2	4.66	DEP	(4.41,3.79)	3.08	2	1	2	3	2.75	1.58	5.83	2.93	3.87	3	4.66	[3,8.05,DEP] [6,18.69,ARR] [−,20.00,END]
...	...	...	...	...	...	...	...	...	...	...	...	...	...	...	...	...

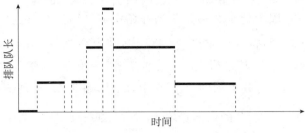

图 1-9　手工仿真系统的排队情况

图 1-10　手工仿真系统的装卸平台状态

栏中括号内表示队列中实体到达时间的位置为空)。由于实体 1 经过了队列(即完成了排队过程,其排队时间为 0),故 N 值加 1,在累加器 $\sum WQ$ 中增加实体 1 的排队时间(0),并检查是否出现新的最大排队时间(此时没有)。由于没有货车完成服务,因此 P 仍保持为 0,货车的系统逗留时间之和 $\sum TS$ 以及最大系统逗留时间 TS^* 也没有发生变化。随时间离散变化的统计量 $\int Q$、Q^* 和 $\int B$ 也保持不变,因为还没有出现时间跨度。根据表 1-1 中的数据,货车 1 的服务时间为 2.90 分钟,将货车 1 的离开事件插入未来事件表(发生时间为第 2.90 分钟)。将未来事件表的顶端记录取出,即下一个事件是实体 2 在 $t=1.73$ 时刻到达系统。

(3) $t=1.73$,实体 2 到达:安排下一个(第三个)实体的到达事件,即生成第三个货车(实体 3),令其到达时间为当前时间(1.73)加上实体 2 与 3 的到达间隔时间(1.35,见表 1-2),并将该事件插入未来事件表(该事件的发生时间为 $1.73+1.35=3.08$)。同时,实体 2 到达时发现卸货平台处于忙态(正在服务实体 1),于是进入队列。此时,机器状态变量 $B(t)$ 仍然为 1,但队长 $Q(t)$ 由 0 增至 1。将实体 2 的到达时间存入其属性,由于实体 2 目前排在队列中,故在表 1-2"属性"栏中将其到达时间值表示在括号内。由于实体 1 的服务过程仍在继续,因此实体 2 的到达事件没能产生新的完工离开事件,而且实体 2 的排队时间也无法确定,故 P、N、$\sum WQ$、WQ^*、$\sum TS$ 和 TS^* 均未发生变化。$\int Q$ 的增加量为 $0\times(1.73-0.00)=0$,$\int B$ 的增加量为 $1\times(1.73-0.00)=1.73$。由于 $Q(t)$ 的新值为 1,比先前的 $Q^*=0$ 大,故令新的最大队长 $Q^*=1$。实体 2 的离开事件将在实体 1 离开系统时安排。下一个事件即为实体 1 在 $t=2.90$ 时刻离开系统。

(4) $t=2.90$,实体 1 离开:由于这是一个离开事件,故无须安排新的到达事件(实体 3 的到达事件已经安排过了,将在 $t=3.08$ 时到达系统)。现在货车 1 在卸货平台上已完成服务并离开。因为队列不空,所以卸货平台继续处于忙态,也即 $B(t)$ 仍然为 1,但队长 $Q(t)$ 由 1 减至 0,变空(因为货车 2 离开队列开始服务)。货车 2 的排队等待时间可以算出,为 $2.90-1.73=1.17$,将其累加到 $\sum WQ$ 中,并令 N 加 1。由于 1.17 是新的最大排队等待时间,故令 $WQ^*=1.17$。货车 1 已完成服务,令 P 加 1,算出货车 1 的系统逗留时间为 $2.90-0.00=2.90$,将其累加到 $\sum TS$ 中,此外,由于 2.90 是新的最大系统逗留时间,故令 $TS^*=2.90$。$\int Q$ 与 $\int B$ 的增加量均为 $1\times(2.90-1.73)=1.17$。由于没有出现新的最大队长,故 Q^* 没有发生变化,仍为 1。从表 1-2 可以发现,货车 2 的服务时间为 1.76,因此可以得出货车 2 的离开时间为 $2.90+1.76=4.66$,将货车 2 的离开事件插入未来事件表。按事件发生的先后顺序,下一个事件为实体 3 在 $t=3.08$ 时刻到达系统。

(5) $t=3.08$,实体 3 到达:安排下一个(第四个)实体的到达事件,即生成第四个货车(实体 4),令其到达时间为 $3.08+0.71=3.79$(0.71 为实体 3 与 4 的到达间隔时间,见表 1-2),并将该事件插入未来事件表。同时,实体 3 到达时发现卸货平台处于忙态(正在服务货车 2),于是进入队列。此时,卸货平台仍然处于忙态,故 $B(t)$ 仍然为 1,但队长 $Q(t)$ 由 0 增至 1。将实体 3 的到达时间(3.08)存入其属性。由于实体 2 的服务过程仍在继续,因此实体 3 的到达事件没能产生新的完工离开事件,而且实体 3 的排队时间也无法确定,故 P、N、$\sum WQ$、WQ^*、$\sum TS$ 和 TS^* 均未发生变化。$\int Q$ 的增加量为 $0\times(3.08-2.90)=0$,$\int B$ 的增加量为 $1\times(3.08-2.90)=0.18$。$Q(t)$ 的新值为 1,没有超过先前的 $Q^*=1$,故最大队长 $Q^*=1$ 保持不变。实体 3 的离开事件将在实体 2 离开系统时安排。下一个事件将是实体 4 在 $t=3.79$ 时刻到达系统。

(6) $t=3.79$,实体 4 到达:安排下一个(第五个)实体的到达事件,令其到达时间为 $3.79+0.62=4.41$,并将该事件插入未来事件表。由于此时卸货平台处于忙态,于是实体 4 进入队列;$B(t)$ 仍然保持为 1,但队长 $Q(t)$ 由 1 增至 2。将实体 4 的到达时间(3.79)存入其属性,并将实体 4 排在队列末端(排队规则为 FIFO,即"先进先出")。由于实体 2 的服务过程仍在继续,因此实体 4 的到达事件没能产生新的完工离开事件,而且实体 4 的排队时间也无法确定,故 P、N、$\sum WQ$、WQ^*、$\sum TS$ 和 TS^* 均保持不变。$\int Q$ 的增加量为 $1\times(3.79-3.08)=0.71$,$\int B$ 的增加量为 $1\times(3.79-3.08)=0.71$。$Q(t)$ 的新值为 2,超过了先前的 $Q^*=1$,故更新最大队长变量 $Q^*=2$。与前面类似,此时还不能安排实体 4 的离开事件(该事件将在实体 3 离开系统时安排)。下一个事件将是实体 5 在 $t=4.41$ 时刻到达系统。

(7) $t=4.41$,实体 5 到达:安排下一个(第六个)实体的到达事件,其到达时间为 $4.41+14.28=18.69$,并将该事件插入未来事件表。实体 5 到达后排在队列尾部,$B(t)$ 仍然保持为 1,队长 $Q(t)$ 由 2 增至 3。将实体 5 的到达时间(4.41)存入其属性。由于实体 2 的服务过程仍未结束,因此实体 5 的到达事件不能产生新的完工离开事件,而且实体 5 的排队时间也无法确定,故 P、N、$\sum WQ$、WQ^*、$\sum TS$ 和 TS^* 仍保持不变。$\int Q$ 的增加量为 $2\times$

$(4.41-3.79)=1.24$,$\int B$ 的增加量为 $1\times(4.41-3.79)=0.62$。由于 $Q(t)$ 增至 3,故更新最大队长变量 $Q^*=3$。与前面类似,此时还不能安排实体 5 的离开事件。下一个事件将是实体 2 在 $t=4.66$ 时刻离开系统。

(8) $t=4.66$,实体 2 离开:现在货车 2 已完成服务并离开。因为队列不空,所以卸货平台继续处于忙态,也即 $B(t)$ 仍然为 1,但队长 $Q(t)$ 由 3 减至 2。队列中的第一个货车(实体 3,在 $t=3.08$ 时进入系统)离开队列开始服务,其排队等待时间为 $4.66-3.08=1.58$。将实体 3 的排队等待时间累加到 $\sum WQ$ 中,并令 N 加 1。由于 1.58 是新得到的最大排队等待时间,故令 $WQ^*=1.58$。由于有新货车完成服务,令 P 加 1(增至 2),算出货车 2 的系统逗留时间 $4.66-1.73=2.93$,将其累加到 $\sum TS$ 中;由于这是新的最大系统逗留时间,故将 TS^* 更新为 2.93。$\int Q$ 的增加量为 $3\times(4.66-4.41)=0.75$,$\int B$ 的增加量为 $1\times(4.66-4.41)=0.25$。由于没有出现新的最大队长,故 Q^* 保持不变。由于实体 3 已经开始服务,故可安排其离开事件,其离开时间为 $4.66+3.39=8.05$,将实体 3 的离开事件插入未来事件表。根据未来事件表,下一个事件即为实体 3 在 $t=8.05$ 时刻离开系统。

(9) $t=8.05$,实体 3 离开:货车 3 完成服务并离开系统,队列中的第一个货车实体 4 离开队列开始服务,将其排队等待时间 $8.05-3.79=4.26$(新的最大排队等待时间)累加入 $\sum WQ$,令 N 加 1;$B(t)$ 仍保持为 1,队长 $Q(t)$ 由 2 减至 1。计算货车 3 的系统逗留时间为 $8.05-3.08=4.97$(新的最大系统逗留时间),将其累加到 $\sum TS$ 中,令 P 加 1(增至 3)。$\int Q$ 的增加量为 $2\times(8.05-4.66)=6.78$,$\int B$ 的增加量为 $1\times(8.05-4.66)=3.39$,Q^* 保持不变。安排实体 4 的离开事件,其离开时间为 $8.05+4.52=12.57$,将实体 4 的离开事件插入未来事件表。根据未来事件表,下一个事件即为实体 4 在 $t=12.57$ 时刻离开系统。

(10) $t=12.57$,实体 4 离开:货车 4 完成服务并离开系统,货车 5 离开队列开始服务,将其排队等待时间 $12.57-4.41=8.16$(新的最大排队等待时间)累加入 $\sum WQ$,令 N 加 1;$B(t)$ 仍保持为 1,队长 $Q(t)$ 由 1 减至 0(队列变空)。算出货车 4 的系统逗留时间为 $12.57-3.79=8.78$(新的最大系统逗留时间),并将其累加到 $\sum TS$ 中,令 P 加 1。$\int Q$ 与 $\int B$ 的增加量均为 $1\times(12.57-8.05)=4.52$,Q^* 保持不变。安排实体 5 的离开事件,其离开时间为 $12.57+4.46=17.03$,将实体 5 的离开事件插入未来事件表。根据未来事件表,下一个事件即为实体 5 在 $t=17.03$ 时刻离开系统。

(11) $t=17.03$,实体 5 离开:货车 5 完成服务并离开系统。由于队列为空,卸货平台变为闲态[令 $B(t)=0$]。因为没有新的排队等待时间,故 N、$\sum WQ$、WQ^* 保持不变。

算出货车 5 的系统逗留时间为 17.03－4.41＝12.62(新的最大系统逗留时间)，并将其累加到 $\sum TS$ 中，令 P 加 1。$\int Q$ 的增加量为 $0\times(17.03-12.57)=0$，$\int B$ 的增加量为 $1\times(17.03-12.57)=4.46$，$Q^*$ 保持不变。由于此时卸货平台上没有货车服务，故没有新的离开事件需要安排。下一个事件即为实体 6 在 $t=18.69$ 时刻到达系统。

(12) $t=18.69$，实体 6 到达：货车 6 到达系统，此时系统中没有其他货车，卸货平台处于空闲状态，此时的情形与货车 1 在 0 时刻进入系统的情况是相同的。的确，货车 6 的"经历"与货车 1 也几乎是一样的。首先安排下一个实体(实体 7)的到达事件，其到达时间为 18.69＋0.70＝19.39，将该事件插入未来事件表。同时，货车 6 的到达使卸货平台由闲变忙，但队列仍然为空，因为货车到达时卸货平台是空闲的，因而可以立即开始服务该货车。货车 6 的排队时间为 0，N 值加 1 变为 6，$\sum WQ$ 的增量为 0，当然不会出现新的最大排队等待时间。由于没有货车离开系统，因此 P、$\sum TS$ 以及 TS^* 不会发生变化。因为上一个事件到这一事件之间 $Q(t)$ 与 $B(t)$ 的值均为 0，故 $\int Q$、$\int B$ 和 Q^* 均保持不变。将货车 6 的离开事件插入未来事件表，其发生时间为 18.69＋4.36＝23.05(从未来事件表中可看出，由于这一时间超出了仿真终止时间，故该事件将不会发生)。下一个事件是实体 7 在 $t=19.39$ 时刻到达系统。

(13) $t=19.39$，实体 7 到达：安排下一个(第 8 个)实体的到达事件，其到达时间为 19.39＋15.52＝34.91，超出了仿真终止时间(20)，故不会发生。实体 7 进入队列，$B(t)$ 保持为 1，队长 $Q(t)$ 由 0 增至 1(没有超过已有的最大队长)。由于不能得出新的排队时间，N、$\sum WQ$ 以及 WQ^* 均没有发生变化；而且由于没有货车离开系统，P、$\sum TS$ 和 TS^* 也不会发生变化。$\int Q$ 的增加量为 $0\times(19.39-18.69)=0$，$\int B$ 的增加量为 $1\times(19.39-18.69)=0.70$。下一个事件为仿真在 $t=20$ 时刻终止。

(14) $t=20$，仿真终止：此时唯一的任务就是将 $\int Q$ 与 $\int B$ 更新至仿真终止，也即均增加 $1\times(20-19.39)=0.61$。

表 1-2 的最后一行给出了仿真终止时的情形，包括各统计累加器的最终值。

仿真结束时可计算出所有输出性能指标值。

(1) 平均排队等待时间为 $\sum WQ/N=15.17/6=2.53$(分钟/货车)。

(2) 平均系统逗留时间为 $\sum TS/P=32.20/5=6.44$(分钟/货车)。

(3) 平均队长为 $\int Q/t=15.78/20=0.79$(个货车)(t 为仿真时钟的终值 20)。

(4) 卸货平台的利用率为 $\int B/t=18.34/20=0.92$。

表 1-3 汇总给出了所有输出性能指标的终值。

表 1-3　手工仿真最终的输出性能指标值

性能指标	结　　果
产出量	5 个货车
平均排队等待时间	2.53 分钟/货车(共 6 个货车)
最大排队等待时间	8.16 分钟
平均系统逗留时间	6.44 分钟/货车(共 5 个货车)
最大系统逗留时间	12.62 分钟
平均队长	0.79 个货车
最大队长	3 个货车
卸货平台利用率	0.92(无单位的比例)

在 20 分钟的仿真中,共服务完 5 个货车,排队等待时间、系统逗留时间以及队长似乎也不算太差,卸货平台利用率达到了 92%。这些结果与预先猜测的结果或由简化的排队模型所得出的结论有着相当大的差异。

1.7　面向事件与面向过程的仿真

手工仿真采用的是面向事件的仿真(event orientation)方式,这是因为建模与计算工作是以事件为中心的,无论发生时间还是相应的处理都是围绕事件进行的。这使人们能够控制仿真中的一切,具有完全的灵活性来处理属性、变量与逻辑流程,而且可以在任何时刻了解系统中的所有状态。此外,仿真过程可以用任何一种程序设计语言编程实现(甚至可以使用电子数据表格中的宏来实现一些简单的模型)。事实上,有很多仿真就是这样实现的。采用这种用户编程、面向事件的仿真形式,其计算速度是非常快的。尽管面向事件的仿真形式在原理上相当简单(当然手工实现起来很枯燥),而且有很多优点,但可以想象,对于具有大量不同事件、实体和资源的大型模型来说,其实现过程是非常复杂的。

一种更加自然的仿真方式是让实体以其实际服务过程的形式通过模型,而不是像面向事件的仿真那样去无所不能地控制和跟踪各种事件、实体、属性、变量以及统计累加器。这种仿真方式围绕实体所经历的各种处理过程进行,因而被称为面向过程的仿真(process orientation)。这极其类似于另一种通用的建模工具——绘制流程图。按这种方式,引例的仿真模型可按以下形式构件(想象自己处于货车实体的位置)。

(1) 把自己创建出来,进入系统(一个新实体到达)。

(2) 把当前时间(到达时间)写在一个属性中,用于在后面计算排队等待时间和系统逗留时间。

(3) 排到队列末尾。

(4) 在队列中等待,直到卸货平台空闲下来提供服务(如果幸运,一进入系统卸货平台时卸货平台刚好处于空闲状态,因而可以马上提供服务,此时等待时间为 0)。

(5) 占用卸货平台,接受服务(离开队列)。

(6) 计算排队等待时间。

(7) 停留在卸货平台上接受服务(或向后推延一段时间),所推延(delay)的时间正好等于所需的服务时间。

(8) 释放卸货平台(这样其他实体可继续占用卸货平台接受服务)。

(9) 在产出量累加记录表上加 1(该记录表贴在墙上),并计算你的系统逗留时间。

(10) 离开系统,把自己清除掉。

以上过程实际上就是用面向过程的仿真语言(如 SIMAN)所编写的一种程序,也是 Arena 处理问题的通常方式。事实上,Arena 是将其所建立的流程图形式的模型翻译成 SIMAN 模型再加以运行。这是一种自然得多的建模方式,而且更重要的是,在建立大型模型时不会像面向事件的建模过程那样复杂。当然,这种建模方式需要更多的幕后支持,如时间推进、统计累加器的跟踪、输出报告的生成等。像 Arena 这类仿真软件不仅提供了这些幕后支持,而且提供了丰富而功能强大的建模构件,使用户能够相当快捷、可靠地建立复杂模型。

绝大多数离散事件仿真尽管其建模过程是按照面向过程的方式进行的,但实际上都是按照面向事件的方式执行的,只不过事件处理被隐藏起来了而已。如果用户想直接在模型中控制某些特定的元素,Arena 所具有的多层次建模特征允许直接使用面向事件的方式建模,在这种情况下用户可以像处理引例中的手工仿真那样按面向事件的逻辑建模和编程。

1.8 仿真中的随机性

本节将讨论如何在仿真模型的输入中引入随机性,为什么要引入随机性,以及对仿真输出的影响。在此需要一些概率和统计的知识,读者最好对相关的基本概念、术语和符号有一个回顾。

1.8.1 随机输入与随机输出

仿真使用了表 1-1 中的数据来驱动仿真过程(记录在表 1-2 中),所得到的仿真输出性能指标值列在表 1-3 中。这一过程所描述的可能是某个特定的星期一早上从 8:00 到 8:20 这段时间中某个车间所发生的事情,假如仅仅只对此感兴趣,那就可以到此为止了。但感兴趣的往往比这要多,例如通常希望知道一个"典型"的早上会发生什么事,以及每天的情况会有什么不同。由于货车在另外一天的到达间隔和服务时间可能与表 1-1 中的数据不一样,表 1-2 中的活动跟踪情况当然也会相应地发生变化,因此所得到的输出性能指标值也可能和表 1-3 不同。所以,对引例仅作一次仿真运行是没有什么用的,因为无法从中知道"典型"的结果是什么,以及结果具有多大的可变性。按统计的术语,从单次仿真运行中得到的结果是一个样本量为 1 的样本(sample of size one),没有多大价值,过多地相信它是不明智的,很少仅仅依据它来做出重要决策。如果掷出一个骰子,正好朝上的面是 4,难道能就此得出结论所有的面都是 4 吗?

随机输入就像梦魇,但又无法摆脱,因为现实就是这样充满了不确定性,只有引入随机输入才能有效地描述实际情况。在表示随机输入时,并不是像在引例中那样把所有输入值预先做成一个表,而是采用特定的概率分布(probability distribution)来生成(或抽取、抽样)各个观测值,并用它们来驱动仿真。4.4节将讨论如何用Arena的输入分析器来确定输入数据服从什么样的概率分布。当给定了输入分布后,Arena将自动生成服从这些分布的数据。这不仅能使模型更贴近实际,而且能在仿真中使用比所观测到的更多的数据,并能够探索实际中可能没有观测到的一些情况。既然生成随机观测值和处理仿真逻辑是一件非常枯燥乏味的事,就让Arena来完成它们吧。

1.8.2 对引例的重复仿真运行

现在可以承认了,表1-1中的数据实际上是Arena以一定的概率分布生成的。到达间隔时间来自于均值为5(分钟)的指数分布,而服务时间则来自于三角分布,其最小值为1,模为3,最大值为6(单位均为分钟)。

现在就可以不仅仅只作单次20分钟仿真运行了,而是可以用相同分布的输入数据作多次(此处为5次)独立的20分钟仿真运行,然后研究每次运行的结果有何不同(这显示了实际中每天早上所发生的不同情况)。每次仿真运行的初始条件与终止准则相同,而且使用相同的输入参数设置(即在统计上是相同的),但使用不同的随机数取值(即统计上是独立的)来生成实际的到达间隔时间和服务时间用以驱动仿真。这些仿真被称为重复仿真运行(replications),借助Arena可以很容易地实现重复仿真运行,只需在相应对话框中输入想要重复的次数即可。考虑作了5次重复仿真,每次使用类似于表1-1的输入数据,生成表1-2形式的仿真记录,得到表1-3形式的结果。

5次重复仿真的结果列在表1-4中。表中第一列数值是第一次仿真的结果,与表1-3中的结果是相同的,但不难看出,每次重复仿真得到的结果有很大的差异,就好像工厂每天发生的情况各不相同一样。

表1-4 5次重复仿真运行得到的输出性能指标值

性能指标	重复仿真序号					样本均值	标准差	95%置信区间半长
	1	2	3	4	5			
总服务数	5	3	6	2	3	3.80	1.64	2.04
平均排队等待时间	2.53	1.19	1.03	1.62	0.00	1.27	0.92	1.14
最大排队等待时间	8.16	3.56	2.97	3.24	0.00	3.59*	2.93*	3.63*
平均系统逗留时间	6.44	5.10	4.16	6.71	4.26	5.33	1.19	1.48
最大系统逗留时间	12.62	6.63	6.27	7.71	4.96	7.64*	2.95*	3.67*
平均队长	0.79	0.18	0.36	0.16	0.05	0.31	0.29	0.36
最大队长	3	1	2	1	1	1.60*	0.89*	1.11*
卸货平台利用率	0.92	0.59	0.90	0.51	0.70	0.72	0.18	0.23

注:*对"最大值"类性能指标求取均值与标准差似乎值得商榷。"最大值的均值"代表什么含义不够明确,所以有时用各次重复仿真得到的此类性能指标的最大值会更好(如果想了解极值情况)。

表1-4给出了各次独立重复运行输出结果的样本均值与样本标准差(见附录C)。与每次独立运行的结果相比,样本均值提供了对各性能指标更为稳定的估计,而样本标准差则描述了各独立运行结果之间的差异。

因为各次独立重复仿真结果是独立同分布的,可以得到真实期望性能指标μ的置信区间如下（μ 可以看作是无穷多次独立重复仿真结果的样本均值）：

$$\overline{X} \pm t_{n-1,1-\alpha/2} \frac{s}{\sqrt{n}}$$

其中，$\overline{X}$ 为样本均值，s 为样本标准差，n 为重复仿真次数（此处 $n=5$），$t_{n-1,1-\alpha/2}$ 为自由度为 $n-1$ 的 t 分布的 $1-\alpha/2$ 上临界点。例如，可算出总服务数的 95% 置信区间（$\alpha=0.05$）为

$$3.80 \pm 2.776 \frac{1.64}{\sqrt{5}}$$

或 3.80 ± 2.04。表 1-4 的最后一列给出了所有性能指标期望值的 95% 置信区间半长。上式含义为，通过 5 次独立重复仿真运行得到的以上置信区间将以 95% 的可能性覆盖或包含真实性能指标（未知的）期望值。读者可能会注意到，上面得出的置信区间半长（2.04）相对于区间中心（3.80）来说实在是太大了，这表明估计的精度太低了。弥补的办法是增加重复仿真运行次数，因为 5 次仿真还不足以了解有关输出性能指标期望值的更精确的信息。通过仿真来收集数据的一大好处，就是总能够通过简单地增加重复仿真次数来得到更多信息。

1.8.3　备选方案的比较

　　大多数仿真研究的目的并不仅仅是要建立或设计一个单独的系统就结束了。人们往往想要了解当设计、参数（实际中可控或不可控）或操作发生改变时，系统性能会有什么样的变化。为了让大家看到在比较过程中随机性会产生多大的影响，对以上引例作适当修改后加以重新运行（也是重复运行仿真 5 次）。所做的修改仅仅是对到达率加倍，也即平均到达间隔时间由 5 分钟变为 2.5 分钟。到达间隔时间仍服从指数分布，且仿真中其他各项均保持不变。另有一个批次的货车需要在这一装卸平台上服务，其服务过程与现有任务的服务过程混合进行。由于服务能力的限制，很难判断总服务数是否由于到达率加倍就有显著的增加。但明显可以看出的是，排队时间、系统逗留时间以及卸货平台利用率都随到达率变大有增加的趋势，尽管由于随机因素干扰，但不是每次仿真结果都增加。此外，尽管存在一定的重叠，当到达率加倍时，平均队长基本上也有一定程度的增加。最后说明，仅依赖于单独一次仿真的结果有可能会导致错误的结论。例如，根据第一次仿真得出的平均排队时间可判断，到达率加倍后平均排队等待时间大幅增加，但再观察一下其他各次仿真的结果可以看出，两种情况下的差异并非如此显著。由此可知，当制定重要决策时，仅依赖于单独一次仿真是非常危险的。

第 2 章

Arena 软件概貌

学习目标

(1) 掌握 Arena 软件的安装及基本使用方法。
(2) 熟悉 Arena 软件的组成元素和主要窗口。
(3) 掌握 Arena 软件的主要功能和建模基础。

2.1 软件安装

Arena 要求使用 Microsoft® Windows® 98、Windows ME、NT® 4.0(Service Pack 5 或更新的版本)、Windows® 2000、Windows® XP、Windows® 7 或 Windows® 10 作为运行环境。在 Windows NT、Windows 2000、Windows XP、Windows 7 及 Windows 10 环境中,必须有 Administrator 权限才能安装这一软件[①]。

2.1.1 授权复制软件

学术版软件只能安装在大学的计算机或者学生的个人计算机上。其目的是配合本书共同完成学习仿真和 Arena 的任务。只能为了教学及研究的目的复制本软件,不允许用于任何商业用途。只有已经注册的授课教师才能获得软件支持。

2.1.2 安装 Arena 软件

请根据以下顺序安装 Arena 13.50.00。请注意不能只是简单地接受所有的默认选项,安装过程中需要遵循一些特定的步骤。

插入 Arena 光盘启动自动运行程序,将会显示 Arena 安装界面。如果不能自动运行,则直接浏览光盘,寻找 autorun.exe 文件,双击以启动安装。

在安装对话框中,选择 Install Arena v13.50.00。当安装程序进行到需要序列号时,

---

① 安装完毕后,运行 Arena 并不需要 Administrator 权限。想进一步了解更多信息或需要帮助,可以咨询你的系统管理员。

输入 STUDENT 激活学术版本。这样就能够使用本书中所提到的那些例子,并且能建立比较大的模型。

当在个人计算机的硬盘里为 Arena 选择了安装地址后,请注意 Arena 将会被安装在所指定的文件夹里的 Arena 13.50.00 子文件夹中。

在安装 Arena 的最后,会看到一个安装激活 Arena 的选项,需要清除这个选项。学术版或评估版的 Arena 不提供或者不需要激活使用许可的功能。要想了解有关 Rockwell 激活使用许可的更多信息以及如何建立一个网络许可,可选择 Start＞Programs＞Rockwell software＞Utilities＞Activation Help。

安装 Arena 之后,根据需要,重启计算机。

2.1.3 系统要求

运行 Arena 13.50.00 软件的最低系统要求/建议如下。

(1)(Windows Vista SP1 或更高版本),Windows Server 2003 R2 标准版＊(SP2 或更高版本),Windows XP(SP2 或更高版本),或者 Windows XP Home(SP2 或更高版本),Windows 7 专业版或家庭(SP2 或更高版本),Windows 10 专业版或家庭(SP2 或更高版本)。

(2) 32-bit version only.(仅能够安装在 32 位的计算机上)。

(3) Internet Explorer,6.0 或更新版本(这不需要使用浏览器阅读文件,但一些工业工程组件是必要的)。

(4) Adobe® Reader 9.1.0 或更新版本,用于阅读文件。

(5) 硬盘上有 500-1GMB 的可用磁盘空间(取决于安装选项)。

(6) 1GB RAM(建议 4GB RAM 或更高,取决于操作系统)。

(7) 奔腾®2GHz 或更快的处理器。Arena 13.50.00 软件可以运行在单处理器、双处理器和双核处理器的计算机上。

仿真模型的运行及动画需要占用大量的计算时间,因此,使用更快的处理器以及更多的内存可以有效改善运算性能。另外,建议使用较大的显示器和至少为 1 024×768 的屏幕配置以提高模拟的视觉效果。

2.1.4 软件安装步骤

在安装 Arena 13.50.00 软件之前,请仔细阅读"Activate Rockwell Software Products"文档。

插入安装光盘自动运行,并自动启动程序。如果没有自动启动,请单击安装,详细安装步骤如图 2-1～图 2-10 所示。

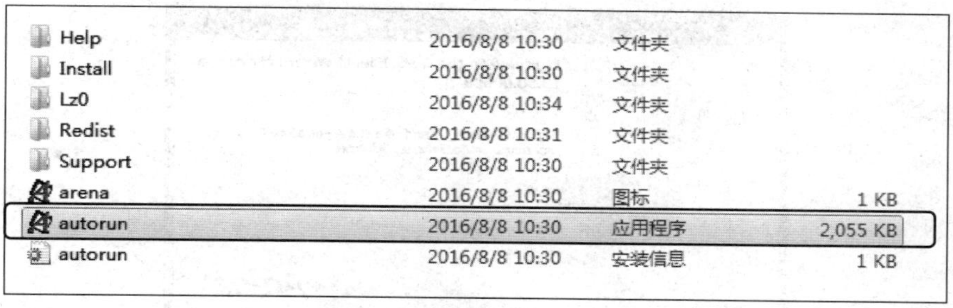

图 2-1 单击安装包文件 autorun.exe

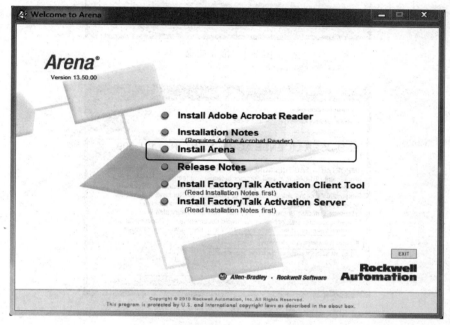

图 2-2 单击安装软件 Install Arena

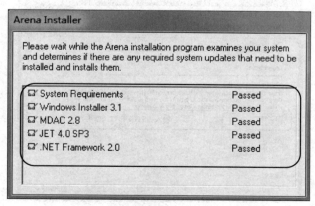

图 2-3 系统确定是否安装必备环境

图 2-4 准备安装

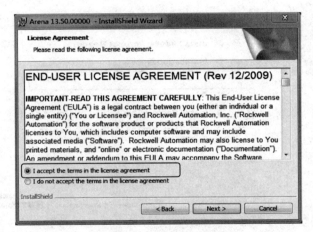

图 2-5 选择接受授权协议

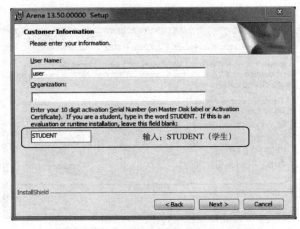

图 2-6 输入账号 STUDENT

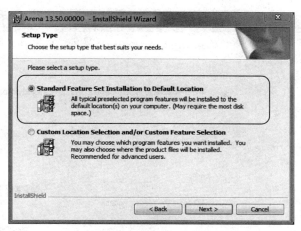

图 2-7 选择标准安装

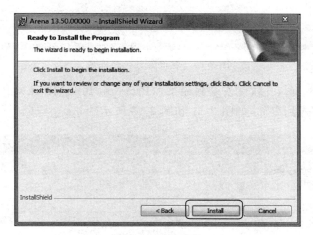

图 2-8 选择安装

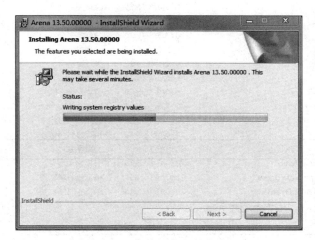

图 2-9 等待软件安装完成

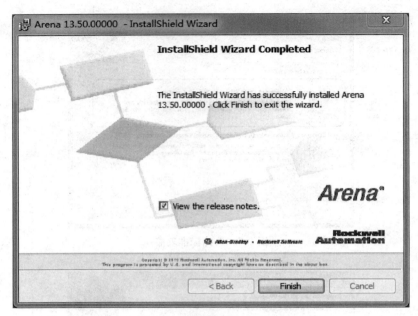

图 2-10　软件安装已经完成

找到 Arena 13.50.00 软件安装目录 C:\Program Files\Rockwell Software\Arena，将软件发送快捷方式到桌面，如图 2-11 和图 2-12 所示。

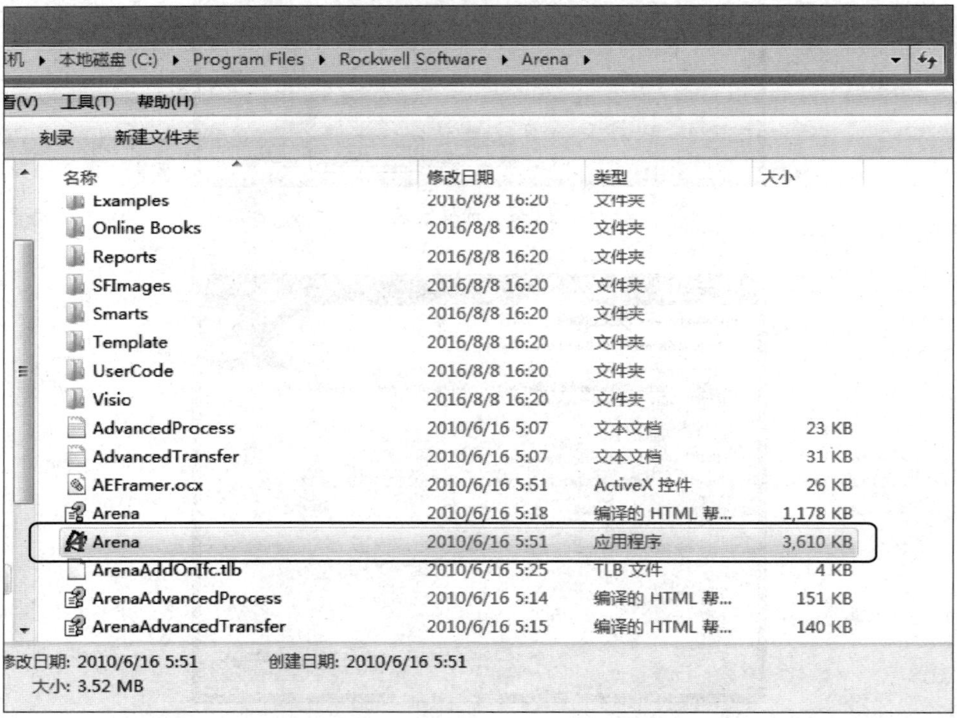

图 2-11　发送软件快捷方式到桌面

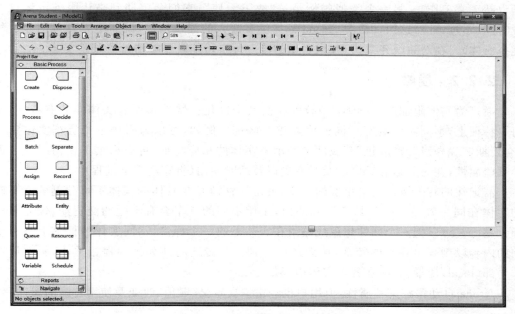

图 2-12　登录软件界面

2.2　仿真模型的组成元素

2.2.1　实体

绝大多数仿真都包含被称为实体(entity)的"参与者",它们在系统中移动、改变形态、影响其他实体及系统状态,并影响输出性能测度。实体在仿真中属于动态物体,通常它们首先被创建出来,在系统中活动一段时间,当离开系统时被清除。但也有的实体从不离开系统,一直在系统中流动。不过,所有实体都必须通过创建过程才能出现,不论是用户创建还是软件自动创建。

引例中的实体是被服务的货车。当货车到达系统时实体被创建出来,然后在系统中流动通过队列(如果需要排队),在卸货平台上接受服务,在离开系统时被清除。虽然引例中只有一种实体,但它却能有很多独立的"复制品",或称为该实体的实现(realization),它们同时出现在系统中,就像在实际系统中可同时存在某种货车的许多不同个体一样。

大多数实体在仿真中表示"实际"物体,在模型中可以同时出现很多不同种类的实体及其实现。例如,系统中可以有几种不同的货车,可能需要不同的服务和运动路径,并拥有不同的优先级。此外,模型中的每一种实体又可以同时有多个实现。

还有一些情况下,可以设计一种"虚拟"(或"逻辑")实体,它们不表示任何有形的实物,而是为满足特殊的建模需要。例如,对机器故障建模的一种方式就是创建一个"故障恶魔"(见图 2-2),它在机器正常运转时躲在阴暗角落中,在机器出现故障时跳出来将机器踢翻,洋洋得意地站在那里,直到机器被修复后才慌忙跑回暗处重新躲藏起来(表示机器重新正常工作)。另一个类似的例子是"故障天使",它们会定期到来让服务台休息一段时间(不过,针对这两种情况 Arena 都提供有嵌入的建模构件,因而不需要再创建这种虚拟实体)。在对系统建立模型时,要做的第一件事可能就是搞清楚哪些是实体。

2.2.2 属性

通过为实体附加属性(attribute)可以使其个性化。属性是所有实体的共有特征,在每一特征上,不同实体具有不同的值以相互区别。例如,可以为引例中的货车实体定义"交货期""优先级"及"颜色"等属性来表示各实体的相应特征;可以根据具体情况决定需要哪些属性,并为其命名、赋值、及时变更以及适时使用(贯穿建模全过程)。

需记住的有关属性的最重要的一点,就是属性值是与具体的实体不可分割的。不同的实体在同一属性上一般具有不同的值,正像不同的货车会有不同的交货期、优先级和颜色编码。可以把一个属性想象成贴附在实体上的一个标签,不同实体的标签上写有不同的内容以刻画出各自的特征,从而加以区别。与传统的计算机编程相类比,属性可看作局部(local)变量,局限在各个实体内部。

Arena 自动跟踪某些属性,但用户也经常需要定义、赋值、改变及使用自己的属性。

2.2.3 (全局)变量

变量(variable)也称为全局变量(global variable),是反映某种系统特征的信息,与具体的实体无关。模型中可以有很多种不同的变量,但每个变量只表示一种含义。变量可分为两类:一类是 Arena 自带的内部变量(队长、处于忙态的服务台数、当前仿真时钟等);另一类是用户自定义变量(平均服务时间、运输时间、当前班次等)。与属性不同,变量不与具体的实体相关联,而是与整个系统有关系。实体可以引用这些变量,而且可以改变许多变量的值。如果把属性理解成贴附在实体上的标签,跟随实体在房间里到处游走,那变量就可被看作写在墙上的内容(还可重新擦写)。变量被用于许多不同的目的。例如,假如整个模型中的实体在任意两个站点间移动的时间是相同的(常数),这时就可以定义一个名为"运送时间"(Transfer Time)的变量,将其值赋为相应的运送时间,在需要使用该数据的地方换成变量名即可。这样一来,如果需要改变运送时间,只需对变量重新赋值,即可改变模型中所有用到的运送时间。变量也可用于表示在仿真过程中发生变化的事物。例如,在一个较大模型中的某个子装配区域里的货车数,每当一个货车实体进入该区域时,货车数加 1,离开该区域时,货车数减 1。如果对变量用表或二维表的形式来组织信息比较方便,还可以将 Arena 变量定义成向量或矩阵。引例中用到的 Arena 内部变量有卸货平台状态(忙或闲)、时间(仿真时钟)及当前队长。

2.2.4 资源

实体通常在特定资源(resource)上完成服务,资源一般表示人员、设备或有限存储区域中的空间。当有可用资源时,实体会占用(seize)该项资源(可能同时占用多个单元),并在完成服务后将其释放。最好想象成把资源分配给实体,而不要想象成把实体分派到资源上,因为有时一个实体(例如货车)同时需要多个资源(如人员和机器)为其服务。

一项资源也可以表示由多个单一服务器组成的群组,其中每台服务器称为该资源的一个单元(unit)。这对建模来说非常有用。例如,在航空公司的售票处,会有几个售票人员"并行"工作。在仿真运行中,资源的可用单元数是可以变化的,代表部分售票人员休息或在繁忙时重新返回工作。如果一项资源有多个单元,或其单元数量可变,则在2.1.2小节定义的资源利用率需加以推广,即定义为整个仿真过程中资源处于忙态的单元数的时间均值除以该资源可用单元数(available)的时间均值。引例中只有一个卸货平台,因此只有一个可用的资源单位。

2.2.5 队列

当实体需要资源服务而该资源的所有服务单元均被占用时,它需要有一个地方等候,这就是引入队列(queue)的目的。在Arena中,队列有相应的名字,而且可以定义一定的容量来表示有限的存放空间等。在模型中可以规定,当实体到达容量已满的队列时应如何处理。

2.2.6 统计累加器

为得到各输出性能指标值,在仿真过程中必须要跟踪各种统计累加器变量(statistical-accumulator variable)的中间结果。引例中,将观察以下性能指标。

(1) 迄今为止所服务完的货车数量。
(2) 迄今为止所有货车排队时间之和。
(3) 迄今为止所有完成排队的货车数量(求平均排队时间时,它将被作为分母)。
(4) 迄今为止所观察到的最长的排队时间。
(5) 迄今为止所有货车的系统逗留时间(从进入系统到离开)之和。
(6) 迄今为止所观察到的最长的系统逗留时间。
(7) 迄今为止队长曲线 $Q(t)$ 下的面积。
(8) 迄今为止队长曲线 $Q(t)$ 所达到的最高水平(最大队长)。
(9) 迄今为止服务台忙态函数 $B(t)$ 曲线下的面积。

所有这些统计累加器的初值均为0。当仿真过程中有事件发生时,需要以适当方式更新受事件影响的统计累加器。

Arena自动处理绝大多数常用的统计累加器,因此除某些情况下需要由用户定义以外,多数情况下均由系统在后台完成。不过在接下来的手工仿真中,本书将完全手工跟踪和更新这些统计累加器,以便读者能够了解这一过程是如何进行的。

2.2.7 事件

本质上,仿真过程中一切都是围绕事件进行的。所谓事件(event),就是在某个(仿真)时刻发生的事情,它可以改变属性、变量或统计累加器的值。在引例中,共有三种事件。

(1) 到达(Arrival):新货车进入系统。
(2) 离开(Departure):货车在卸货平台上完成服务后离开系统。

(3) 终止（End）：仿真过程在第 20 分钟时停止（把仿真终止时间作为一个事件似乎有点牵强，但它确实改变了系统中的一些事物或状态，而且这是终止仿真的一种方式）。

除以上事件外，当然还需要进行初始化操作来完成所有的初始设置。本书后面将详细介绍各事件的逻辑过程。

引例模型中还有一些事情发生，但都不是独立的事件。例如，货车离开队列并开始在卸货平台上服务，这一事情虽然也改变了系统状态，但它的发生是由于其他货车的"离开"事件造成的，因此，它就不单独构成事件了。

仿真在执行过程中必须要跟踪未来（仿真）时间假定发生的各种事件。在 Arena 中，这些信息被储存在未来事件表（event calendar）中。本书将不讨论未来事件表中具体数据结构的细节，只介绍其思想：当仿真逻辑过程调用未来事件表时，某一未来事件的信息记录将被存入未来事件表。事件记录包括相关实体的标识、事件发生时间及事件类型。Arena 把每个新生成的未来事件存入未来事件表，且对表中的事件按发生时间的升序形式加以排列，即下一个马上要发生的事件总是被置于事件表的顶端。当处理下一个事件时，事件表中的顶端记录被移出，记录中的相关信息被用于执行该事件逻辑，而在该事件逻辑中，又可能包含生成新的未来事件，这些新事件又将被放入未来事件表中。有些情况下，在某一时刻生成某种特定类型的事件是没有意义的（引例中，如果卸货平台是空闲的，就不可能去生成一个离开事件），这种事件不会被加入事件表，因而也就不会发生。还有可能同时生成多个同类事件，尽管其发生时间和所针对的实体各不相同。

在离散事件模型中，在相继发生的两个事件之间，系统状态保持不变。大多数事件驱动的仿真逻辑都是直接描述每种事件的发生和处理过程。本书后面将会介绍应用 Arena 建模时，可以不用直接定义这些详细的事件逻辑。当然，当描述一些特殊的过程需要定义详细逻辑时，Arena 也提供了直接定义事件逻辑的功能。

2.2.8 仿真时钟

仿真过程中的当前时间值记在一个特殊变量中，称为仿真时钟（simulation clock）。与实际时间不同，仿真时钟并不是连续推进、均匀取值的，而是从当前事件的发生时间跳跃到下一个事件的发生时间。因为相继两个事件之间系统没有发生变化，所以也就没有必要浪费时间来考虑这两个事件之间的过程。

仿真时钟和未来事件表之间是密不可分的。在仿真初始化和处理完每个事件之后，会从未来事件表中移出顶端记录（即下一个要发生的事件），然后将仿真时钟推进到该事件的发生时间（该时间值是事件表记录的数据项之一），所移出的记录中的信息（包括实体标识、事件发生时间及事件类型）则用于处理该事件。如何对事件加以处理取决于该事件的类型和系统当时所处的状态，但一般来说包括更新有关变量和统计累加器、改变实体属性、将所生成的新事件插入未来事件表。

在后面的手工仿真过程中，是自己跟踪仿真时钟和未来事件表的变化的。但既然这部分是所有动态仿真中极为重要的组成部分，Arena 当然将会自动跟踪它们（在 Arena 中，仿真时钟是一个名为 TNOW 的变量）。

2.2.9 仿真开始与停止

对引例而言,作了一些相应的假设,这就比较容易确定初始时的属性、变量和统计累加器取值,以及未来事件表和仿真时钟值。Arena 自动完成了很多事情,但它不能决定有关建模方面的问题,如开始和停止规则。用户必须自己决定适当的开始条件、仿真运行时间,以及是否在特定时间停止(如在引例中规定的在第 20 分钟时停止仿真)或发生特定事件时停止(如服务完 100 辆货车后停止仿真)。充分考虑这些问题并保持其与建模内容一致是十分重要的,因为有关这些问题的决定对仿真结果所产生的影响与改变输入参数值(如平均到达间隔时间、服务时间的方差、机器数量等)所产生的影响是一样大的。在应用 Arena 仿真时,要注意有意识地去指定如何终止仿真,否则在很多情况下 Arena 的缺省选项都会使仿真无限地运行下去。

2.3 启动系统

Arena 是一种真正的微软"视窗"操作系统(Windows)的应用软件,因此用户对它的外观和风格会比较熟悉,并且其一般的特征和操作也与 Windows 操作系统一致。另外,Arena 与其他 Windows 软件全面兼容,如文字处理软件、电子表格软件和 CAD 软件等,所以用户可以很容易地在不同软件系统与 Arena 之间来回移动对象。本书假设读者对 Windows 的基本概念和操作都已经熟悉了。

(1)磁盘、文件、文件夹和路径。

(2)鼠标和键盘的使用,包括单击、双击和右击鼠标。

(3)操作窗口,如移动、调整大小、最大化、最小化和关闭。

(4)对菜单的操作。书中使用如下符号 M>C>S>T,表示打开菜单 M,从中选择 C,然后从子菜单中选择 S(如果有),最后选择带有标签 T 的页面(如果有)。

(5)Ctrl、Alt 和 Shift 键的使用。"Ctrl+任意键"意味着同时按下 Ctrl 键和任意键(这一点同样适用于"Alt+任意键"和"Shift+任意键")。如果"任意键"是键盘键,则不区分大小写。"任意键"也可以是单击,例如"Ctrl+单击"可以拓展某个选择使其包括增列项目。

(6)对文本和其他项目的剪切 Cut(或者菜单命令 Edit>Cut,或者组合快捷键 Ctrl+X)、复制 Copy(或 Edit>Copy,或 Ctrl+C)和粘贴 Paste(或 Edit>Paste,或 Ctrl+V)操作。

(7)填写对话框,包括输入和编辑文本条目、按下按钮、选定和清除(即取消选定)选项框、从一列选择按钮(单选按钮)中单击选中其中一个按钮,以及从下拉菜单中选择项目。

计算机中已按随书附带的说明书安装了 Arena 系统,找到 Arena 图标或快捷方式并双击它,将会看到一个相应的信息框,阅读后请单击 OK 按钮(由于 OK 按钮是默认选项,也可以在键盘上直接按回车键)进入 Arena 系统。此时在 Arena 窗口左上方会出现文件(File)、视图(View)、工具(Tools)和帮助(Help)菜单(如果一个空的模型文件在 Arena 启动后被自动打开,则可看到其他几个菜单)。还可以看到含有不同按钮的工具栏,不过在打开模型文件之前,只有以下几个工具栏可用(处于激活状态)。

(1) 创建一个新的空模型文件,这个按钮等同于菜单命令 File＞New 和键盘操作 Ctrl＋N。

(2) 显示一个对话框用于打开一个以前保存过的模型,等同于 File＞Open 和 Ctrl＋O。可能需要在其他文件夹或磁盘中寻找所要打开的模型文件。

(3) 模板添加(系统提供了若干模板(Template),每个模板中包含了相应的建模元素),等同于 File＞Template Panel＞Attach。这些模板文件(扩展名为 .tpo)保存在 Arena 13.5 文件夹下的 Template 文件夹中。

(4) 模板断开(当不再需要相应的建模元素出现在活动面板里时),等同于 File＞Template Panel＞Detach。

(5) 关联帮助按钮,提供关于菜单或者工具栏命令的帮助。单击它,鼠标箭头上会增加一个问号,用带有问号的箭头单击想要得到帮助的工具栏按钮或者菜单命令即可得到相应的帮助信息,关闭帮助窗口后鼠标指针就会返回原来的单箭头。

工具提示(Tooltips)可以提供另外一种更加快速和简洁的关于工具栏按钮的帮助。将鼠标停留在某个按钮上面保持一两秒钟不动,就会出现一个小方框显示该按钮的名称。如果想知道该按钮的更多信息,可以使用 ,也可以在帮助系统中查阅相关信息(因为此时已知道了该按钮的名称)。关于帮助功能的更多描述可以参考 2.6 节。如果对频繁出现工具提示感到厌烦,可以通过 View＞Toolbars 菜单打开 Toolbars 标签项,在其中清除 Show Tooltip(显示工具提示)选项。当想从 Arena 系统退出时,可以单击右上角的 ,或者使用菜单命令 File＞Exit,或者按 Alt＋F4。

2.4 Arena 的窗口组成

打开一个现成的模型,看看 Arena 的各种窗口,熟悉 Arena 的基本术语。

2.4.1 打开模型文件

已有的模型可以通过 File＞Open 菜单命令打开(或者单击 弹出"打开文件"对话框),文件名称会出现在滚动框内,当然也可以直接搜索其他文件夹或磁盘。找到本书附带案例的 Book Examples(ZHOU Min)文件夹中名为 Model 02-01.doe 的文件(Arena 文件的默认扩展名为 .doe)。当使用典型安装时,该模型文件保存在 Arena 13.5 文件夹下的 Book Examples 文件夹内。单击文件名选中该文件,并单击 Open 按钮即可(或者双击该文件),会看到一个 Arena 窗口(看到的工具栏和按钮也可能会有些差异,或所处的位置不同),称为模型 02-01。

2.4.2 Arena 窗口的构成和关联

模型所在的 Arena 窗口可分为几个部分,如图 2-13 所示。

在右边占据屏幕大部分的是模型窗口,它实际上位于 Arena 窗口的内部,如果同时打开几个模型,每个模型窗口单独容纳一个模型,但所有窗口都在 Arena 窗口内,就像文字处理和电子表格软件一样。通过单击某个窗口以便在不同窗口之间切换,或者从 Window 菜单的窗口列表里选取。如果有大量模型窗口同时被打开,可以使用 Ctrl+Tab 键在窗口之间切换,或者使用"－"按钮使部分窗口缩小为图标形式。此外,Window 菜单里还有一些其他命令(层叠、平铺等)来安排打开的模型和被最小化的图标。

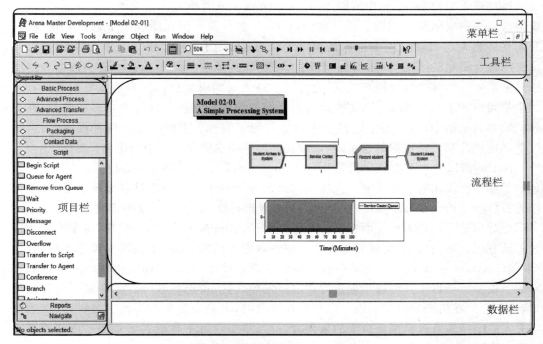

图 2-13　简单系统的 Arena 窗口

使用 工具按钮(即 File＞New 或者 Ctrl+N)创建一个空的模型,使用 按钮(即 File＞Save 或者 Ctrl+S)保存当前的活动模型窗口,使用 (即 File＞Open 或者 Ctrl+O)打开以前保存过的模型,改变窗口大小或重新定位窗口的操作与其他 Windows 操作系统下的应用软件是一样的。

剪切、复制和粘贴功能在 Arena 内部,以及 Arena 和其他应用软件之间均可进行。例如,同时打开了几个模型窗口,想把一些对象从其中一个窗口复制到另一个窗口,可先用鼠标选择对象(可用 Ctrl+单击或者拖动鼠标画框来选择多个对象),再复制到剪切板(Ctrl+C 或 Edit＞Copy),切换到另一窗口,然后将其粘贴进去(Ctrl+V 或 Edit＞Paste)。当选择"粘贴"操作之后,在选项的西北角鼠标箭头会变成十字线,然后在想要粘贴的位置单击鼠标即可完成操作。

同时打开了 Arena 和工作表,想要将表中的一个长数字放到 Arena 文本对话框中,首先从工作表单元格中复制该数字,再切换到 Arena 窗口中(通过 Windows 任务栏或使用 Alt+Tab 键在打开的软件之间切换),在对话框中定位想要放数字的插入点,然后粘贴进去。如果在文字处理系统中写报告,想要粘贴一幅 Arena 屏幕的"快照",则进入

Arena 窗口,按 Prnt Scrn 键,然后切换回正在处理的文档,在想要的位置粘贴该快照;如果只想粘贴当前活动的窗口(例如一个对话框),则按住 Alt+Prnt Scrn,然后将其粘贴到想要的位置。

模型窗口分为两个区域或两种视图:流程图视图(flowchart view)和电子数据表格视图(spreadsheet view),通常情况下在模型窗口中能够同时看到两种视图是很有用的(但也可通过在菜单命令 View 中清除 Split Screen 选项或者单击▦来关闭一个视图,以便使模型窗口集中显示某个视图。在这种情况下,要想看流程图视图或电子数据表格视图,只需在屏幕左边的项目栏中单击任何一个流程模块▯或电子数据表格模块▦即可)。流程图包含模型的图形符号,有加工流程、动画和其他一些绘图元素。电子数据表格能够显示诸如时间等参数的模型数据,允许用户进入和编辑数据。许多模型参数在两种视图中都可以被看到并编辑,但电子数据表格视图使用户能够一次处理更多的参数,并且相似的参数被集中存放,对于大模型来说非常便于编辑。当同时显示两种视图时,可通过上下拖动分割两种视图的水平线,以改变两种视图在模型窗口中的比例。

Arena 窗口的左下方是项目工具栏(Project Bar),它存放各种面板(panel),每个面板包含了用户所使用的各种对象。面板一次只能显示一个。当前项目栏显示的是"基本操作面板(Basic Process Panel)",它包含了基本建模模块(module),这些模块在仿真模型中有广泛的用途。在基本加工面板下的是标有"报告(Reports)"的水平按钮,这个面板可以显示仿真运行后的结果,可试着单击这个按钮观察该面板,再次单击基本操作面板返回。"导航(Navigate)"面板可以使用户从不同角度观察模型,在多层递阶模型中还可以看不同的子模型。项目工具栏通常被放置在窗口左侧,但也可以将其"悬浮"在屏幕的任何位置,或把它放在模型窗口的右侧。当用户在建模时,一般需要显示项目工具栏,然而当需要更大的空间来查看模型窗口中的事物时,可以单击项目工具栏右上角的×按钮或者在 View 菜单中清除 Project Bar 选项来隐藏工具栏。

Arena 中还有其他一些面板,包括"高等操作(Advanced Process)"(用"更小"的建模操作块来对各种细节建模)、"高等运送(Advanced Transfer)"(包括移动实体的许多选项)、"操作块(Block)"与"构模元素(Element)"。还有更多的面板,包括创建特殊的应用系统,如对工厂、呼叫中心以及高速包装线建模等。为了能够在模型中使用这些面板,需要通过 File>Template Panel>Attach 或者添加模板按钮(▱)把相应的面板装载到模型中。面板文件的扩展名为 .tpo,位于 Arena 13.5 文件夹下的 Template 文件夹内。如果想把特定的面板导入每个新建的模型,可进入 Tools>Options>Settings,然后把所需的 .tpo 文件输入到 Auto Attach Panels 框内。

Arena 窗口最下面是状态栏,它显示此刻正在进行的有关仿真状态的各种信息。现在状态栏显示的是鼠标指针在建模空间中的坐标(x,y)(详见 3.2.3 节);当仿真运行时,显示的是仿真时间、当前的重复仿真次数、重复仿真的总次数。也可以通过在 View 菜单中清除 Status Bar 选项来隐藏状态栏。

2.4.3 流程图视图一览

在模型窗口中看到的流程图仅仅是该模型众多可能视图中的一种,这些模型的流程被描述在一个图形建模空间中,图形建模空间的中心坐标为(0,0),从中心坐标向四个方向延伸出1 000个单位长度,这些单位只是表示位置的,没有任何特殊的物理意思。单击模型窗口右上角的□按钮,可以将窗口最大化,同样单击 Arena 系统窗口右上角的□,可以将 Arena 视窗最大化。

为了看流程图的不同部分,可以使用窗口下面和右侧的滚动条或箭头来浏览(也可以先用鼠标激活模型窗口,然后通过上、下、左、右键浏览),也可以对视图放大(用 按钮或"+"键或 View＞Zoom In 菜单)或缩小(用 按钮或"-"键或 View＞Zoom Out 菜单),以便从不同"高度"看模型。单击 按钮(或 View＞Views＞All 菜单或用"*"键)可以自动显示全景,以最可能近的焦距观看整个模型。如果想返回看以前的视图,可以单击 (或 View＞Previous 菜单)。如果正处在较高的高度上,但想拉近看某块区域以仔细观察时,可以选择 View＞Views＞Region 菜单或单击"["键,使鼠标指针变为十字线,从长方形的一个角点开始拉到另一个角点以确定观察区域,则可以近距离查看(即在可能的最低的高度上)该区域内的所有图像。

如果有一个选好的视图,可以把它保存为命名的视图(Named View),同时给它分配一个热键。首先,通过缩放将想要保存的视图定义好,选择 View＞Named Views 菜单(或单击"?"键)。然后,单击 Add 键。需要给这个视图一个描述性的名字,同时也可以选择给它分配一个热键。通过选择 View＞Named Views 菜单(或单击"?"键),单击想要显示的视图,然后按 Show 键。也可以在项目栏的导航(Navigate)面板里单击左上角的"+"键,打开所有命名的视图构成的树状结构,然后单击所要的视图条目。最快的方式就是单击分配给那个视图的热键来显示该视图,不过必须记住这些热键,也可以用文本的形式记录在模型上,命名的视图热键是 Arena 软件中少数几个区分大小写的地方(例如,"a"和"A"是不同的)。命名的视图在任何时候都可以访问,甚至在仿真运行过程中。对于模型 3-1 已经建立了三个命名的视图:整个视图(热键 a)、逻辑视图(热键 l)和散点图视图(热键 p)。

打开新模型时,它会以特定的初始视图出现,一般位于图形建模空间原点(0,0)位置的东南部,可以在键盘上按 Home 键(或选择 View＞Views＞Home 菜单)返回原来位置。为了看到图形建模空间最大可能的面积(从最大的高度看),可选择 View＞Views＞Max 菜单。

为了目测方位,可以通过 View＞Grid 菜单(或单击)显示由小点组成的背景网格,如果想进一步使新近放进去的对象对齐网格,可以选择 View＞Snap 菜单(或单击)。这两种操作键都是开关键,也就是说可以通过重复单击来取消操作。为了使已有的对象对齐网格,首先选择对象,然后单击 调整对象的位置与网格点对齐。若要自定义网格点间隔,可选择 View＞Grid Settings 菜单,对话框内的数值以图形建模空间的度量单位为标准。

2.4.4 模块

Arena 模型的基本构件叫作模块(module),可利用这些模块定义仿真流程和数据,它们存放在项目栏中的各种面板中,基本上可分为流程模块(flowchart module)和数据模块

（data module）两类。

流程模块在模型中描述了动态过程,可以把流程模块看成实体流经的结点或者模型起止的过程。要把一定类型的流程模块放到模型中,可以从项目栏中选取该模块并拖到流程图窗口里(当然在窗口中也可以拖动模块重新定位)。在某种情况下,流程模块是相互关联的。在基本操作面板中,可用的流程模块有创建（Create）、清除（Dispose）、处理（Process）、决策（Decide）、批量（Batch）、分离（Separate）、赋值（Assign）和记录（Record）模块,而别的面板中还有许多其他的流程模块。在基本操作面板中,每种类型的模块都有不同的形状,类似于经典的流程图(参考 Schriber,1969),但是在其他面板中有更多的流程模块的形状没有具体含义,它们只是用简单的长方形来表示,一些面板（如"高等运送"面板）中使用不同颜色的长方块区分不同类型的流程模块,另一些面板（如用于联络中心和包装的专用面板）使用更加复杂的图形表示流程模块。一旦流程模块被放到流程图窗口里,即可双击该模块来编辑它,此时会出现一个有关该模块的对话框。另一种编辑的方法就是在项目栏或流程图窗口中选择一种模块类型（如单击 Create 或 Process 模块）,此时在电子数据表格视图中会出现一列该类型的模块,这样就可在电子数据表格中编辑它们。这种方法对模型中该种类型的所有模块情况一目了然,因此在大型模型中非常有帮助。

数据模块定义了各种操作元素（如实体、资源和队列）的属性,同样也能够创建整个模型所用的各种数值变量和表达式,在项目栏中像小电子表格形状的模块就是数据模块的图标。"基本操作"（Basic Process）面板中的数据模块有实体、队列、资源、变量、调度和集合模块,别的面板中包含了其他种类的一些数据模块。实体不会流经数据模块,同时数据模块也不能被拖进模型窗口内,实际上数据模块隐藏在"场景"背后,定义不同的数值、表达式和条件。不能通过双击数据模块来编辑它们,但可以在工具栏中单击数据模块,这样相应类型的数据模块的电子表格就会出现在电子数据表格视图内,通过双击可以编辑或增加数据行。系统默认的是在电子数据表格内编辑模块,但如果双击左侧的数据列,则可以在对话框内编辑。与流程模块不同,同一类型的数据模块在模型中不会出现多于一个,但一个数据模块可能有很多行,每行描述一个独立的对象所包含的数据（如模型中有 3 种不同的队列,队列数据模块就会包含 3 行,每行在表格中代表一个队列）。

同一模型内,流程和数据模块通过它们共有的对象（如队列、资源、实体类型和变量）名称相互联系起来。Arena 保存所定义过的对象名称目录,并把它们在适当的位置以下拉的形式呈现出来,这样可以帮助用户记住对象的名称（可以使用户不必多次输入对象名称,或者至少可以保证对象名称前后一致,从而保证模型顺利运行）。

2.4.5 内部模型文档

当把鼠标指针停留在一个模型符号或其他对象上时,将会看到相应的数据提示,数据提示分为默认描述和自定义描述。默认描述介绍有关对象的一般信息,如名称和类型;自定义描述给出用户在对象属性区域内所键入的内容。在对象上右击,然后选择属性,就会出现可键入文本的区域。数据提示的出现与否可以通过 View>Data Tips 菜单控制,默认情况下,"默认描述"和"自定义描述"都处于激活状态,当然也可以将两种提示屏蔽掉。

除了对模块描述外,也可以定义"项目描述",即给整个模型提供一些说明性文本信息,可利用项目描述很好地说明模型是做什么的、为什么这样创建模型以及所做的假设等相关信息,可通过 Run>Setup>Project Parameters 菜单键入项目描述。

数据提示是一种很有用的功能,但当模型很大时,可能想知道是否有其他方式可充分利用这些信息,答案是肯定的。可利用 Tools>Model Documentation Report 菜单创建用户报告,它汇总了所有模型数据,可在该菜单的可选项中选择报告要包括的各种信息,即可生成 HTML 形式的报告。

2.5 浏览现有模型

2.5.1 Create 流程模块

首先从流程图视图左侧的"创建"模块(Create)开始,此处把该模块命名为"Student Arrives to System"。对于到达模型边界的实体来说,Create 模块意味着从外部进入模型的起始点,在这个例子中,实体就代表 Student。双击该模块会打开对话框,如图 2-14 所示。

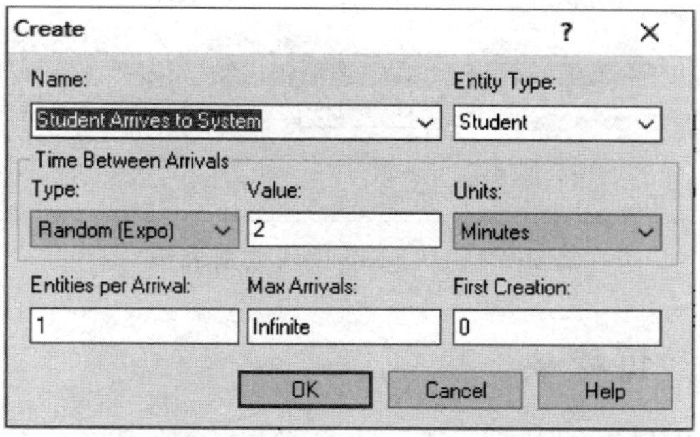

图 2-14 Create 模块对话框

在"名称"(Name)栏中输入 Student Arrives to System 作为该模块的名称,这个名称将会出现在模块图标框内和数据提示部分。然后在"实体类型"(Entity Type)栏中定义 Student 作为该实体的类型,在这个模型中只有一个实体类型,但是通常情况下会有很多实体类型,此时需要分别命名使其直观,同时可以用于其他一些目的。

对话框中部的"到达时间间隔"(Time Between Arrivals)区域是用于规定相邻实体到达间隔时间属性的。在"类型"(Type)栏内选择 Random(Expo)(可使用下拉列表箭头）定义到达时间间隔为一个服从指数分布的随机变量,在"参数值"(Value)栏内输入 2,在"单位"(Units)栏内定义 Minutes(分钟)作为时间单位,表明此处是 2 分钟而不是 2 秒钟、2 小时或 2 天,Arena 不严格区分混合整数和实数,因此也可以输入"2."或"2.0"。

在对话框底部,可以看到"每次到达实体数"(Entities per Arrival)栏中数值为 1(默认值),表明一次到达一个 Student;"最大到达数"(Max Arrivals)栏中定义仿真过程中实体最大的到达数量,此处为无穷大(缺省),如果有限制,则在达到最大到达数之后 Create

模块将被"关闭";"首次到达"(First Creation)栏表示第一个实体的到达时间,此处为 0 (而不是经过一段初始时间)。单击对话框中的 Cancel 按钮或右上角的 ⊠ 来关闭对话框;若要保存所做的改动,则单击 OK 按钮。

另一种编辑 Create 模块的方法是通过电子数据表格视图来完成,如图 2-15 所示。单击流程图视图中的 Create 模块或项目栏中的 Create 模块图标,则 Create 模块的数据表格就会出现在电子数据表格视图内,单击或双击每个区域都可以编辑数据元素或从可选项中做出选择。如果在模型内有多个 Create 模块,则每个模块在 Create 模块表格内有一个单独的行与其对应。在大型模型中这种方法可以快速编辑很多元素,或者一次总览所有 Create 模块。若在流程图或表格视图中选择一个特定的 Create 模块,同时也会在另外一个窗口中选定了那个特定模块。在表格行上右击,可以选择以对话框的形式编辑模块。在数值区域右击,则可以选择"构造表达式"(Build Expressions)来帮助输入复杂的代数表达式,如各种 Arena 变量、概率分布、数学方程和代数运算等。通过拖拉分割表格字段的竖条标记可以改变表格字段的宽度。

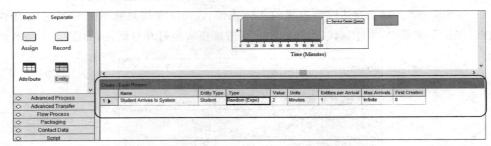

图 2-15 Create 模块数据表格

2.5.2 Entity 数据模块

在项目栏中选取"实体"数据模块(Entity),则实体数据表格就会出现在电子数据表格视图中,此时可以看到并编辑模型中的各类实体的属性,如图 2-16 所示。显示了"初始图形"(initial picture)字段的下拉列表,在仿真运行过程中 Student 实体的动画图形将显示为蓝色的球,还有其他几个字段用于定义实体的各类成本数据,在行末还有一个复选框,问是否要这个实体类型的统计报告表,统计表包括了运行期间这类实体在系统中的平均逗留时间和最大逗留时间。模型只有一个实体类型,如果有多个实体类型,每个类型在实体表中用一行来描述。

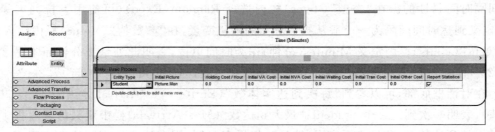

图 2-16 Entity 模块数据表格

2.5.3 Process 流程模块

"处理"(Process)模块代表机器,包括资源、队列和实体延时(本例中指 Student 服务),如图 2-17 所示。Process 模块被命名为服务中心(Service Center)。双击该模块,可以看到对话框。在"名称"(Name)栏键入模块名称 Service Center 后,在类型栏(Type)选取"标准"(Standard)类型,这意味着这项操作的逻辑将在 Process 模块中定义,而不是在其递阶子模型中定义。对话框底部是"统计报告表"(Report Statistics)复选框,用于选择是否输出相关的统计报告,如利用率、队列长度和排队等待时间等。

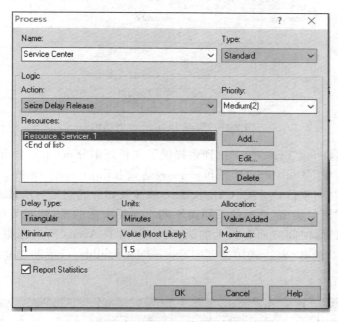

图 2-17 Process 模块对话框

逻辑(Logic)区域占了对话框的大部分面积,决定了该模块对实体的有关操作。在"活动"(Action)栏中选取"占用—延时—释放"(Seize Delay Release),它表明在该模块中实体会"占用"一定数量的资源,然后"延时"一段时间(表示服务),最后"释放"资源,以便于其他实体能够占用。其他可能的"活动"主要有以下三种:

(1) Delay,仅仅"延时"实体一段时间(可以把"延时"认为红色交通灯,信号过后实体才能继续进行);

(2) Seize Delay,"占用"资源然后"延时"(但不释放资源);

(3) Delay Release,"延时"然后"释放"以前被"占用"的资源。

几个 Process 模块结合起来可以表示很多类型的处理活动,如图 2-18 所示。

可以在模块中指定不同实体占用资源的优先权值(Priority),在 Arena 中,越小的数字意味着越高的优先权。对话框的资源(Resources)部分定义了所占用或释放的资源。单击"添加"(Add)按钮可以在资源列表中增加一项资源,双击表中某一资源行可以定义或编辑这种资源,也可单击资源行再选择"编辑"(Edit),此时会出现"资源"(Resources)

对话框。在对话框内可以定义资源名称(Resource Name)和服务单元数量(Quantity),这一数量是实体将要占用或释放的加工单元的数量(而不是资源本身所拥有的加工单元的数量,即资源容量,资源容量在"资源"数据模块中定义)。若填入一种以上资源,意味着实体在开始加工之前必须占用特定数量的每种资源(例如一台机器和两名操作人员),且相应地要释放特定数量的各种资源。

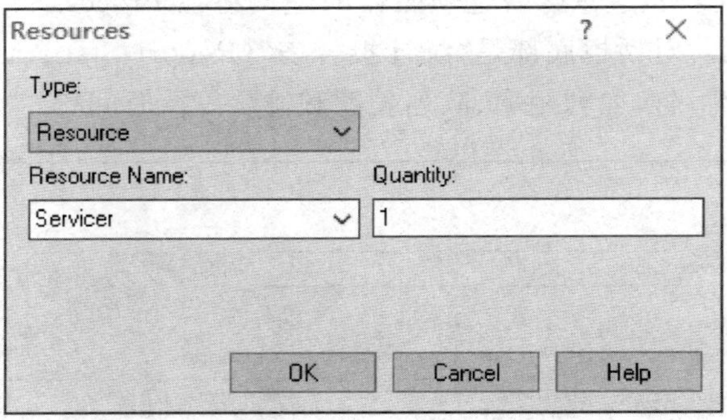

图 2-18　资源 Resources 对话框

"延时类型"(Delay Type)的下拉列表提供了 3 种概率分布(正态分布、三角分布和均匀分布)、一个"常量"(Constant)选择和一个"表达式"(Expression)选择。"单位"(Units)域决定了延时的时间单位,"分配"(Allocation)域涉及如何确定延时所带来的成本。下面一行的内容根据"延时类型"选择的不同而不同。需要注意的是,延时类型中的"表达式"选项在定义延时持续时间方面有很大的灵活性,包括了 Arena 所有概率分布,在表达式字段内右击还可以调出"表达式构造器"(Expression Builder),帮助建立各种表达式,如图 2-19 所示。

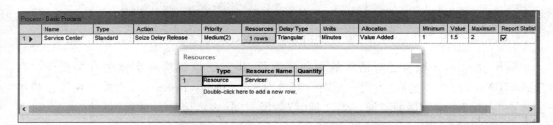

图 2-19　Process 模块数据表格

单击 Cancel 按钮关闭 Process 对话框;如果要保存所做的改动,应单击 OK 按钮。

如果在流程图视图中选中某个 Process 模块,或在项目栏中选中 Process 模块,则在电子数据表格视图中就会出现如图 2-17 所示的 Process 模块表格,图上还显示了"延时类型"(Delay Type)下拉列表。如果模型中有多个 Process 模块,则数据表格的每一行表示一个 Process 模块,像 Create 模块一样,它提供了另一种描述方式,既可以同时查看多个 Process 模块,也可以编辑模块的每个数据域。如果在 Resources 域单击"1 rows"按钮,就会出现一个二级数据表格,可以在该表中编辑、添加和删除资源,等同于资源对话框(在进行下一步之前,需要单击右上角的✕按钮,以退出二级数据表格)。

2.5.4 Resource 数据模块

一旦在 Process 模块中定义了一种资源（本例中资源为 Service Center），就会自动在"资源"（Resource）数据模块中建立一个数据项，如图 2-20 所示。可在项目栏中单击 Resource 模块查看资源数据表格。通过资源数据表格可以确定每种资源的特征，如资源容量（Capacity）是固定的还是可变的，显示了"资源类型"（Type）的下拉列表，其中"固定能力"被选中。也可以根据一些模式定义资源故障，单击"故障"（Failures）栏下面的"0 rows"按钮可以弹出 Failures 二级数据表格（故障模式在"高等操作"（Advanced Process）面板的"故障"（Failure）数据模块中定义，该面板需要另外附加到项目栏中）。

	Name	Type	Capacity	Busy / Hour	Idle / Hour	Per Use	StateSet Name	Failures	Report Statistics
1 ▶	Servicer	Fixed Capacity	1	0.0	0.0	0.0		0 rows	✓
	Double-click here to add a new row.								

图 2-20 Resource 数据模块电子表格

2.5.5 Queue 数据模块

如果实体进入 Process 模块而 Service Center 处于繁忙状态，实体必须排队等待。如果在项目栏中选中"队列"（Queue）数据模块，队列数据表格就会出现在电子数据表格视图中，如图 2-21 所示。此时可以定义队列的各个属性，如排队规则，"类型"（Type）列表中显示了"先进先出"（First In First Out）规则（默认选项）；也可以根据实体的某种属性规定排队规则，假如选择了"最低属性值"（Lowest Attribute Value），则必须在"属性名称"（Attribute Name）栏中指明用于排序的具体属性，队列将按该属性的升序排列。

	Name	Type	Shared	Report Statistics
1 ▶	Service Center.Queue	First In First Out	☐	✓
	Double-click here to add a new row.			

图 2-21 Queue 数据模块电子表格

2.5.6 制作资源与队列动画

说到队列，读者可能已经注意到了流程图视图中 Process 模块上方的符号————┤，这就是显示队列动画的地方。当在 Process 模块中指定实体需要"占用"（Size）资源时，模块上方就会出现这个图形，如图 2-22 所示。

谈到动画时，毫无疑问会注意到 Process 模块右上方的 ☐，它位于队列动画的队首位置，这就是资源动画，在仿真过程中动画图像会根据 Service Center 是空闲还是繁忙而改变。资源动画不是凭空而来的，而是通过动画工具栏中的资源按钮（ ）添加到模型中的，在 ☐ 上双击会得到"资源图形布局"（Resource Picture Placement）对话框，可以从图形库(扩展名为.plb 的文件,通常在 Arena 13.5 文件夹内)中根据资源的状态选出合适的图形来表示资源的不同动画。

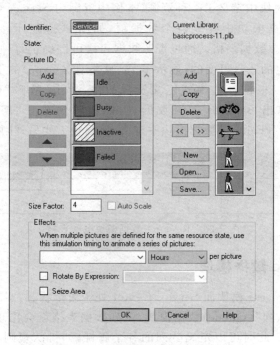

图 2-22 "资源图形布局"对话框

2.5.7 Dispose 流程模块

"清除"(Dispose)模块代表实体离开模型边界,双击 Dispose 模块会调出 Dispose 数据表格,如图 2-23 所示。在这里仅仅是给模块起个描述性的名字,并决定是否要输出实体统计数据,包括经过这个模块的实体在系统中的平均逗留时间和最大逗留时间,以及实体的成本信息等。

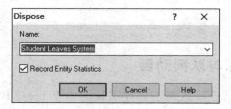

图 2-23 Dispose 模块对话框

2.5.8 Connecting 流程模块

Create、Process 和 Dispose 模块(从左向右的顺序)是通过连接线(Connector)连接起来的,从而建立起了所有 Student 流经的序列,使 Student 从一个流程模块流向另一个模块。单击链接(Connect)按钮( )或者选择菜单 Object>Connect 进行连接时,鼠标指针变为十字线，单击源模块的出口点（▶），再单击目标模块的入口点（■）（如果想用一系列的线段来连接，可以单击一些中间点）。如果发现很难进行连接，可以取消自动对齐（⊞），这样很容易地单击出口点和进口点。

如果选择 Object＞Auto Connect，Arena 将自动把新放进去的模块的入口点与一个此前选中的模块的出口点相连接。

如果选择 Object＞Smart Connect，则新的连接线将自动遵循水平和垂直方向放置，当然这只是感觉的问题，对模型操作和结果没有影响。

如果选择 Object＞Animate Connector 或把动画连接器按钮 按进去，当仿真运行时，Arena 将显示实体图形沿连接线运动的动画。

2.5.9 动态散点图

模型中的两个散点图是通过动画（Animate）工具栏中的散点图（Plot）按钮（ ）创建的，如图 2-24 所示。在仿真运行过程中，它们将被自动绘制，但仿真结束时图像会消失。双击上面的散点图会调出"散点图"（Plot）对话框。在"表达式"（Expression）栏中只有一个条目，因此在散点图中仅有一条曲线，单击"添加"（Add）按钮调出表达式对话框，在表达式框中键入函数 NQ（Service Center. Queue），即队列中实体数量（队长），其中实体数量在仿真过程中自动更新，在框中右击可以使用表达式构造器来帮助键入正确的内容。

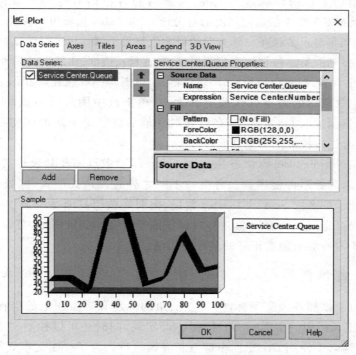

图 2-24　队列长度 Plot 对话框及表达式对话框

在对话框中双击表达式（或单击表达式后再单击 Edit）会调出填充好的散点图"表达式"（Plot Expression）对话框。其中，最小值（Minimum）表示绘图曲线的 y 轴最小值，最大值(Maximum)表示 y 轴允许的最大值。由于本例模型是从空闲开始的，因此很明显最小值应该是 0；最大值可以是一个猜测的先验值，经过运行发现确切的最大队长后，再对这个值加以调整。如果最大值设得很大，则散点图会被沿 y 轴压扁；相反，如果最大值设得很小，则会截去部分散点图（后面将会讨论 Arena 自动缩放功能）。History Points 表示在任何给定的时间内所允许的最大拐点数，若仿真运行时散点图的左部看不见，则应该增大这个值。由于该散点图描述队列长度，所以应该以分段常量形式表示，因此应选择 Stepped 选项来定义曲线外观。Color 按钮用于改变曲线的颜色，这在同一坐标轴内绘制不同表达式的曲线时会很有用。单击 Cancel 按钮，关闭 Plot Expression 对话框，返回到 Plot 对话框。

返回到 Plot 对话框后，在"时间范围"(Time Range)栏内输入 100，这样在整个 100 分钟(分钟是模型定义的基本时间单位)的仿真运行中允许在 x 轴上有足够空间绘图。既然宽度足够，在"刷新"(Refresh)栏处选择不刷新图形(None)(None 下面的数字表示按多大比例刷新图形)。在"边界"(Border)栏中选择 Bounding Box，并选中 Fill Area 复选框，表示将用某种颜色填充到曲线下面的区域中。如果要在同一张图上绘制几条曲线，可以选择 Synchronize Min and Max 复选框，对曲线极值加以缩放，使其按相当的幅度表示在同一 y 轴上，此时还要键入对曲线最大值和最小值的估计值；如果进而选择了 Y-Label，则可通过选择 Auto Scale 使 Arena 根据所有曲线的需要调整 y 轴比例。也可以给散点图加上标题，"标题"(Title)区域内的各栏内容应是不难理解的(Percent Height 是指标题高度占整个散点图高度的百分比)。X-Label 选项可以标注 x 轴的极值，同样的 Y-Label 选项将显示曲线在 y 轴方向的最大值与最小值。Plot 对话框右边缩略图下面的 Area、Border 和 Fill Area 按钮用于为图形区域(背景)、边框、曲线下的填充区域选择颜色(此处选择亮灰色背景，深灰色填充区，黑色边框)。单击 Cancel 按钮，关闭 Plot 对话框。

用鼠标拖拉散点图的边界可以改变其大小，单击选中图形试一试(不用担心，使用 Undo 功能可以恢复原状)。事实上，在填完对话框后就确定了图形的初始尺寸，但这是可以更改的，如通过拖拉散点图重新定位。

Drill Press:Number Busy(忙态 Service Center 数)散点图及其表达式对话框与上面提到的相似，所以此处不再赘述。二者唯一不同之处是表达式形式，此处在 y 轴上绘制的表达式值是处于忙态的 Service Center 数量，很明显数值只能是 0 或 1，所以在散点图表达式对话框内可指定最大值为 2，这样有利于图形美观。如前所述，可以在表达式对话框内使用表达式构造器来创建正确的名称与语法。

2.5.10 修饰模型

在模型窗口中添加各种文字标注，如左上角的标题和散点图上的坐标轴标注等，通过绘图(Draw)工具栏中的文本(Text)按钮(■)实现，同时还可以控制文本的字体、大小和字形，在文本输入中使用 Ctrl＋回车键重新开始一行。为了改变文本颜色，首先选中相应文本(在文本上单击)，然后使用 Text Color 按钮(■▼)选择相应的颜色(单击■)或者其他不同的颜色(单击▼)；还可单击文本后拖动下划线条来调整文本大小或旋转文本。

另外，绘图工具栏中还有方框、椭圆、多边形、直线，以及控制它们颜色和字体的工具,这些都可以用来装饰模型窗口,当然这主要取决于个人的艺术创造力与天赋。在本模型中只是在模型标题后面绘制了一个阴影框。在排列(Arrange)工具栏和菜单中还有很多按钮和命令用于操作对象,如组合、旋转和把绘图对象送到层叠对象的前面或后面等。

2.5.11 设置仿真运行条件

通过 Run>Setup 菜单可以调出带有 5 个标签版面的对话框(Run Setup)来设置运行周期和重复仿真运行次数。在"项目参数"(Project Parameters)选项卡中,可以定义项目标题、分析员姓名、项目描述和选择以后输出何种性能指标,如图 2-25 所示。也可以选择键入一个简单的项目描述来为模型提供一个内部说明。

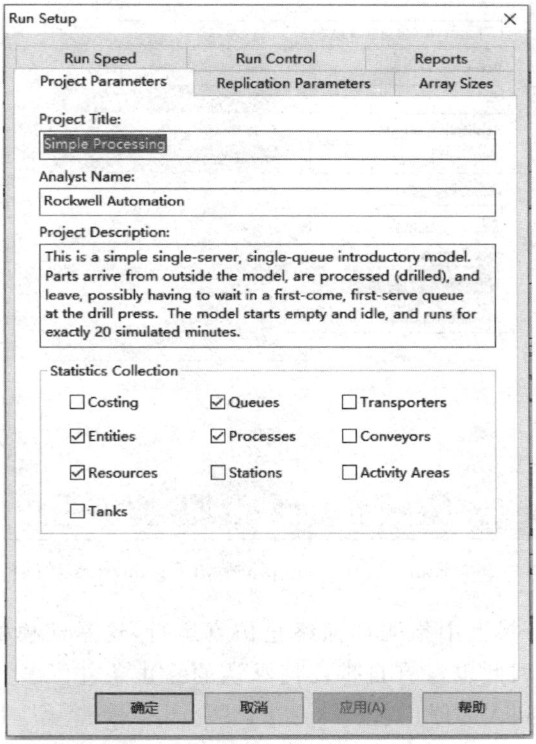

图 2-25 Run>Setup>Project Parameters 对话框

"重复仿真运行参数"(Replication Parameters)选项卡控制仿真的运行,如图 2-26 所示。"重复仿真次数"(Number of Replications)默认为 1(此时仅考虑建模问题,所以 1 是可以接受的)。在"日期与时间"(Start Date and Time)区域也选择默认值,这可以使某个特定的日期与时间和开始仿真时刻 0 联系起来。可以指定每次重复运行前的"预备时间"(Warm-up Period),预备时间过后系统会清除统计累加器,使仿真初始条件对系统的影响减弱。本例指定"重复仿真运行周期"(Replication Length)为 100,选定时间单位为分钟,每天小时数默认为 24(对于这个问题,答案是很显然的,但如果习惯上以天为单位,一天有两班生产,每班 8 小时,则可认为一天有 16 小时)。"基准时间单位"(Base Time

Units)指明了默认的时间单位,因此基于时间的输出都将按这种默认时间单位形成报告。同样,在一些没有指定时间单位的输入参数域也按这种默认时间单位处理。"终止条件"(Terminating Condition)框允许建立复杂的或与状态有关的终止准则,利用这一选项可使仿真运行到结果满足精度时为止。仿真在第 100 分钟时终止。单击 Cancel 按钮,关闭"运行设置"对话框。

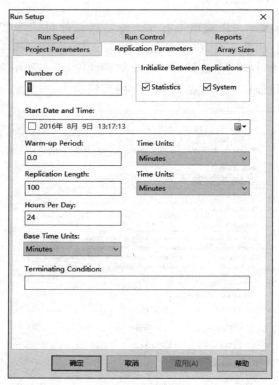

图 2-26　Run＞Setup＞Replication Parameters 对话框

必须在每个 Arena 模型中指明如何终止仿真运行,这是建模的一部分,而且 Arena 不知道用户想要什么,因此也没有自带任何默认的终止条件。事实上,大多数情况下仿真会永远运行下去,直到人为停止它。

2.5.12　仿真运行

单击"标准"(Standard)工具栏中的"运行"(Go)按钮(▶)(或 Run＞Go 菜单或按 F5 键)开始运行模型,可以注意到这些按钮类似于媒体播放器上的那些按钮。当第一次运行模型时,Arena 将检查模型中的错误(也可以单击"运行交互"(Run Interaction)工具栏中的✓按钮或 Run＞Check Model 菜单或按 F4 键来检查模型错误),如果存在错误,系统会提出警告,同时给出一些寻找和纠正错误的帮助。检查无误后才能观看动画运行,此时必须快看,因为运行时间很短。在动画运行中,可以看到 Student 实体(蓝色小球)到达和离开,资源图形随着资源状态在"空闲"和"忙"之间转换而发生变化,当实体进入和离开时,队列改变,状态栏中数字仿真时钟快速跳动,散点图被动态绘制等。根据模块类型不同,流程模块旁边的计数器显示了不同的数量。对于 Create 模块,计数器显示的是创建的实体数量;对于 Process 模块,计数器显示的是目前在加工的实体数量;对于 Dispose 模块,计数器显示的是离开系统的实体数量。

运行结束后出现的对话框询问是否查看总结报告。在看过报告后(或者选择不看报告),模型窗口将被"悬挂"起来,不能编辑任何事物,这是因为仍旧处在运行模式,在这种模式下可以查看散点图和动画的最终状态。若要退出运行模式返回到编辑状态,必须单击结束按钮(■)。

2.5.13 查看输出报告

仿真运行结束后,如果想要查看数值报告,在对话框内单击 Yes,这样就会在 Arena 窗口中打开一个新的报告窗口(独立于模型窗口),如图 2-27 所示。在项目栏中的"报告"(Reports)面板中列出了一系列可以查看的各种不同形式的报告,如"汇总报告"(Category Overview)、"重复仿真运行分类报告"(Category by Replications)和"资源报告"(Resources)等,单击每一种报告都会打开一个独立的报告窗口(可使用 Arena 窗口菜单查看打开的报告)。查看完报告后别忘了关闭这些报告窗口,因为返回到模型窗口时,这些报告窗口不会自动关闭,如果改动了模型并重新运行,可能会同时打开几个报告窗口,从而分不清楚哪个报告对应哪个模型变更。实际上,当改动模型研究不同参数设置或假设的影响时,应该改动 .deo 文件名,因为如果不改动文件名,Arena 会用同名的报告文件覆盖以前的结果,这样以前的结果会丢失(过程分析器能够提供一种更好的方式来管理多个模型变更运行,并且能够跟踪结果)。

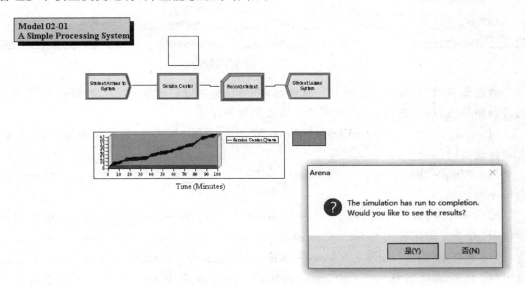

图 2-27 最终动画状态

默认选项下安装的 Arena 自动调出的是汇总报告,可以看到大多数结果,与项目栏中的其他报告虽有一些重复,但此处报告得更详细。在"报告窗口"的左侧有一个目录树

(单击"＋"可展开目录树,单击"－"则收缩目录树),它是所有报告的超级链接纲要。报告是按页面组织的,通过报告窗口左上方的▶、▶|、|◀、◀按钮可以浏览各页面。如果想打印一些或全部页面,单击报告窗口内的🖨按钮(不是 Arena 窗口内的类似按钮。如果报告窗口是活动的,则 Arena 窗口内的类似按钮是暗灰色的,处于非活动状态)。如果想把报告输出到文件,单击报告窗口的🖨按钮,然后依指示进行。

如果想寻找一些具体的报告,最好单击目录树中的"＋"和"－"。例如,想查看仿真运行中队列发生了什么变化,通过在目录树中单击一系列的"＋"进入报告的"队列"(Queue)部分,最终得到 Service Center 的等待时间信息。在目录树中选择的内容显示在右边的报告中,如图 2-28 所示。在"等待时间"(Waiting Time)行上可以看到平均排队等待时间是 1.592 6 分钟(报告中提示基本时间单位是分钟),最大排队等待时间是 7.086 7 分钟,报告窗口再往下一点的"其他"(Other)标题下,能够看到平均排队等待的 Student 数(队长),最大排队等待 Student。

图 2-28 "汇总报告"(部分)

通过浏览报告,Arena 自动收集其他许多资料(将在以后讨论)。例如,根据下面提示的目录树分支,逐一选择,可以发现仿真模型的重要结果。

(1) Simple Processing→Entity→Total Waiting Time→Part:平均系统逗留时间,最大系统逗留时间。

(2) Simple Processing→Resources→Usage→Instantaneous Utilization:Service Center 利用率。

(3) Simple Processing→Process→Other→Number In→Service Center:在仿真运行过程中,有 7 个实体进入 Service Center 模块。

(4) Simple Processing→Process→Other→Number Out→Service Center:在仿真运行中,有 45 个实体离开 Service Center 模块,Student 离开 Service Center 就等于离开了系统。

(5) Simple Processing→Entity→Time→Waiting Time→Part:离开系统的 45 个 Student 在所有队列(当然此处只有一个)排队的平均等待时间、最大排队等待时间。这个平均值之所以不同于 Service Center 平均排队等待时间、离开系统的 Student 的平均等待时间、所有离开队列的 Student 的平均等待时间,两个最大排队等待时间是相等的,这是因为那个最大等待时间的 Student 在仿真中完成较早(两个最大值不一定总是相等)。

(6) Simple Processing→Entity→Other→WIP:在制品数平均。

报告中的各种数据可以分为记数型统计量、时间持续型统计量和计数器统计量。

(1) 记数型统计量(Tally)是由一系列数字取平均值、最小值或最大值得到的结果。例如,平均和最大系统逗留时间就是记数型统计量,因为它们是仿真运行中离开系统的 Student 的平均和最大系统逗留时间。有时候记数型统计量也被称为离散时间统计量(discrete-time statistics),因为它们的"时间"下标(1,2,3,…)是按时间顺序的离散指标集。

(2) 时间持续型统计量(Time-persistent)是由散点图的平均值、最大值和最小值产生的结果,且散点图的 x 轴是连续的时间。时间持续型统计量的平均值需要求散点图曲线下的累积面积(即积分),平均和最大排队等待实体数与 Service Center 的瞬时利用率都是时间持续型统计量。

(3) 计数器统计量(Counter)从名称上就可以看出是某种事物的累计和,通常它们只是记录事情发生的次数,如离开或进入 Service Center 的 Student 数量。计数器统计量所累计的数字也可能并不都是 1。例如,在 Service Center 的累计等待时间(排队等待时间之和),在汇总报告中,这个数值可以通过 Simple Processing→Process→Accumulated Time→Accum Wait Time→Service Center.Queue 找到;通过 Simple Processing→Resources→Usage→Total Number Seized,可以看到另外一个计数器统计量,即 Service Center 资源使用次数。

关闭报告窗口后,只要不删除模型运行后 Arena 创建的微软数据库文件,还可以在以后查看这些报告。数据库文件通常命名为 model_filename.mdb,其中 model_filename 为模型文件名(本例中数据库文件名为 Model 03-01.mdb)。只要在项目栏的报告面板中单击想看的报告便可以再次查看它。整个工作方式是 Arena 使用 Crystal Reports 第三方软件去读取数据库文件,从中析取有用的材料,然后以报告窗口的形式展现出来。

在大型复杂的模型中采用这种结构非常有用,它可以组织大量的不同输出数据,帮助查找资料、进行对比以及做出决定。

除了上面介绍的几种报告外,Arena 还产生一份相当紧凑的仿真结果报告,像 ASCII 文本一样,文件名为 model_filename.out。报告中的一些标题有些不一样,例如,"离散变化型变量"(Discrete-Change)等同于时间持续型统计量,也会发现这份报告中有些数据(可能有些微小的可四舍五入的差别)在前面已经讨论过,而另外一些数据则不在前面提到的报告中(如记数型统计量的观测次数)。某种情况下,这种方式比前面的报告结构更简单快捷,可是报告中的顺序、安排和标识都不太友好,事实上这种形式是 Arena 早期版本的产物,可以追溯到 20 世纪 80 年代早期使用 SIMAN 仿真语言的时候。如果想把这种报告形式作为仿真运行结束后的默认报告,可以进入 Run>Setup>Reports 菜单,在"默认报告"(Default Report)列表中选中 SIMAN Summary Report。到目前为止,像平均值、最小值、最大值和时间平均这些概念的含义应该很清楚了,可是报告中很多地方都提到了"半长"(Half Width)(虽然在这个模型内不可能得到这些数值,而且被告知"数据不充分")。半长是指性能指标期望值的置信区间(95%)的半长,假如仿真过程能够提供足够的数据,就可计算出来。

如果做多次重复仿真运行,每次运行 Arena 对一种输出性能指标生成综合报告,对多次运行结果求平均值和样本标准差,则可计算出这种性能指标期望值95%置信区间的半长。

如果对系统长期运行(或稳态)性能感兴趣,可以选择进行一次长时间仿真运行,如果运行时间足够长,也可以在报告中看到半长数值。Arena 把单次长时间运行结果分解为若干批量,这些批量相当于多次重复仿真运行产生的结果。为什么有时在报告中看到的不是半长的数值而是"数据不足"(有时候是"相关")?这是因为只有运行周期足够长时才能得出半长结果,如果运行周期不够长,Arena 就会拒绝得出。

2.6 关于菜单、工具栏、绘图和打印的更多知识

本节将简要地介绍一些关于菜单和工具栏的其他各种信息,以及一些关于绘图和打印的功能。在后面章节的例子中,必要时还会对这些内容给予更加详细的说明。

2.6.1 菜单

这里首先对 Arena 菜单内容作一个简要的概述。如果在某种情况或状态下菜单里的一些选项不能用,则这些选项是暗灰色的(意味着不能选择)。要想知道菜单条目的更多信息,可单击 ,然后单击任何菜单项目(无论暗灰色与否)来获得完整的信息及相关的主题链接。

(1) 文件菜单(File Menu):在文件菜单中可以创建新的模型文件(New)、打开已有的模型(Open)、关闭窗口(Close)和保存模型(Save),也可以向项目栏内添加和删除面板(Attach/Detach),还可以从 AutoCAD(或者其他 DXF 格式的 CAD 程序)中导入 CAD 图形用作 Arena"背景",在某种情况下允许使用现成的设备图形和元素(如线导车辆的路径),另外一种可导入的图形文件是 .vsd 格式的 Microsoft Visio 图形文件。如果想改变 Arena 使用的颜色,可以把它们保存为一种调色板,同样也可以打开以前保存过的调色板。通过文件菜单还可以进行文件打印,从 Arena 内部发送邮件(可以把当前的模型添加到发送信息内)。Arena 能够记住最近打开的文件,并可以快速地再次打开它们。退出(Exit)命令是结束 Arena 的方法之一。

(2) 编辑菜单(Edit Menu):在编辑菜单里能够找到对象操作的许多常用选项。能够取消前面的操作(Undo)或重做取消的操作(Redo);剪切(Cut)或复制(Copy)选中的对象到剪贴板,以将其放置到当前模型中的其他地方或其他模型中,在某些情况下还可以放到其他应用软件中;粘贴(Paste)是能够把剪贴板中的内容插入模型中成为超级链接(Paste Link),为当前处在剪贴板中的源文件创建 OLE 链接;制作副本(Duplicate)是复制选中的对象并放置在源目标的附近;删除(Delete)能够永久清除选中的对象,当然也可以选中模型中的部分或所有对象,同时删除它们;使用实体图形(Entity Picture)可以改

变实体数据模块中的图形列表和列表中图形的外观,而且可以从 Arena 图形库中复制图形到列表中;时间进度表(Calendar Schedule)可以描述复杂的递阶时间模式(星期由天组成,天由班组组成等)、定义例外情况(如假日和休假),同时以复合的形式显示其效果;查找(Find)功能是搜索当前模型中所有模块和动画对象以寻找文本串,并且可以控制全字匹配和区分大小写;属性(Property)选项能够显示附加的对象属性,如对象的唯一标识;如果有链接到其他类似于电子表格或音频文件的链接,则链接(Link)功能能够显示该链接并允许修改链接;插入新对象(Insert New Object)用来放置来自其他应用程序的图形和多媒体文件等;对象(Object)是能够编辑从其他应用程序放到模型中的对象。

(3) 视图菜单(View Menu):在视图菜单里能够控制模型在屏幕上的显示形式以及窗口中显示何种工具栏。缩放(Zoom)可以选择从不同的高度看模型,以便既能够看大模型也可以看细节部分;缩放因子(Zoom Factor)控制每次缩放的比例,视图提供了模型的多种"固定"视图,命名的视图、改变和使用自己的视图;网格(Grid)与对齐(Snap)在调整对象时很有用,网格设置(Grid Settings)可以控制网格与对齐的间隔;分页显示模型(Page Break)指明了页面是如何分割的;数据提示(Data Tips)用于控制当鼠标停留在对象上方时是否显示对象属性;层次(Layers)用于控制模型编辑或运行时显示何种对象,如果分割屏幕(Split Screen)被选择为打开,则模型窗口将同时显示流程图视图和电子数据表格视图;工具栏(Toolbars)用于指定在屏幕上显示哪些工具;项目栏(Project Bar)是开关键,用于控制是否显示工具栏;类似地,状态栏(Status Bar)决定是否想看到屏幕最下方的水平状态栏,状态栏指出了图形建模空间里鼠标指针的坐标。

(4) 工具菜单(Tools Menu):Arena 不仅有强大的建模能力,还带有一整套相关的工具,至于有哪些工具则取决于注册信息。Arena 符号库(Arena Symbol Factory)提供了大量的分类图形,从中可以为实体和资源等动画创建图形符号;输入分析器(Input Analyzer)用于根据所观察的真实数据来拟合模型输入数据的概率分布;过程分析器(Process Analyzer)可组织有效的方法进行多次仿真运行,每次运行代表不同的模型配置,同时跟踪结果,它也可以帮助对仿真结果进行正确的统计分析,从不同的模型配置中选择最好的配置;具有额外统计能力的另一个应用程序叫作输出分析器(Output Analyzer),它是 Arena 所带的工具,但必须单独启动;工厂分析器(Factory Analyzer)有利于对生产操作能力建模,利用它的子菜单可以实现与 FactoryTalk 交换数据,FactoryTalk 是生产企业的中央资料库;联络中心(ContactCenter)提供了特殊的功能去对联络/呼叫中心建模;模型文件报告(Model Documentation Report)可以生成一套简洁但完整的资料,包括运行条件、使用的模块和子模型等。输出模型到数据库(Export Model to Database)可以把模型的细节保存到 Access 或 Excel 数据库中,从数据库输入模型(Import Model from Database)可以从这样的数据库中输入模型的细节信息,从而快速地构造或更新模型;OptQuest 是与 Arena 配套的一种应用软件,它能够改变模型输入,然后进行一系列的仿真运行,寻找使输出性能指标最优的一组输入数据组合;宏(Macro)选项提供了记录和运行宏命令的工具,也提供了使用 VB 编辑器编写用户逻辑的工具;最后的选项(Option)条目允许改变和自定义有关 Arena 运行与外观的各种选项,以符合需要。

（5）排列菜单（Arrange Menu）：排列菜单的条目都与模型中的模块和图形对象有关（有些只能用于图形对象）。使用送到前面（Bring to Front）和送到后面（Send to Back）可以在一堆重叠的对象中把被选择的对象分别送到最顶层和最底层；组合（Group）和取消组合（Ungroup）表示在逻辑上把多个对象整合成一个或拆开，但不改变对象的物理性质，在移动或复制由多个个体对象构成的复杂图形时，组合功能非常有用；翻转（Flip）是把选中的对象沿指定的方向绕轴翻转，旋转（Rotate）则是把选中的对象沿顺时针方向旋转90°；对齐（Align）是把选中的对象沿它们的上面、下面、左边或右边对齐，分布（Distribute）是在水平或垂直方向上平均安排所选中的对象；流程图分布（Flowchart Alignment）是把选中的流程模块在水平或垂直方向上平均排列；按网格点对齐（Snap to Grid）强制所选中的对象对齐下面的网格点；改变对齐点（Change Snap Point）可以改变用于所选对象所对齐的网格点的确切位置。

（6）对象菜单（Object Menu）：对象菜单中的条目与模型的逻辑结构、流程模块和逻辑块间的连接线有关。单击连接（Connect），鼠标指针变为十字线，此时可在实体流经的模块之间建立连接；自动连接（Auto-Connect）是一个开关键，能够自动把新放入的模块与已经选中的模块相连接；智能连接（Smart Connect）使新增加的连接线以水平或垂直线段绘制，而不是用可能的对角线绘制，除非用手工绘制连接线过程中进行了中间单击；动画连接线（Animate Connectors）用于在仿真中显示实体沿流程模块之间的连接线移动的过程（即使实体在仿真中的移动是瞬时发生的）；子模型（Submodel）用于定义和管理分层的子模型。

（7）运行菜单（Run Menu）：运行菜单中包括运行设置（Setup）对话框，它控制当前模型运行的方式（包括运行时间长度等），还包括以不同方式运行仿真的项目，还有观察执行情况、检查模型错误（Check）并查看错误信息（Review Errors）、设置及控制如何运行模型，以及在屏幕上如何显示等。通过此菜单也可访问由 Arena 生成的用 SIMAN 仿真语言编写的代码。

（8）窗口菜单（Window Menu）：如果同时打开了几个模型，则可以用相互重叠的层叠方式（Cascade）或非重叠的平铺方式（Tile）排列模型；如果最小化了几个模型，还可以选择排列图标（Arrange Icons）来组织它们；使用系统背景颜色（Use System Background Color）指的是让模型使用当前 Windows 操作系统所选的颜色，而不是 Arena 内部设置的颜色，再次选择该条目可以使模型返回 Arena 的内部颜色（每次选择这个条目，就会在"系统"与"用户"之间切换）；最后，可以选中菜单底部已经打开的模型来激活该模型。

（9）帮助菜单（Help Menu）：帮助菜单是访问 Arena 在线帮助系统的几条途径之一。进入 Arena Help 子菜单后，可以按目录（Content）、索引（Index）、搜索（Search）等方式查找所需信息；"What's This?"子菜单将鼠标指针改变为 ▶?，此时在菜单条目或工具栏按钮上单击即可得到相关帮助；版本注释（Release Notes）提供了最近的改进和系统需求等信息；Arena 技巧文件（Arena SMART Files）为 200 个小模型建立了基于主题的索引，这些小模型阐明了许多特殊的建模技术；还有关于当前模型中所添加的面板的帮助主题；产品手册介绍了关于 Arena 构件及其相关产品的信息，Arena 在线帮助直接登录含最新帮助和软件信息的网站（当然必须在线完成）；菜单中最后三项提供了支持和培训信息，

Arena 用于商业、研究和实验版本的复制保护,以及详细的版本信息。

2.6.2 工具栏

Arena 有几个工具栏(Toolbars),工具栏上面带有按钮和下拉列表框,这些工具栏便于快速访问常用的活动。这些按钮中,一些可以更快地实现菜单功能,还有一些是做某种事情的唯一途径。

选择菜单 View＞Toolbars(或在工具栏里右击)可选择当前显示哪些工具栏。像许多其他应用软件一样,可以把工具栏拖下来,让它悬浮在窗口内部,或者让它停放在窗口两侧(如果只是想让工具栏悬浮在侧边但不停放在侧边上,在拖动工具栏接近侧边时按住 Ctrl 键)。不用每次使用 Arena 时都设置工具栏选项,因为 Arena 将记住最后一次的设置。另外,在不同的阶段也可以有不同的设置,例如,编辑模型时、仿真运行过程中、其他的各种窗口处于活动状态时等,Arena 将会记住每种设置。

通过 View＞Toolbars＞Customize 菜单或在工具栏内右击选择 Customize,可以自定义如何显示工具栏,下面将按顺序介绍每种工具栏,但是通过自定义功能可以选择去重新安排哪些按钮在哪种工具栏上。

(1) 尽管可以选择隐藏标准(Standard)工具栏,但是会发现没有它会很不方便。

标准工具栏开始是创建新模型、打开已有模型和保存当前模型这些按钮,就像文件菜单里一样,同样与文件菜单对应的还有添加面板、删除面板、打印和打印预览按钮。剪切、复制、粘贴、取消和重做按钮的功能来自编辑菜单。还有分割屏幕的开关键,放大镜用于尽可能近地放大查看在流程图视图里选中的区域,也可以从下拉列表里选择缩放比例。层按钮能够控制模型在编辑和运行模式下何种类型的对象被看到,接下来是添加子模型和连接流程模块。随后是编辑时间模式和编辑例外情况,分别用来创建与管理事件的时间模式和例外情况。再后面是显示复合视图,是用来管理特定系统元素的能力与效率的数据。接下来 6 个按钮是用于运行控制的,将在 3.7 节讨论。最后一个按钮是关联帮助按钮,单击此按钮后,再单击工具栏中的按钮、菜单命令或项目栏模块,能够了解与此有关的帮助信息。

(2) 绘图(Draw)工具栏中的按钮没有相对应的菜单选项,因此只能访问工具栏。

使用绘图工具栏可以绘制静态的线段、折线、弧、贝塞尔曲线、矩形、多边形和椭圆等用于装饰模型,还可以为模型添加文本注释。有一些按钮控制线段颜色、填充颜色、文本颜色和窗体背景颜色,也能够改变线型和图形填充模式。如果在其他应用软件中使用过绘图功能,就会熟悉 Arena 的绘图能力。

(3) 动画(Animate)工具栏用于制作模型动画,并改进一些模块自带动画的显示效果。一般来说,其操作都是单击某个按钮,根据需要填写对话框,然后放置到模型中。这些按钮的功能各不相同,在以后章节的建模中将具体讲解(目前已使用过 Plot 和 Resource 按钮)。现在可以把鼠标指针停留在每个按钮上,查看其提示信息。

(4) 集成(Integration)工具栏中包括了有关模块数据传输向导和 VBA(VB 编辑器和 VBA 设计模式)功能的按钮。VBA 能够通过一个完整的 VB 程序接口扩充 Arena 标准建模功能。

(5) 视图(View)工具栏的按钮控制如何观察建模窗口中的流程图视图。在此可以管理命名的视图、放大和缩小、观看整个视图或观看前一视图,还可以让视图显示网格背景,使新放入的或所选中的对象对齐网格。

(6) 排列(Arrange)工具栏基本上对应于 Arrange 菜单,包括把选中的对象送到前面或送到后面,把选中的多个对象组合在一起,也可以再取消组合;把绘制对象沿过中点的水平线或垂直线翻转,90°旋转;按选中对象的上边、下边、左边或右边对齐它们;在水平或垂直方向上平均布置它们。

(7) 运行交互(Run Interaction)工具栏有几个按钮对应于运行菜单,分别用于检查模型错误、输入命令、设置断点、监视运行过程和中断模块运行,工具栏的最后一个按钮对应于 Object 菜单中的动画连接线。

(8) 录制宏(Record Macro)工具栏有"开始/暂停/恢复运行"按钮,以及"停止录制 VB 宏"按钮,一个宏是存储在 VB 模块子程序中的一系列 VB 语句。

(9) 动画传送(Animate Transfer)工具栏提供向模型中添加动画对象的工具,包括暂存处、占用、停车、运送设备、站、交叉点、路径、路段、距离、网络和导入路径按钮。

2.6.3 绘图

绘图工具栏有多种图形、文本工具和控制功能,能够通过放置静态对象(不参与仿真和动画)来改善模型,这些静态对象可以帮助记录信息或使动画看起来更逼真,如添加墙壁、走廊和盆栽。Arena 并不是想提供一种 CAD 或者艺术功能,但是这些基本绘图能力还是很有用的。Arena 的绘图工具与其他绘图程序差不多,因此此处仅仅指出有哪些绘图工具。

(1) 线段(Line)\:单击这个按钮一次,鼠标指针变为十字线,单击确定线段起点,再次单击得到线段终点,如果想限制线段为水平、垂直或 45°方向,鼠标指针移向线段末端时按住 Shift 键不放。

(2) 折线(Polyline)⚡:使用这个按钮能够绘制锯齿状折线(中间的折点数不限)。选中按钮后,单击确定起点,然后在每个中间折点处单击一次,最后双击确定终点,绘制过程中按住 Shift 键不放,以使线段为水平、垂直或 45°方向。

(3) 弧(Arc)⌒:弧就是绘制椭圆的部分边缘。首先单击确定椭圆的中心,然后移动鼠标追随边缘轮廓,再次单击确定弧的大小与形状(按住 Shift 键不放,可使椭圆成为圆),这时鼠标指针变为从椭圆中心点发射出来的线段的末端,单击确定弧的一个端点,再次单击确定弧的另外一个端点。如果以后想再次编辑这段弧,首先选中弧,使用线段改变弧长,使用所显示的标记点改变椭圆的大小和形状。

(4) 贝塞尔曲线(Bézier Curve)⌇:贝塞尔曲线也是一种常用曲线,它们能够适应很多不同的形状而仍能维持其光滑度和美观。单击确定一个端点,然后进行中间单击(最多 30 次)确定内部吸引点,双击确定另外一个端点,在鼠标移向下一个点过程中按住 Shift 键可以限制连接两点的线段为水平、垂直或 45°方向。如果想要改变曲率,选中曲线,拖动内部吸引点或端点到不同地方。要想移动曲线,用鼠标直接拖动即可。

(5) 矩形(Box)□:首先单击确定一个角点,然后再次单击确定另外一个对角点。按住 Shift 键可以限制矩形为正方形。这个对象和下面的多边形及椭圆一样都有边界,边界也可以被认为是线段,因此可以选择颜色和线型,同样边界内部还可以选择填充颜色和填充模式。

(6) 多边形(Polygon)：单击确定第一个点,然后鼠标移到其他位置单击确定其他点,双击确定最后一个点,最后一个点自动被连接回第一个点。按住 Shift 键可以强迫线段为水平、垂直或 45°方向。这个对象和矩形一样有线边界和填充区域。

(7) 椭圆(Ellipse)：首先单击确定中心点,移动鼠标追随边界轮廓直到想要的大小和形状,最后再次单击。按住 Shift 键限制椭圆为圆。这个对象和矩形一样有线边界和填充区域。

(8) 文本(Text)：使用文本功能可以在模型中添加注解作为标注或提供信息。单击这个按钮调出对话框,在对话框内键入文本信息,在输入过程中使用 Ctrl＋回车组合键开始新的一行,使用 Ctrl＋Tab 组合键向前跳格,利用对话框上的字体(Font)按钮可以改变字形、字体和大小。关闭对话框后鼠标指针变为十字线,单击确定文本信息的西北角点。使用文本的下划线可以移动文本、调整其大小或改变其方向(按住 Shift 键可以限制方向为水平、垂直或 45°方向)。

(9) 线段颜色(Line Color)：如果选中线对象(线段、折线、弧、贝塞尔曲线或其他图形的边界),单击此按钮的画笔部分可以将对象的颜色改变为画笔的下划线颜色,单击下拉箭头可以将对象的颜色改变为调色板中选择的颜色,另外新添加的线也自动为下划线颜色。Arena 不仅会为当前窗口中即将添加的线"记住"这种线段颜色,而且会为新开的窗口"记住"这种线段颜色,直到再次改变颜色为止。

(10) 填充颜色(Fill Color)：与线段颜色类似,只是这个命令作用在图形(方框、多边形或椭圆)的内部。

(11) 文本颜色(Text Color)：与线段颜色类似,只是这个命令作用在文本图形对象上。

(12) 窗体背景颜色(Windows Background Color)：这个按钮将流程图窗口的背景颜色设置为从调色板中选取的颜色。

(13) 线形(Line Style)：这个命令用于设置线的宽度和形状。None 选项使线段不显示,但事实上它仍旧存在(这个选项同样对图形的边界起作用)。

(14) 填充模式(Fill Pattern)：这个命令用于设置图形内部的填充形式。

2.6.4 打印

从 Arena 可以直接打印当前活动窗口中流程图窗口的全部或部分。使用 File＞Print Preview(或)可以预览即将打印的内容;使用 File＞Print(或 或 Ctrl＋P 组合键)可以打印;使用 File＞Print Setup 可以选择打印驱动或设置打印机。

如果模型很大,打印可能需要几个页面,而且如果模型中有命名的视图,可以得到当前视图的打印件以及每个命名视图的单独打印件。如果不想要全部这些,可以使用打印预览查看每页上显示的内容,然后有选择地打印想要的页面。使用 View＞Page Break 可以在流程图视图内显示页面的起止位置。

2.6.5 帮助系统

Arena 有完整而详细的帮助系统,可以作为重要参考,也可以指导学习各种操作,还可以提供建模示例和完整的项目示例。帮助系统是精心集成的,为快速简单地找出所需要的信息,它还提供了其他一些领域的超级链接。本节将简单介绍几种访问帮助系统的方式,但学习帮助系统的最好办法是自己深入进去探索。

任何时候进入帮助(Help)菜单都能够访问完整的帮助系统。

按钮能够调用关联帮助(context-sensitive help),单击按钮,然后单击感觉好奇的工具栏按钮、菜单命令、项目栏模块等,便可通过可视化的途径得到所需要的信息。

大多数 Arena 对话框都有帮助按钮,这是一条获得直接信息的很好的途径。例如,那部分软件是做什么的、有哪些可选项、相关内容是如何定义的、相关的概念(高级链接到帮助系统的其他部分)和示例等。也可以使用对话框右上方的?按钮来访问"这是什么?"帮助信息,单击?按钮,然后单击对话框中的个别项目即可。万一忘记了某个按钮是用来做什么的,可以将鼠标指针停留在这个按钮上一两秒,会出现一个小盒状的提示信息。

如果使用的是教学版本或其他受限制版本的 Arena,由于同时存在于系统中的实体数量受到限制,可能无法把模型运行完。如果打开了一个大模型(超过了教学版本的限制),Arena 会进入运行时间模式(Runtime mode),在这种模式下只允许进行微小的改动再运行模型,不允许做诸如添加和删除模块这样的显著改动。这些示例模型显示了构建和研究仿真模型的方方面面,在"示例模型"(Example Models)帮助主题内,对每个示例模型都有描述。

2.6.6 关于运行模型的更多信息

通常,开始建立模型时只是想把模型运行完,但有时可能想控制运行如何进行,Run 菜单中的条目,以及标准工具栏和运行交互工具栏中的相应按钮能够实现这些功能。

(1) Run＞Setup 能够为当前模型设置各种运行选项,如决定是否显示动画和是否以全屏模式运行等,这些选择和说明被保存在当前模型中,而不是变成全局效果。单击运行设置对话框中的帮助按钮,通过浏览这些高级链接主题,可以熟悉这些选项。

(2) Run＞Go(或标准工具栏中的▶按钮或 F5 功能键)开始运行模型(或暂停后重新开始),如果在上次模型错误检查后又对模型进行了改动,在运行前系统会先检查模型。

(3) Run＞Step(或▶|按钮或 F10 功能键)每次执行模型的一个动作,以便能仔细看到模型的运行情况,这确实很麻烦,但作为调试和演示工具来说相当有用。像使用开始运行(Go)按钮一样,如果在上次运行模型后 Arena 检测到了改动,则使用此单步运行(Step)前将首先检查模型。

(4) Run＞Fast-Forward(或▶▶按钮)以更快的速度运行模型,不再显示动画,但也可以暂停运行过程来观看动画。在上次运行模型后,若 Arena 检测到了改动,则使用此快进功能前将首先检查模型。

(5) Run＞Pause(或▐▐按钮或 Esc 键)暂停仿真运行,以便查看运行情况,再按该按钮重新启动运行。

(6) Run＞Start Over(或◀◀或 Shift＋F5 组合键)返回到仿真的初始状态重新运行模型。如果在上次运行模型后,Arena 检测到了改动,系统在重新开始运行前将首先检查模型。

(7) 当 Arena 运行模型时,系统处于运行模式,大多数建模工具被禁用,因此当运行结束后,需选择 Run＞End(或■或 Alt＋F5 组合键)退出运行模式,使建模工具恢复到可操作状态。如果在运行终止前仿真被暂停,使用结束按钮也将取消暂停状态。

(8) Run＞Check Model(或✓或 F4 键)用于"编译"模型,如果在这个阶段 Arena 检测到错误,就会在错误/警告窗口给出提示,窗口底部的按钮将帮助找到问题所在(例如,在流程图窗口指出出错的模块)。

(9) Run＞Review Errors 能够再次调用最近的错误/警告窗口,窗口中包含了上次检查所发现的错误信息。

(10) Run＞Run Control＞Command(或▣)进入一个交互式的命令行窗口,在这里可以控制运行,例如中断运行并改变参数,如有必要,也可以检查模型并开始仿真运行。

(11) Run＞Run Control＞Break(或✋)用于设置断点,即中断运行的时间或条件,以便及时检查或说明某些事情。

(12) Run＞Run Control＞Watch(或👀)建立了一个窗口,用于在运行过程中观察变量或表达式的值,Run＞Setup＞Run Control 决定是否监视过程与仿真运行并行进行,还是仅在监视窗口处于活动状态时进行(后者速度更快)。

(13) Run＞Run Control＞Break on Module(或✋)可以在选中模块中设置中断或将其清除,模块上的中断是指实体在开始或恢复在该模块上的逻辑操作时被暂停执行。

(14) Run＞Run Control＞Highlight Active Module 使正在执行的流程模块突出显示,这样在动画显示中能清晰地看见活动模块。

(15) Run＞Run Control＞Batch Run(No Animation)若被选中,模型在运行过程中不会有任何动画显示,这种运行方式比快进(Fast-Forward)方式运行得更快,通常适用于项目处于正式运行阶段和为精确分析需要大量统计数据的时候。

(16) Run＞SIMAN 能够查看 SIMAN 模型文件(.mod)和实验文件(.exp)的源代码,并把它们写到一个文件中。这些源代码是模型用最基本的 SIMAN 仿真语言编写的,为加深理解,可阅读一些关于 SIMAN 的知识。

第 3 章

仿真输入与输出数据分析

> **学习目标**
>
> (1) 掌握 Arena 中的概率分布函数。
> (2) 熟悉 Arena 软件输入数据。
> (3) 掌握 Arena 软件输出数据分析。

3.1 Arena 中的概率分布函数

Arena 中包含内置函数,可以作为 Arena 输入分析器(Input Analyzer)中的匹配函数(除 Johnson 分布外)。Arena 中任意一个分布都包含一个或多个参数。Arena 中的概率分布如表 3-1 所示。

表 3-1 Arena 中的概率分布汇总

分　　布		参　　数
贝塔分布	BETA	Beta,Alpha
连续分布	CONT	CumP1,Val1,CumPn,Valn Discrete
离散分布	DISC	CumP1,Val1,CumPn,Valn Erlang
爱尔朗分布	ERLA	ExpoMean,k
指数分布	EXPO	Mean
伽马分布	GAMM	Beta,Alpha
约翰逊分布	JOHN	Gamma,Delta,Lambda,Xi
对数正态分布	LOGM	LogMean,LogStd
正态分布	NORM	Mean,StdDev
泊松分布	POIS	Mean
三角分布	TRIA	Min,Mode,Max
均匀分布	UNIF	Min,Max
威布尔分布	WEIB	Beta,Alpha

3.1.1 贝塔分布

贝塔分布是一个作为伯努利分布和二项式分布的共轭先验分布的密度函数,在机器学习和数理统计学中有重要应用,如图 3-1 所示。贝塔分布中的参数可以理解为伪计数,伯努利分布的似然函数可以表示一次事件发生的概率,它与贝塔有相同的形式,因此可以用贝塔分布作为其先验分布。

概率密度函数:

$$f(x) = \begin{cases} \dfrac{x^{\beta-1}(1-x)^{\alpha-1}}{B(\beta,\alpha)} & 0 < x < 1 \\ 0 & \text{其他} \end{cases}$$

其中,B 为贝塔函数,表达式为 $B(\beta,\alpha) = \int_0^1 t^{\beta-1}(1-t)^{\alpha-1} \mathrm{d}t$。

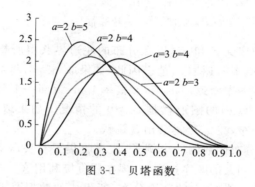

图 3-1 贝塔函数

参数:形状参数 Beta(β) 和 Alpha(α) 为正实数。

范围:[0,1](通过下面给出的方法,也可以转化到一般区域[a,b])。

均值:$\dfrac{\beta}{\alpha+\beta}$。

方差:$\dfrac{\beta\alpha}{(\beta+\alpha)^2(\beta+\alpha+1)}$。

应用:因为贝塔分布可以呈现出多种形状,所以经常用于一些缺乏数据情况下的粗略模型。虽然其定义范围为[0,1],但是随机样本 X 可以通过变换 $Y=a+(b-a)X$,转化为[a,b]上的样本 Y。贝塔分布还经常用于表示随机比例,如次品的比例。

3.1.2 连续分布

概率密度函数:

$$f(x) = \begin{cases} c_1 & x = x_1 \text{(在} x_1 \text{处的概率质量为} c_1) \\ c_j - c_{j-1} & x_{j-1} \leqslant x < x_j \\ 0 & x < x_1 \text{ 或者 } x > x_n \end{cases}$$

参数:Arena 中的连续型经验分布函数能根据用户定义的经验分布返回一个样本值。$c_j(=\mathrm{CumP}_j)$ 为累计概率值,$x_j(=\mathrm{Val}_j)$ 为与它相关联的边界值。函数返回一个介于 x_1 和 x_n 之间的实数值,而且按照相应的累计概率 c_j 返回一个小于或等于 x_j 的值。x_j 必须按

j 递增排列。c_j 必须位于[0,1]之中,且按 j 递增排列,c_n 必须为1。

累计概率函数 $F(x)$ 是一条分段线性的折线,由 $F(x)=c_j, j=1,2,\cdots,n$,定义其转折点,如图 3-2 所示。因此,对于 $j \geqslant 2$,返回值以概率 $c_j - c_{j-1}$ 属于区间 $(x_{j-1}, x_j]$,并在该区间中是均匀分布的。

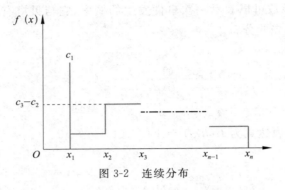

图 3-2 连续分布

必须注意,要仔细地定义 c_1 和 x_1,以在分布的左边界获得所想要的效果。连续经验分布函数将(精确地)按概率 c_1 返回 x_1 值。因此,如果取 $c_1 > 0$,将会得到一个离散—连续混合型分布,(精确地)按概率 c_1 返回 x_1 值,按概率 $1-c_1$ 返回一个分布在 $(x_{j-1}, x_j]$ 上的连续随机数。上面所绘的 $F(x)$ 的图形就是 $c_1 > 0$ 的情况。如果取 $c_1 = 0$,则得到一个在 $[x_1, x_n]$ 上的纯连续型分布,在 x_1 处不会出现跳跃。

作为使用连续经验分布函数的一个例子,假设收集了有关服务时间的一列数据 $x_1, x_2, \cdots, x_n$(假设按照从小到大的顺序排列)。现在要直接利用这些数据在仿真中生成服务时间,而不用输入分析器中拟合出的理论分布,所生成的数据要求与观测数据的散布情况相一致,而且也位于 x_1 和 x_n 之间。假如不需要在 x_1 处有一个"大"概率,则可以定义 $c_1 = 0, c_j = (j-1)/(n-1), j=2,3,\cdots,n$。

范围:$[x_1, x_n]$。

应用:连续型经验分布是为了把经验数据作为连续型随机变量引入模型。这个分布可以作为拟合理论分布的重要补充,特别是数据存在多峰或者有显著的离群值的情况。

3.1.3 离散分布

概率密度函数:

$$P(x) = c_j - c_{j-1} \quad c_0 = 0$$

参数:Arena 中的 DISCRETE 函数可以从一个用户自定义的离散型概率分布中返回一个样本值。这个分布是通过 n 个可能的离散值(用 $x_1, x_2, \cdots, x_n$ 表示)和相应的累计概率(用 $c_1, c_2, \cdots, c_n$ 表示)来定义的,函数按相应的概率返回这 n 个值中的某一个。x_j 的累计概率(c_j)定义为获得一个小于或等于 x_j 的值的概率。因此,c_j 等于所有 $p(x_k)$ 之和,k 从1到 j,如图 3-3 所示。由定义可知,$c_n = 1$。

范围:$\{x_1, x_2, \cdots, x_n\}$。

应用:离散型经验分布是为了把经验数据作为离散型随机变量引入模型。该分布经常被用于离散型任务,如定义零件类型、访问顺序或到达实体的批量等。

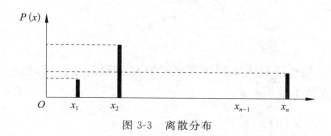

图 3-3 离散分布

3.1.4 爱尔朗分布

概率密度函数:

$$f(x) = \begin{cases} \dfrac{\beta^{-k} x^{k-1} e^{-x/\beta}}{(k-1)!} & x > 0 \\ 0 & \text{其他} \end{cases}$$

参数:如果 $X_1, X_2, \cdots, X_n$ 为独立同分布的指数分布随机变量,则 k 个样本之和就服从 k 阶爱尔朗分布(Erlang-k),其中每个指数分布的均值(β)和指数分布随机变量的个数(k)就是它的参数,如图 3-4 所示。规定指数分布的均值为正实数,k 为正整数。

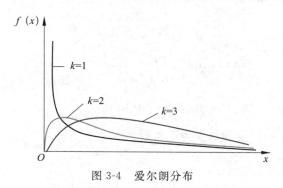

图 3-4 爱尔朗分布

范围:$[0, +\infty)$。
均值:$k\beta$。
方差:$k\beta^2$。
应用:爱尔朗分布用于一个活动在一系列相继的阶段中发生的情况,而且在每一阶段都服从指数分布。对于较大的 k,爱尔朗分布接近于正态分布。该分布常用于表示完成一项工作所需的时间,它是伽马分布的一种特例(其形状参数 α 为整数 k)。

3.1.5 指数分布

概率密度函数:

$$f(x) = \begin{cases} \dfrac{1}{\beta} e^{-\frac{x}{\beta}} & x > 0 \\ 0 & \text{其他} \end{cases}$$

参数:均值(β)为正整数。

范围:$[0,+\infty)$。

均值:β。

方差:β^2。

应用:该分布常用于模拟随机到达间隔时间和故障间隔时间,但一般不太适合模拟加工时间,如图 3-5 所示。

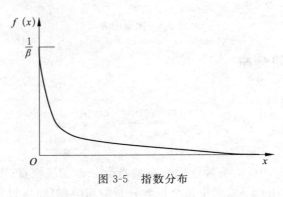

图 3-5　指数分布

3.1.6　伽马分布

概率密度函数:

$$f(x,\lambda,\alpha) = \begin{cases} \dfrac{\lambda^{\alpha}}{\Gamma(\alpha)} x^{\alpha-1} \mathrm{e}^{-\lambda x} & x > 0 \\ 0 & \text{其他} \end{cases}$$

$$\Gamma(\alpha) = \int_0^{\infty} t^{\alpha-1} \mathrm{e}^{-t} \mathrm{d}t$$

参数:形状参数 α 和尺度参数 β 为正实数。

范围:$[0,+\infty)$。

均值:$\alpha\beta$。

方差:$\alpha\beta^2$。

应用:形状参数为整数时,伽马分布和爱尔朗分布相同,如图 3-6 所示。伽马分布一般用于表示完成任务所花费的时间(如加工时间或机器修理时间)。

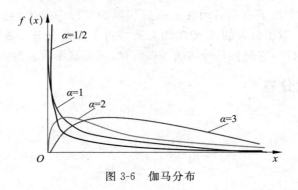

图 3-6　伽马分布

3.1.7 约翰逊分布

概率密度函数：

$$S_N : x = \mu + \sigma z$$

$$S_L : x = \xi + \exp\left(\frac{z-\gamma}{\delta}\right) \quad (\xi < x)$$

$$S_U : x = \xi + \lambda \sinh\left(\frac{z-\gamma}{\delta}\right)$$

$$S_B : x = \xi + \lambda - \frac{\lambda}{1-\exp\left(\frac{z-\gamma}{\delta}\right)} \quad (\xi < x < \xi + \lambda)$$

参数：Gamma 形状参数(γ)，Delta 形状参数($\delta > 0$)，Lambda 尺度参数($\lambda > 0$)，Xi 位置参数(ξ)。

范围：$(-\infty, +\infty)$无界族，$[\xi, \xi+\lambda]$有界族。

应用：Johnson 分布的灵活性使其可以适合许多数据集，如图3-7所示。Arena 可以从有界和无界形式的分布中抽样。如果 δ 作为一个正数通过的，则使用有界形式；如果 δ 作为一个负数通过的，则使用参数为$|\delta|$的无界形式（目前输入分析器还不支持 Johnson 分布的数据拟合）。

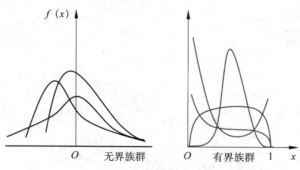

图 3-7 约翰逊分布

3.1.8 对数正态分布

概率密度函数：

$$\text{LogMean} = \mu_l \quad \text{LogStd} = \sigma_l$$

令 $\mu = \ln\left(\frac{\mu_l^2}{\sqrt{\sigma_l^2 + \mu_l^2}}\right)$，$\sigma = \sqrt{\ln\left(\frac{\sigma_l^2 + \mu_l^2}{\mu_l^2}\right)}$，则概率密度函数为

$$f(x) = \begin{cases} \frac{1}{\sigma x \sqrt{2\pi}} e^{\frac{-[\ln(x)-\mu]^2}{(2\sigma^2)}} & x > 0 \\ 0 & \text{其他} \end{cases}$$

参数：对数正态分布随机变量的参数分别为均值 LogMean($\mu_l > 0$)和标准差 LogStd ($\sigma_l > 0$)。LogMean 和 LogStd 必须为正实数。

范围：$[0,+\infty)$。

均值：$\text{LogMean}=\mu_l=e^{\frac{\mu+\sigma^2}{2}}$

方差：$(\text{LogStd})^2=\sigma_l^2=e^{2\mu+\sigma^2}(e^{\sigma^2}-1)$。

应用：对数正态分布主要用于表示某个随机变量为许多随机变量乘积的情形，也经常用于表示完成任务的时间分布向左偏的情况，如图 3-8 所示。此分布与正态分布存在以下关系：如果 X 服从 $\text{Lognormal}(\mu_l,\sigma_l)$ 分布，则 $\ln(X)$ 服从正态分布 $\text{Normal}(\mu,\sigma)$。注意，分布参数 μ 和 σ 并不是对数正态随机变量 X 的均值和标准差，而是正态随机变量 $\ln(X)$ 的均值和标准差。

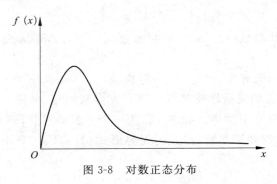

图 3-8　对数正态分布

3.1.9　正态分布

概率密度函数：

$$f(x)=\begin{cases}\dfrac{1}{\sigma\sqrt{2\pi}}e^{\frac{-(x-\mu)^2}{(2\sigma^2)}} & x\text{ 为实数}\\ 0 & \text{其他}\end{cases}$$

参数：均值(μ)为实数，标准差(σ)为正实数。

范围：$(-\infty,+\infty)$。

均值：μ。

方差：σ。

应用：正态分布主要用于中心极限定理适用的情况，即某个随机变量为其他许多随机变量之和，如图 3-9 所示。此外，还可根据经验用于许多具有对称分布的处理过程。因为该分布的理论范围为 $-\infty$ 到 $+\infty$，所以不宜用于只取正值的量(如加工时间)。

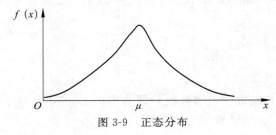

图 3-9　正态分布

3.1.10 泊松分布

概率密度函数：

$$P(x) = \begin{cases} \dfrac{e^{-\lambda}\lambda^x}{x!} & x \in (0,1,2,\cdots) \\ 0 & \text{其他} \end{cases}$$

参数：均值(λ)为正实数。

范围：$\{0,1,\cdots\}$。

均值：λ。

方差：λ。

应用：泊松分布是离散型概率分布，主要用于模拟在一个固定时间段内发生的随机事件数，如图3-10所示。如果相邻事件发生的间隔时间服从指数分布，那么在一个固定时间段内事件发生的次数就服从泊松分布。此外，该分布还用于模拟随机批量的大小。

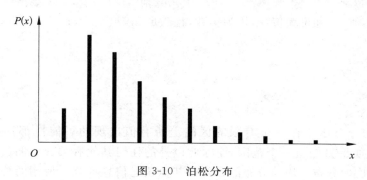

图3-10 泊松分布

3.1.11 三角分布

概率密度函数：

$$P(x) = \begin{cases} \dfrac{2(x-a)}{(m-a)(b-a)} & a \leqslant x \leqslant m \\ \dfrac{2(b-x)}{(b-m)(b-a)} & m \leqslant x \leqslant b \\ 0 & \text{其他} \end{cases}$$

参数：最小值(a)、众数(m)、最大值(b)均为实数，且满足$a<m<b$。

范围：$[a,b]$。

均值：$\dfrac{a+m+b}{3}$。

方差：$\dfrac{a^2+m^2+b^2-ma-ab-mb}{18}$。

应用：三角分布一般用于分布的准确形式不知道，但可以估计出该分布的最小值、众数和最大值的情况，如图3-11所示。三角分布的优点在于，它比其他的分布更容易使用和解释。

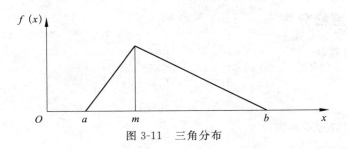

图 3-11 三角分布

3.1.12 均匀分布

概率密度函数：

$$P(x) = \begin{cases} \dfrac{1}{b-a} & a \leqslant x \leqslant b \\ 0 & 其他 \end{cases}$$

参数：最小值(a)和最大值(b)均为实数，且满足 $a<b$。

范围：$[a,b]$。

均值：$\dfrac{a+b}{2}$。

方差：$\dfrac{(b-a)^2}{12}$。

应用：均匀分布用于在一个有限的区间上所有值出现的可能性都一样的情况，如图 3-12 所示。如果只知道一个范围，而除此以外的任何其他有关分布的信息都不知道，也可以考虑用均匀分布。均匀分布的方差比其他缺乏信息场合下使用的分布(如三角分布)要大。

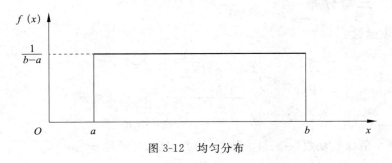

图 3-12 均匀分布

3.1.13 威布尔分布

概率密度函数：

$$P(x) = \begin{cases} \alpha \beta^{-\alpha} x^{\alpha-1} e^{-(\frac{x}{\beta})^{\alpha}} & x>0 \\ 0 & 其他 \end{cases}$$

参数：形状参数(α)和尺度参数(β)均为正实数。

范围：$[0,+\infty)$。

均值：$\frac{\beta}{\alpha}\Gamma\left(\frac{1}{\alpha}\right)$，其中 Γ 是伽马函数（见伽马分布）。

方差：$\frac{\beta^2}{\alpha}\left\{2\Gamma\left(\frac{2}{\alpha}\right)-\frac{1}{\alpha}\left[\Gamma\left(\frac{1}{\alpha}\right)\right]^2\right\}$。

应用：威布尔分布被广泛用于可靠性模型，可用以表示设备的使用寿命，如图3-13所示。如果一个系统包含了许多部分，各部分的故障情况相互独立，而且假如任一部分出现故障都会导致整个系统故障，那么系统相邻两次故障之间的时间可以近似用威布尔分布来表示。该分布还被用来表示非负的、具有左偏分布形状的工作时间。

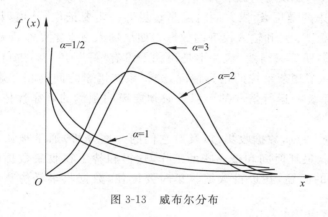

图 3-13 威布尔分布

3.2 收集数据与输入

3.2.1 收集数据

要创建一个仿真模型，需要设定大量的具体参数。

收集以及准备这些数据是一件非常耗时而且昂贵的事情，而数据的可用性与品质会影响建模方法和模型所能达到的细节水平。大多数的模型都需要较为全面的关于时间推延的信息：到达间隔时间、处理时间、传输时间、操作人员调度信息等。许多情况下，需要估计概率，如某项操作的产出比、不同类型顾客的比例、一个打入电话者使用按键式电话的可能性。如果所建模型中，实体的站间传送都是按照实际移动路线进行的，那么作业参数和物料输送系统的实际布局也需要收集。为了给仿真模型收集各类数据，需要尝试各种方法。如果想对一个全新的系统建模，或者对现有的系统有较大的改动，可能几乎没有任何数据可以使用。模型完全依赖于设计者的粗略估计，以及设备商提供的数据等。无论是何种情况，都要决定需要收集哪些数据，下面几点提示对收集数据很重要。

(1) 敏感性分析：进行仿真研究时往往容易忽视一个步骤，就是分析输入数据的重要性。在一个项目的早期阶段，可以通过敏感性分析来评估输入数据的变化对模型输出结果的影响。如果能较早获得系统某些方面的比较好的数据，可以将不同范围的数据输入模型运行，看系统性能有没有显著改变。如果没有，就不必花费大量精力去收集更多的数据,而且对运行结果也应该抱有充分的信心。如果有显著性改变,要么想办法获得可靠的数据,要么最后的结论和建议粗略一点。

(2) 数据质量应与模型详细程度相匹配:及早对输入数据的质量进行分析,可以帮助决定数据质量如何与模型逻辑的详细程度相匹配。一个典型的例子是,没有必要对系统中数据不可靠的部分进行详细建模,除非你认为以后能获得更好的数据。

(3) 费用:由于为模型收集和准备数据是一件非常昂贵的事情,所以对某些数据可以做一些大概估计。在进行估计时,敏感性分析非常有用,通过敏感性分析,可以大概了解数据的取值对结果与建议有何影响。

(4)"如果进来的是垃圾,出去的将还是垃圾":一定要记住,从模型中得出的结果和建议仅仅依赖于模型本身和输入模型的数据。如果输入数据不是很准确,那么对最终结论也不应该有太多期望。当然,这并不是说如果没有"好"的数据,进行系统仿真就完全没有价值。考察一个复杂系统的运行情况,分析系统因素之间的相互影响,还是可以在一定水平上预测系统的运行情况的。但是必须要声明预测的可靠性依赖于输入数据的质量。

最后需要提示一点,数据收集(以及对它们的一些分析)通常被认为是仿真研究中最困难、代价最高、最耗时间和最乏味的工作,这得归咎于在收集数据的过程中可能会遇上的各种各样的问题,在进行数据收集时要记住,数据收集是仿真中非常重要的一个内容。

3.2.2 Input Analyzer 拟合

利用输入分析器对数据进行拟合时,估计该分布的参数(包括任何平移或偏移,以便给出有效的表达式),并计算出一个测度值来反映该分布与数据的拟合程度。利用这些信息来选择在模型中使用哪种分布。概率分布可以分为两大类:理论的(theoretical)和经验的(empirical)。理论分布(如指数分布和伽马分布)基于数学公式产生样本;而经验分布是先将实际数据分组,再计算各组中数值比例,为了更精确通常会进行插值处理。每种分布都可分为连续(continuous)和离散(discrete)两种类型。Arena 提供的连续理论分布包括指数分布、三角分布、威布尔分布、贝塔分布、爱尔朗分布、伽马分布、对数正态分布、均匀分布和正态分布。这些分布都可以返回任何实数值(在各自的定义域内)。在仿真模型中,它们通常被用来描述时间。泊松分布是一种离散分布,它只能返回整数值。

输入分析器是 Arena 所附带的一个标准工具,专门用来拟合观测数据,提供分布的参数估计值,并评价拟合程度。使用输入分析器对输入数据进行拟合有 4 个步骤:创建一个包含数据资料的文本文件;对数据拟合一个或者多个分布;选择合适的分布;将输入分析器生成的表达式复制到 Arena 模型中适当的区域。

准备文本文件时,创建一个自由格式的包含数据的 ASCII 文本文件。数值之间必须用至少一个空格、制表符或者换行符隔开。注意文件一定要保存为"纯文本"格式,如图 3-14 所示。

13.49	42.52	14.10	34.59	28.18	27.94	37.35	26.57	31.50
17.88	30.11	38.15	25.34	19.14	28.19	43.41	38.12	35.63
20.87	14.34	42.40	38.83	17.34	12.90	13.80	21.43	35.13
37.02	12.42	36.21	28.22	14.44	33.87	13.35	22.70	40.35
36.22	33.51	16.83	20.28	12.39	21.46	41.57	35.66	38.32
33.31	43.25	24.26	18.25	22.19	28.12	27.00	22.25	40.91
21.12	15.27	26.72	29.19	33.59	33.23	36.89	29.43	31.68
24.84	39.53	27.18	41.30	38.89	32.80	14.91	30.94	31.82
29.22	37.68	30.13	43.13	15.91	14.07	43.58	41.02	12.87
27.68	15.79	23.81	38.10	15.43	36.04	30.29	34.54	34.64
35.90	42.35	17.53	27.92	22.97	41.10	38.87	21.40	17.73
22.13	21.93	15.22	30.43	42.79	12.44	41.87	43.05	39.09
24.21	13.98	38.11	33.16	40.07	15.45	36.19	28.83	17.41
19.01	40.42	26.56	26.22	26.72	38.87	21.84	14.90	25.53
29.77	25.25	18.06	19.54	14.33	42.99	14.84	15.77	41.60
29.49	41.93	32.46	16.95	33.71	19.72	19.82	38.19	16.94
31.90	19.58	29.52	22.07	43.72	23.14	20.94	38.05	31.39
22.77	24.20	15.96	14.02	29.60	21.39	30.51	42.34	35.39
41.34	29.97	20.75	44.18	22.22	30.02	24.84	21.60	35.06
26.50	19.91	29.55	36.47	19.51	22.09	33.14	26.16	23.35
32.11	12.72	39.79	41.43	43.17	19.63	17.70	43.57	25.06
15.60	26.82	14.69	37.28	31.72	14.18	25.51	38.23	30.31
43.81	40.67	41.47	15.62	31.19	17.40	16.33	24.41	16.77
30.59	12.82	36.06	26.43	42.16	15.45	12.13	16.20	28.78
38.32	35.97	16.03	27.75	12.40	27.35	40.69	40.34	27.12
40.23	12.46	12.81	39.14	14.33	22.51	24.95	43.56	26.08
30.54	14.86	12.53	37.76	27.27	27.19	20.15	16.59	20.38
33.21	12.72	35.98	34.00	18.00	32.24	23.06	16.71	23.28
27.39	13.01	28.10	28.18	28.30	23.67	19.54	42.38	40.91
25.72	26.33	34.43	15.30	20.25	28.47	32.50	20.74	19.13
15.72	12.61	26.36	12.66	15.28	39.36	20.62	43.00	32.91
40.55	24.88	12.51	25.82	42.25	38.45	43.75	21.38	33.15
16.89	39.65	20.02	37.11	17.73	28.68			

图 3-14 文本数据

进行拟合时,运行输入分析器(选择 Arena 的菜单 Tools>Input Analyzer)。在输入分析器中,创建一个新窗口(File>New 或者 ▫ 按钮),将数据文件加载到拟合窗口(单击菜单 File>Data File>Use Existing 或者 ▫ 按钮)。输入分析器会在窗口上半部分显示数据的直方图,在下半部分显示所有数据的特征概要,如图 3-15 所示。

通过拖动窗口中央的分割线可以调整窗口的相对大小。如果想看更多的数据概要,可以向下拉滚动条。其他的选项,如改变直方图的特征,在在线帮助里有详细说明。

通过输入分析器中相应的菜单选项,可以将数据拟合成某个概率分布(也就是说,对于给定分布来估计相应的参数),如图 3-16 所示。完成拟合之后,分布的概率密度函数曲线会显示在直方图的上方,其特征概要会显示在窗口的文本部分(这些信息也被写入名为 DISTRIBUTION.OUT 的 ASCII 文本文件,这里的文件名 DISTRIBUTION 是用户

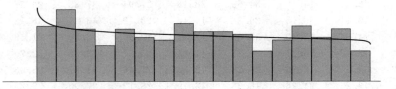

```
Data Summary
Number of Data Points  = 294
Min Data Value         = 12.1
Max Data Value         = 44.2
Sample Mean            = 27.6
Sample Std Dev         = 9.62
   Histogram Summary
Histogram Range        = 12 to 45
Number of Intervals    = 17
```

图 3-15　数据直方图和特征概要

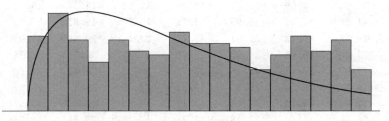

```
Distribution Summary
Distribution:Gamma
Expression:   12+GAMM（9.92, 1.57）
Square Error:0.010284
Chi Square Test
    Number of intervals  =14
    Degrees of freedom   =11
    Test Statistic       =120
    Corresponding p-value  <0.005
Kolmogorov-Smirnov Test
    Test Statistic       =0.117
    Corresponding p-value  <0.01

    Histogram Summary
Histogram Range        =12 to 45
Number of Intervals    =17
```

图 3-16　Gamma 分布拟合

选择的分布的名称，比如选择三角分布则是 TRIANGLE)。文本窗口中也给出了描述数据的表达式。可以将表达式直接引入 Arena，选择输入分析器菜单 Edit＞Copy Expression，打开 Arena 中适当的对话框，将其粘贴(Ctrl＋V)到希望的位置即可。

如果想在模型中采用理论概率分布，可以选择菜单 Fit＞Fit All，它将对数据尝试所有可用分布的拟合，计算每个分布拟合的检验统计量(下面会讨论)，并显示具有最小均方误差(一个衡量分布与数据拟合程度的量)的分布。Fit All 选项的结果，表明以最小均方误差来衡量，12＋33＊BETA(0.914,1.02)的拟合效果最好，如图 3-17 所示。

如果想采用离散或者连续经验分布，则选择 Fit 菜单里的 Empirical 选项，如图 3-18 所示。首先需要调整直方图的单元数量，它决定拟合经验分布时计算多少个概率/数值对。这可在菜单 Options＞Parameters＞Histogram 中选择时间间隔数来实现。

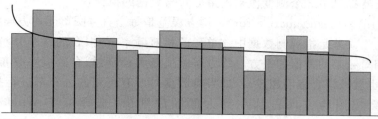

Distribution Summary
Distribution: Beta
Expression: 12 + 33 * BETA(0.914, 1.02)
Square Error: 0.002041
Chi Square Test
   Number of intervals   = 17
   Degrees of freedom   = 14
   Test Statistic   = 10.3
   Corresponding p-value = 0.735
Kolmogorov-Smirnov Test
   Test Statistic   = 0.0442
   Corresponding p-value > 0.15

    Histogram Summary
Histogram Range   = 12 to 45
Number of Intervals   = 17

图 3-17   Fit All 结果

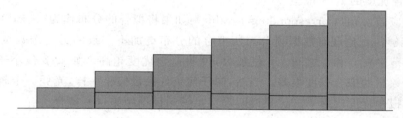

Distribution Summary
Distribution: Empirical
Expression: CONT or DISC (0.000, 12.000,
                        0.207, 17.500,
                        0.371, 23.000,
                        0.548, 28.500,
                        0.704, 34.000,
                        0.847, 39.500,
                        0.847, 45.000)

    Data Summary
Number of Data Points   = 294
Min Data Value   = 12.1
Max Data Value   = 44.2
Sample Mean   = 27.6
Sample Std Dev   = 9.62

    Histogram Summary
Histogram Range   = 12 to 45
Number of Intervals   = 6

图 3-18   Fit Empirical

输入分析器提供了 3 个测度值来衡量分布与数据的拟合程度。

(1) 均方误差(mean square error)。均方误差是每个直方图单元均方误差的平均值。一个单元的均方误差是指观测数据中该单元的相对频率,与拟合的概率分布函数在该单元区间内的相对频率的差值的平方。均方误差值越大,表明拟合的概率分布与实际数据偏离得越远(也就是拟合程度越差)。如果将数据对所有可用的分布都进行拟合,所有分布拟合结果会按照均方误差从小到大的顺序列出(选择菜单 Window > Fit All Summary),如图 3-19 所示。

```
Function         Sq Error
----------------------
Beta             0.00204
Uniform          0.00261
Weibull          0.0095
Gamma            0.0103
Normal           0.0106
Erlang           0.0126
Exponential      0.0132
Lognormal        0.0164
Triangular       0.0168
```

图 3-19　Fit All Summary

(2) 拟合优度的 χ^2 检验。

(3) 拟合优度的 K-S 检验。

注意相应的 p 值(Corresponding p-value):如果将拟合的分布作为"正确"的参照,相应 p 值是能够得到比现有数据集与所拟合的分布更加不一致的另一个数据集的概率。其取值范围在 0 和 1 之间。p 值越大,说明拟合优度越高。如果 p 值小于 0.05,就说明分布与数据的拟合程度很差。当然,同任何统计假设检验一样,光凭一个较高的 p 值并不能说明拟合程度很好——这只说明没有足够的证据拒绝这一拟合。

需要选择的是采用理论分布还是经验分布,利用 K-S 检验和 χ^2 检验会有一定帮助。如果一个或者更多的拟合分布的 p 值非常高(比如 0.10 或更高),那么就可以采用理论分布,并且应该有充分的自信认为理论分布可以很好地表示数据样本(除非样本<80);如果 p 值都比较低,那么最好使用经验分布,以便能更好地拟合数据的特征。

如果采用理论分布,通常会有几个分布的拟合优度很相近。这种情况下,需要使用别的方式来决定究竟选择何种分布。

根据对数据在模型中使用情况的了解,可以考虑有界分布或者无界分布。例如,对于加工时间数据,有界的三角分布和无界的正态分布通常会有同样的拟合效果。经过长时间的仿真运行,它们可能会得出相似的结果,但是在仿真运行的过程中,正态分布会周期性地返回很大的数值,这在实际生产系统中是不可能发生的。一个均值接近 0 的正态分布被用于一个非负的变量(如时间)时,可能会返回大量的 0 值样本;这种情况下就不能使用正态分布来表示非负的变量。此时,采用三角分布对边界进行限定,可以完全将那些无关的数据样本排除在外,可靠地表示仿真模型中的变量。

另外一个考虑是从实际运用的角度。也就是说,有一些分布的参数调整要比其他分布容易得多。如果计划对模型作一些改变,包括调整概率分布参数,可能更倾向选择容易调整参数的分布。例如，在表示到达时间间隔时，威布尔分布和指数分布具有相似的拟合效果，但是要想改变到达时间间隔，对于指数分布，可以直接调整它的平均值；而威布尔分布的参数却很难调整，因为它的平均值是一个复杂的函数。

如果数据包含多个峰值，或者有一些很极端的值，有时候称为离群值（outlier），这时该怎么处理呢？用任何标准的理论分布拟合这种类型的数据都很难有好的效果。就如前面所提到过的，一种解决方法是采用经验分布，只要数据的样本数目不是很少，采用经验分布可能是最好的途径。如果遇上有离群值的情况，首先应该做的是回去检查数据是否正确，而不是由于某种失误，如排版或印刷错误造成的；如果数据中的离群值看上去是错的，而且又无法回去确认或者更正，那么就直接删除。

不管是多峰还是离群值（正确的）的情况，都需要考虑在把数据导入输入分析器之前，先将整个数据集合分解成两个（或更多）子集。例如，假设拥有机器停工时间的数据，并且从直方图里注意到有两个明显的峰值，也就是说数据是双峰的（bimodal）。回去查看原始记录，发现这些停工时间来自两种不同的情况——故障和检修。将数据分成两个子集，可以发现由于故障导致的停工时间一般要比由于检修导致的停工时间长，也就说明了两个峰值存在的原因。于是在将数据导入输入分析器之前，可以先将其分成两部分，然后对两部分数据各自拟合分布，最后需要对模型作一些修改，以解决这两种不同的机器停工。

装载了数据文件之后，选择菜单 Options＞Parameters＞Histogram，定义低值和高值（Low Value and High Value）的分界线，这个分界线也就是整个数据集合分成子集后的边界。对于双峰数据，应该将左边的峰值定义在低值子集里，对应的右边的峰值定义在高值子集中，两个子集的分界线应该定义在两个峰值之间的最低谷。然后分别对每一个数据子集拟合最适合的分布来代表那段范围的数据（或者使用 Fit All 选项）。如果在对数据进行低/高值子集分割之前已经拟合了一个分布（或者使用 Fit All 选项），那么进行分割之后再来对两个子集分别拟合，很可能会得出不同的结果；如果是使用 Fit All，最后结果会显示用两种分布结合在一起来代表整个数据可以取得比较好的效果。出于实际应用的考虑，因为将整个数据分割成子集再进行拟合这个过程很烦琐，所以在进行分割时，子集数目最好不要超过 3 个，而且最好的分界线在哪里往往不是很明显。

进行子集分割以后，如何在仿真模型里使用整个数据集合呢？一个方法是随机选择一个数据子集，子集的选择概率可以依据其相对大小来确定，然后根据所选子集对应的分布来返回一个数据值。例如，你的双峰数据集合一共有 200 个数据，包含左峰的低值子集有 120 个数据，包含右峰的高值子集有 80 个数据，那么仿真模型在选择数据时，选择低值子集对应的分布的概率为 0.6，选择高值子集对应的分布的概率为 0.4。单个 Arena 模块无法自动实现这种操作，所以必须自己将某些对象融合在一起。如果数据是活动时间，如实体引发的时间推延，其中一种途径是使用 Decide 模块，其类型可以是 2-路径选择或者 N-路径选择，可选路径的数量也就是分割的数据子集的数量，利用 Decide 模块选择了从某个子集获取数据后，再连接一个 Assign 模块将数据赋给实体，在模型后面的部分如果有类似的问题也可以继续采用上述方法。

3.2.3 特殊情况的数据处理

1. 缺少数据的情况

不管希望与否,你总有时候无法得到模型输入所需要的可靠数据。有几种情形会导致这种问题,如实际系统根本不存在,收集数据太昂贵或者数据支离破碎,还有一种可能是没有相应的协作关系去收集数据。面对这种情况,你可能不得不依靠一些相当武断的假设或猜测,将其堂而皇之称作"特别的数据"(ad hoc data)。在这里,没有任何重大结论可以给你,但还是有些人提供了一些有用的建议。不管做什么,对于这些特别的输入数据,必须要在一定程度上进行输出的敏感性分析,以便把握最终结果的可信度。可以精选一些确定性数据在模型中使用(或者用不同的输入值多次运行模型),还可以使用概率分布作为输入。

如果输入数值是时间推延之外的其他量,如概率、操作参数或者物理布局特征,可以选择常数、确定值,或者在某些情况下使用概率分布。如果给模型输入确定的常数(如故障概率为15%),就非常有利于进行敏感性分析,分析参数对模型的结果有什么影响。如果参数的细微变化都能影响系统性能,就需要明确地分析参数在一个范围(可以包括小、中和大)里的变化对系统的影响,而不是仅仅根据猜测。

如果数据是时间推延,那么几乎可以肯定,应该使用概率分布来反映活动的内在变化。使用何种分布取决于活动的特性以及数据的类型。选择了分布之后,还需要给出适当的参数,当然,只能凭借对整个过程的变化特性的估计。

当在没有经验数据的情况下选择分布时,可以先看看几种常用的分布:指数分布、三角分布、正态分布和均匀分布,如表3-2所示。这几种分布的参数便于理解,并且可以反映比较广泛的数据特征。

表3-2 可能的无数据概率分布

分 布	参 数	特 征	可用实例
指数分布	平均值	变化幅度大 左边有界 右边无界	到达时间间隔 机器无故障时间 (故障率为常数)
三角分布	最小值,众数,最大值	对称或非对称 两边都有界	活动时间
均匀分布	最小值,最大值	所有数值都可能出现 两边都有界	对过程几乎不了解

如果时间数据的变化是独立的(也就是一个数据值不影响下一个),平均值的估计不是太大,并且时间数据的波动比较大,则指数分布可能是一个不错的选择。它通常用来表示到达时间间隔,如顾客进入餐厅,或者到达仓库的需求。

如果时间数据代表活动,而且存在一个"最可能出现"的时间,其他的时间在其上下波动,则通常使用三角分布,因为它可以很好地反映数据小幅度或者大幅度的变化,而且它的参数很容易理解。三角分布的参数有最小值、众数以及最大值,这三个参数可以很明了地估计一项活动所需时间的变化特征。三角分布的优点是允许数据在众数周围非对称分布,这种情况在实际中很普遍。三角分布也是一个有界分布——没有数据可以小于最小值,也没有数据能大于最大值。

正态分布为"钟形曲线",参数为平均值和标准偏差。正态分布返回的数值在平均值两边对称分布,而且是没有界的,这就意味着如果使用正态分布偶尔可能得到一个很小的数,也可能得到一个很大的数。当分布所代表的变量不能为负值时(如时间延迟),Arena 会自动将正态分布返回的负值变为 0;如果拟合的正态分布的平均值很接近 0,使用正态分布不是很合适,因为将近一半的返回值都会是 0。

当然,还有另外一种情况,平均值为正数,而且比标准偏差大很多,那么返回的数值为负的可能性很小,比如可能只有百万分之一。虽然这个可能性看上去很小,但是如果仿真运行很长时间,百万分之一的可能就会发生,特别是现在的计算机运算速度越来越快,而且变量如果不能为负时,Arena 会自动把返回的负值变成 0,这样可能会导致一个有害的或者极端的活动,从而最终使仿真结果无效。

为展示正态分布的数据"漏洞",设计一个小型模型 03-01,如图 3-20 所示。

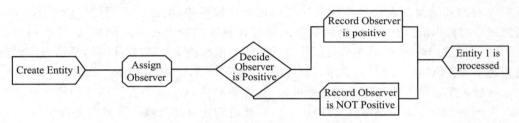

图 3-20　用于统计正态分布产生的负观测值

实体到达时间间隔为 1 小时,设置 observer 为正态分布 NORM(3,1),接下来判断 observer 是否为正数。实体接着进入两个记录模块。

表 3-3 给出了标准偏差 σ=1,平均值 μ 取不同值时的运行结果。可以看出,不管平均值是标准偏差(>0)的 3 倍还是 4 倍(或更高),正态分布还是会返回负值。使用电子正态分布表,可以计算出返回负值的精确概率,还可以得出返回一个负值至少需要的次数的平均值。由于上述原因,当要表示非负变量(如加工时间)时,一般不建议选择正态分布。如果数据集合跟正态分布吻合得相当好,可以使用别的分布以避免负值的出现,如威布尔分布、伽马分布、对数正态分布、爱尔朗分布、贝塔分布,或者还有可能使用经验分布,同样能达到几乎差不多的拟合效果,而且可以避免产生负值的风险。

表 3-3　采用标准偏差 σ=1 的正态分布返回负值的统计

平均值 μ	运算次数	返回负值数目	返回值为负数的准确概率	返回一个负值的最少抽样次数
3.0	1 000 000	1 409	0.001 350	741
3.5	1 000 000	246	0.000 233	4 298
4.0	1 000 000	37	0.000 032	31 560
4.5	1 000 000	3	0.000 003	294 048
4.753 672	10 000 000	7	0.000 001	1 000 000

最后,如果对系统过程真的不怎么了解,但是可以猜测变量可能的最大值和最小值,就可以选择均匀分布。

2. 非平稳到达过程

非平稳到达过程是一种比较特殊的情况,但是很值得重视,因为实际中经常会发生,是有效描述系统行为的非常重要的方式。许多系统都依赖于外部到达,如一些服务系统、电话呼叫中心、有外部顾客需求的制造系统等,到达过程会随着时段的不同有很大差异。例如,午餐时间赶制各种汉堡包,在下午的中间时段对技术支持热线的呼叫会更加繁重,以及在某些季节对生产制造系统存在大量产品需求。对于这类问题,非平稳泊松过程(nonstationary Poisson process)非常有用,而且经常能够提供一种精确地反映随着时间而变化的到达模式。此时需要处理两个问题:怎样估计或确定到达率函数,以及怎样在仿真中建立到达模式。

有很多方法可以从数据里估计或确定到达率函数,有些方法可能比较复杂。这里主要介绍一种比较简单的方法,称为分段定常速率函数(piecewise-constant rate function),它在很多软件里都有很好的应用。首先,确定到达率比较平稳的时段长度。例如,一个呼叫中心的到达情况在每半小时的时段内可能比较平稳,但是在不同的时段会不一样。累加每个时段内的到达数量,然后对每个时段计算不同的到达率。例如,假设呼叫中心在上午 8:00 到 10:00 中的 4 个时段接进的呼叫数依次为 20,35,45 和 50,那么每个时段的到达率如果以"次/分钟"来表示,就分别是 0.67,1.17,1.50,1.67。

一旦按照这种方式估计了到达率函数,就需要确认 Arena 是否按照这种模式在模型中产生到达。Create 模块可以实现这一点,只要将到达时间间隔的类型定义为 Schedule,然后通过 Schedule 数据模块来安排到达率函数,对资源调度进行设置。Arena 允许将任何时间单位混合和配合使用,所以必须小心定义时间单位,以免出错。

3. 多变量与相关输入数据

对绝大多数的时间数据,不管它们服从什么分布,都假设它们是独立生成的。有时候在实际中,这种假设并不是最好的。假如某些零件比较复杂,那么对于这些零件的预处理时间就会比较长,而后面紧接着的贴标签时间也相应地会较长,也就是说这两个时间肯定是相关的,忽视这些关系可能会导致模型无效或者得出有偏差的结果。

有很多建模方法可以考虑这种情况,如估计必要的参数(包括相关度),以及在仿真过程中对随机变量作一些相关性约束。有些方法需要将相关的随机变量组合成随机向量,并采用联合概率分布进行拟合。还可以通过公式来定义输入之间的关联关系,不过这种方法相对困难一些。

3.3 数据输出与优化

3.3.1 终态仿真输出分析

当建立仿真模型时,随机数据(即分布或概率驱动的)输入会带来输出的随机性及相关统计分析问题,这是所有模型都面临的问题。如果仅仅运行一次仿真模型,之后就试验几个随机抽出的方案(并且只运行一次),那么这样的结果或结论的有效性、精确性或者一般性显然是无法保证的。

1. 仿真类型

多数仿真都可以被归类为终态仿真或稳态仿真。终态仿真就是在仿真模型中明确地规定了仿真开始和结束的条件,这些条件是目标系统实际运行模式的反映。在终态仿真的时间结构中,最关键的一点是有一个明确定义的起始点以及一个明确定义的自然的终止点。与终态仿真不同,稳态仿真中对于数量的估计是建立在长期运行的基础上的,理论上运行时间是趋于无穷的。当然,稳态仿真也会在某一时刻终止,读者可以猜想到那是相当长的一个运行过程。以急诊室为例,它将永远不会真正停止工作或是重新开始,故而采用稳态仿真将是非常恰当且合乎实际的。有时人们在做一个系统的稳态仿真时也会让它在一定的时候终止,这样做是为了设计某些最坏的情形或是峰值负荷的情形。

2. 数据收集及分析策略

对于终态仿真,要为统计分析收集恰当的数据,做 n 次独立的重复运行即可。

为完成这一工作,打开 Run>Setup>Replication Parameters 对话框,在 Number of Replication 选项中键入读者希望的重复仿真次数 n。值得注意的是,要确保 Initialize Between Replications 栏中的两个复选框都是被选中的(缺省值),这样才能保证系统状态变量以及统计累加器在每次仿真结束后都被清零,即各次重复仿真所使用的是独立同分布(IID)的数据。这些设置将能够保证仿真重复运行 n 次,每次都从初始状态开始运行(初始的系统状态及清空的统计累加器),并且应用了独立随机数来驱动仿真。对每次重复仿真而言,都独立产生该次仿真的输出报告,可通过 Category by Replication 报告查看。

n 为多少次是恰当的重复仿真次数? 如果我们不对这些数据进行分析,那么就仍然不能知道重复仿真多少次是恰当的,这是因为我们无法预先知道仿真结束后在输出报告中的输出变量的变化范围是多少。读者不希望将每次重复仿真的所有性能指标的观测值都先复制出来,再应用统计软件包,或是电子数据表格,或是计算器来进行分析。Arena 内部自动跟踪了输出报告中每一次重复仿真的记录。如果读者进行了多于一次的重复仿真,在 Arena 的分类汇总报告(Category Overview report)中将会给出各次重复仿真的输出结果的均值,并给出输出结果的置信度为 95% 的置信区间。可以将每次重复仿真结果中感兴趣的部分保存到扩展名为".dat"的二进制文件中(以后可以导入 Arena 输出分析器中)。可在 Statistic 数据模块中定义输出文件的名字。

3. 终态仿真系统的置信区间

以下内容采用 ARENA13.5 软件中的自带模型 Movie Rental Store(Model 03-02)阐述相关内容,如图 3-21 所示。

模型说明如下。

顾客进入商店,并决定他们想租哪种类型的影片。

做出这个决定后,他们前往店里的适当部分,并做出他们的选择。

租借影片后,客户面临他们是否会想买一些爆米花的问题。

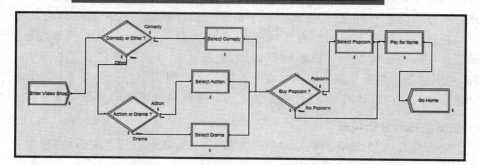

图 3-21 Model 03-02 图形

如果他们决定买爆米花,他们去爆米花车拿爆米花,然后去排队结账。

如果他们选择不买爆米花,他们直接去收银台。

这个例子设置了排队结账的动画,进行简单的演示。

Model 03-02 的 10 次重复仿真输出结果统计分析如图 3-22 所示。

Entity				
Time				
VA Time	Average	Half Width	Minimum Value	Maximum Value
Person	8.1809	(Insufficient)	3.1162	13.8553
NVA Time	Average	Half Width	Minimum Value	Maximum Value
Person	0.00	(Insufficient)	0.00	0.00
Wait Time	Average	Half Width	Minimum Value	Maximum Value
Person	0.8282	(Insufficient)	0.00	7.3698
Transfer Time	Average	Half Width	Minimum Value	Maximum Value
Person	0.00	(Insufficient)	0.00	0.00
Other Time	Average	Half Width	Minimum Value	Maximum Value
Person	0.00	(Insufficient)	0.00	0.00
Total Time	Average	Half Width	Minimum Value	Maximum Value
Person	9.0091	(Insufficient)	3.4980	19.5642

图 3-22 Model 03-02 的 10 次重复仿真输出结果统计分析

如果读者在 Run＞Setup＞Replication Parameters 中选择多于一次重复仿真,在 Arena 的分类汇总报告中会自动记录。

3.3.2 用 PAN 做多方案评价

想要运行并比较多于两个方案的情形时,面临以下两个问题。

(1) 系统地管理模型中的各种变更。在不同备选方案比较中,如果存在许多方案时,对模型进行修改和运行管理将是非常枯燥费力的,在设定每一个备选方案的模型时将涉及许多参数的变化,而且在运行每一个备选方案模型时,又要改变所有需要保存的输出文件的名称。

(2) 从统计上有效地评价这些方案,并且挑选出哪些方案与其他方案有显著差异,哪些方案比其他方案明显更优,甚至挑选出这些方案中的最佳方案。

Arena 过程分析器(Process Analyzer,或缩写为 PAN),可以很好地解决用户面临的第一个问题,并且为第二个问题提供强有力的支持,从而帮助用户以一种统计上可靠的方式评估所得到的仿真结果,然后做出正确的决策。PAN 处理的是 Arena 的程序文件,这些文件通常用 .p 作为扩展名;当运行完一个仿真模型后,就会生成相应的 .p 文件,或者也可以不运行模型而只通过模型检验来生成这个文件(Run＞Check Model 或 F4 键或 ✓按钮)。

运行过程分析器,比如通过 Windows 的开始按钮来启动它(标准安装时,它与 Arena 位于同一个目录下),即运行 Start＞Programs＞Rockwell Software＞Arena＞Process Analyzer 即可;也可以在 Arena 中通过 Tools＞Process Analyzer 菜单选项来启动,界面如图 3-23 所示。

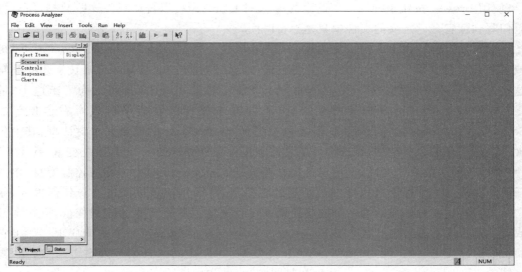

图 3-23 Process Analyzer 界面

过程分析器中的基本元素是"情景"(scenarios),包括以下内容的组合:存在于计算机中某个地方的程序文件(.p)、一个所选择的输入"控制"(controls)变量值的集合、一个所选择的系统输出"响应"(responses)值的集合,以及该"情景"的描述性名称。一个 PAN"项目"(project)就是一个由许多"情景"构成的集合,可以将其保存为一个 PAN 文件(扩展名为 .pan)供以后使用。为不同"情景"定义的程序文件(.p)可以是同一个程序文件,也可以由不同的 Arena 模型(.doe)文件产生。

可以选择模型中的变量和资源容量作为"控制"变量,可以选择模型输出的内容(由 Arena 生成)或者读者在 Variables 中自定义的其他变量作为"响应"。一旦用户定义好"情景",PAN 就会根据用户为每个"情景"定义好的控制变量的集合,代入那些所选定的变量值去运行仿真,并且对应每一个"情景"的控制变量值给出相应的输出响应结果,所有结果被列在一个表中。

通过以下操作来完成:用户将每个"情景"中的不同控制变量值依次代入 Arena 模型并"手动"运行仿真。很显然,在 PAN 中操作更容易、更快捷,并且能够对结果进行有效的统计比较。为了高效使用 PAN,用户在建立自己的模型之前就要考虑哪些输入参数是为了定义不同的情景而需要改变的,并确保在模型中通过 Variables 定义它们,或在 Resource 中将其定义为容量(capacity),这样才能在 PAN 的"情景"中作为"控制"变量被选定。

启动过程分析器后,可以通过 File>New(或者 Ctrl+N 或)创建一个新的 PAN 项目,或者通过 File>Open(或者 Ctrl+O 或)打开一个先前保存过的项目文件(文件扩展名为 .pan)。PAN 只能一次打开一个项目窗口,但是用户可以同时运行 PAN 中的多个例子。当为项目增加一个新的"情景"时,只需在指定位置双击打开"情景属性"(Scenario Properties)对话框,在此对话框中用户可以为"情景"命名,在 Tool Tip 处填写说明性文字,并在 Program File 处把这个"情景"与已存在的某个程序文件(.p)联系起来(可使用 Browse 按钮来搜寻你所需要的 .p 文件)。PAN 可以自动跟踪这些数据,所以将它们写到读者自己定义的文件中只是浪费时间。

对每种"情景"做 100 次重复仿真。首先检验这个模型(Run>Check Model 或 F4 键或 按钮),这样就生成了 .p 文件,并将它选作此处的程序文件。如果之后读者想要编辑这些内容,只需右击"情景"所在的行并选择 Scenario Properties 即可。为了给这个"情景"选择"控制"变量,右击其所在的行(不要右击该行的左边缘),或者右击顶部的 Scenario Properties 标签,然后选择"插入控制"(Insert Control)调出一个对话框,其中包含一个可扩充的树状结构,在这个可扩充树中包含有资源(resources)、系统变量(system)(重复运行的次数及长度)以及用户自定义变量(User Specified)中可能的控制变量;单击任何一棵树的"+"标记可以详细显示它的各条目,从而用户可以双击选择任何输入,使它在"情景"这一行中显示为一个控制变量。一旦选定了所有需要的控制变量,可在本行或者顶端再次右击,选择"插入响应"(Insert Response)来选取所需要的响应项。如果它们与以前已经定义的"情景"相似,则可以先复制[在左边的情景编号处右击,并选择"复制情景"(Duplicate Scenario)],然后在复制的"情景"中编辑即可。

3.3.3 用 OptQuest 寻找最佳备选方案

Arena 中带了一个从 OptTek System Inc. 购置的名为 OptQuest 的软件包,它应用

了禁忌搜索(tabu search)和散点搜索(scatter search)等启发式算法,在输入控制变量空间中巧妙地移动,以达到快速、可靠地向最优点接近的目的。OptQuest 在一定程度上与 PAN 类似,它们都"操纵"Arena 模型的运行,二者的区别在于 PAN 是模拟用户指定的那些情景,而 OptQuest 则自己决定对哪些情景进行仿真运行,并且这些情景以一种迭代的方式向最佳的输入控制变量组合靠近。关于 OptQuest 如何与 Arena 协同工作的更详细的内容,请查看 Help>Product Manuals>OptQuest for Arena User's Guide。

要运行 OptQuest for Arena,首先激活所要研究的模型的 Arena 窗口,选择 Tools>OptQuest for Arena 来打开 OptQuest 应用系统窗口,接着通过 File>New(或者 Ctrl+N 或)打开一个新的文件。这样就打开了模型中现有控制变量(输入参数)的"控制选择"(Control Selection)窗口,其中包括资源水平(没有在 Schedule 中定义为可变容量)和变量。沿着左列向下,选择(勾选上那些对应的方框)Max Load、Max Wait 和 Wait Allowance,接着单击左下方的 Reorder 按钮将这些条目提到顶端,以便后面使用(OptQuest 不会改变未勾选上的输入项,它们会保持模型中既定的值不变)。每行的建议值(Suggested Value)就是用户提供给 OptQuest 的开始点的值,也将是应用在模型中的当前值。在表格中,下界(Lower Bound)和上界(Upper Bound)限定了 OptQuest 在搜索过程中的取值范围,故而它们应该设置得与实际情况相符。因为 Max Load 和 Wait Allowance 是时间值,它们可以取相应区间内的任意实数,所以它们的数据类型(Type)是连续的(Continuous)。另外,如果 Max Wait 不是整数就没有任何意义了,所以它的类型(Type)应该是离散的(Discrete),这可以通过下拉菜单来选择。单击底部的 OK,将进入约束(Constraint)定义部分。

在"约束"(Constraint)窗口中,用户可以对输入控制变量的组合设置限制。可以在本窗口中使用正确的变量或是资源容量名称以及常用的算术和关系运算符把它们写出来。单击 OK 继续向前。

在"目标和需求选择"(Objective and Requirement Selection)窗口中,用户可以选择需要优化的目标,以及目标是最小化还是最大化。在 Daily Profit 栏左边的下拉菜单中,选择"最大化目标"(Maximize Objective)。约束是作用于仿真的输入数据,但是它们的基本作用都是识别出任何不能满足需求的不可行情景。单击 Record 按钮把所选择的条目移到菜单顶部(这样做是为了后面使用方便),接着单击 OK。

在"选项"(Option)窗口中,用户可以设置有关 OptQuest 如何进行搜索的计算限制和规程。"时间"(Time)表页中的输入项应该是很清楚的;OptQuest 所称的"simulation"与我们曾命名的"情景"或者"方案"是一样的。"精度"(Precision)表页中,用户可以定义每个情景要运行的重复仿真次数,它既可以直接显式地规定,也可以通过置信区间精度来隐含地规定。"偏好"(Preference)表页中包括了许多其他控制项。最后单击 OK。

如果想再回去查看上述的 OptQuest 窗口,可以使用 OptQuest 窗口顶端的按钮:用 查看 Controls Selection 窗口,用 查看 Constraints 窗口,用 查看 Objective and Requirement Selection 窗口,用 查看 Options 窗口。读者可以将完整的 OptQuest 设置保存在一个文件中,该文件的缺省名为<ModelFileName>.opt。

选择 Run>Start 菜单选项或者单击 ,开始 OptQuest 搜索。通过选择 View>

Status and Solutions 和 View＞Performance Graph 可查看 OptQuest 的优化进展情况。曲线给出了各个仿真(情景)运行所得到的最好结果。

OptQuest 不能完全保证找到最佳方案。然而在大多数情况下，相对于手工的组合与尝试，OptQuest 的确有更好的工作效果，可以得到更好的结果。

【案例】

卡车卸货系统仿真 Model 03-04 Truck unloading system simulation，如图 3-24 所示。

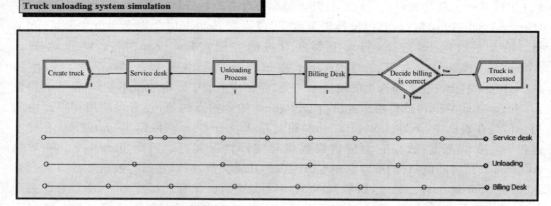

图 3-24　Model 03-04 Truck unloading system simulation

卡车以均值为 20 分钟的指数分布到达系统，到达后，卡车先在配送中心服务台登记，登记时间为 TRIA(4.5,9.3,11)分钟。登记完之后，卡车进入卸货平台等待卸货，卸货时间为 TRIA(16.4,19.1,21.8)分钟。卡车卸货完成后，还需要在服务台办理结算相关事宜，结算处理时间为 TRIA(6.5,11.3,113.5)分钟。结算完成后，进入一个检查环节，3%的卡车被发现结算中存在问题，需要重新返回结算。检查完以后，卡车离开系统。运行仿真 20 000 分钟，观察平均队长和平均逗留时间，并采用 OPT 优化，如图 3-25 和图 3-26 所示。

Truck	Average	Half Width	Minimum Value	Maximum Value
VA Time	651.98	(Insufficient)	457.16	824.94
NVA Time	0.00	(Insufficient)	0.00	0.00
Wait Time	9 729.25	(Insufficient)	9.130 3	18 698.80
Transfer Time	0.00	(Insufficient)	0.00	0.00
Other Time	0.00	(Insufficient)	0.00	0.00
Total Time	10 381.24	0.00	794.39	19 265.67

图 3-25　VA Time, Wait Time and Total Time

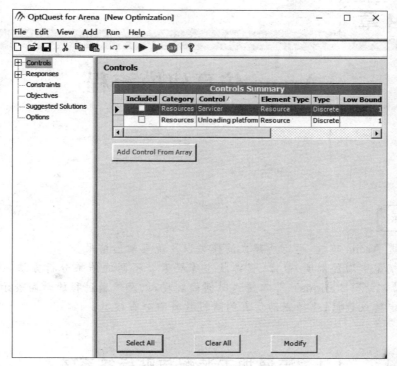

图 3-26　OPT for Arena

第 4 章

Arena 仿真建模流程

学习目标

(1) 掌握 Arena 建模,运行所建立的模型以及观察输出结果。

(2) 在模型中增加调度、故障、资源状态等要素。不同的结果分析方法,完善动画效果,实体运动,"站"(Stations)、非零传送时间的实现,以及传送过程的动画表示。

(3) 确定输入数据,选择驱动仿真的随机数概率分布模型。

4.1 流通加工装配与贴标签系统

4.1.1 问题描述

流通加工装配与贴标签系统表示的是两种产品的最后一道工序:预处理,贴标签,如图 4-1 所示。

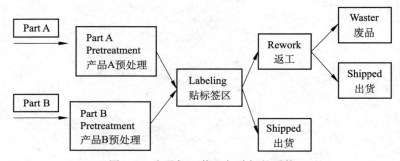

图 4-1 流通加工装配与贴标签系统

第一种产品(即 Part A)按照均值为 5 的指数分布时间间隔到达(所有时间单位为分钟)。产品到达后,它们被立即送往产品 A 的预处理区域,预处理操作时间满足三角分布 TRIA(1,4,8)。之后,产品被立即送往贴标签区。

第二种产品(即 Part B)以每批 4 件的方式成批输送进入模型。批量的到达间隔时间服从均值为 30 的指数分布。产品到达产品 B 的预处理区域时,被分解为四个单件产品后分别进行处理,处理时间服从三角分布 TRIA(3,5,10)。之后,产品被送往贴标签区。

在贴标签操作中,首先将产品贴标签,然后对贴标签后的产品进行检测。所有这些操作的处理时间因产品不同而异:对产品 A 的操作服从三角分布 TRIA(1,3,4),而对产品 B 的操作服从威布尔分布 WEIB(2.5,5.3)(其中,比例参数 $\beta=2.5$,形状参数 $\alpha=5.3$)。91%的产品能顺利通过检测,并被立即运送;产品能否通过检测与其他产品通过与否无关。未通过检测产品被送往返工区域进行重新检测。80%的返工产品能通过检测,并作为返工合格产品发运,其余不合格产品则被送往废品区。无论返工产品最终合格与否,每件产品返工花费的时间服从均值为 45 的指数分布。

通过仿真获得每个工作区域的资源利用率、队长、排队时间,以及产品的系统逗留时间等统计数据。仿真开始时,设置模型的终止运行条件为连续运行 32 小时。

4.1.2 建立模型

1. 建模思路

对于实际问题,首先需要定义数据结构,系统的模型分解,或者控制逻辑的扩展。需选择哪个 Arena 模块能够提供我们所需要的功能,并确定系统的细致程度。此外,还需要确定不同零件贴标签操作的不同操作时间。可以将模型分解为如下几部分:到达部分、预处理区域、贴标签操作、返工、离开及动画部分。

因为模型中存在两类到达实体,每种产品的到达服从不同时间分布,所以分别采用两个独立的 Create 模块来生成到达的产品。

各类产品的贴标签操作时间因产品不同而异,因此我们使用两个"赋值"模块来定义"贴标签时间"(Labeling Time)属性,这一属性在 Create 模块生成产品的同时给贴标签操作时间赋以相应的值。当产品接受贴标签操作时,就可以使用与 Labeling Time 属性关联的时间值,而不是在操作时刻才生成这个时间值。

两个预处理区域和贴标签操作都有各自的 Process 模块。贴标签操作完成后要实施检查,通过"投币"选择来决定产品下一步进入哪个区域。这里使用一个基于投币原理的"决策"(Decide)模块,因此返工区域拥有 Process 和 Decide 两个模块,以及"通过"和"未通过"等选项。模型中使用三个单独的"记录"(Record)和"处理"模块(装运、返工合格、废品处理),这样就可以按照装运、返工合格以及废品处理等几部分进行分类统计。所有这些模块都包含在"基本操作"面板中。

2. 具体建模

建立模型时,首先打开一个新的模型窗口,将需要建立的模块放置于屏幕上:两个 Create 模块、两个 Assign 模块、四个 Process 模块、两个 Decide 模块、三个 Record 模块以及三个 Dispose 模块,如图 4-2 所示。当你将这些模块按照一定顺序放置好之后,对所有模块重命名,输入模型所需的信息,并建立连接,单击 File>Save 将模型保存到你选择的目录下。

Part A 设置到达间隔时间为均值 5 的随机数(即服从指数分布),单位设置为分钟(Minutes),其余项采用默认值,完成后单击 OK 键接受模块设定,如图 4-3 所示。Part B 模块设置如图 4-4 所示。

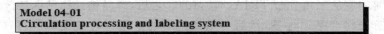

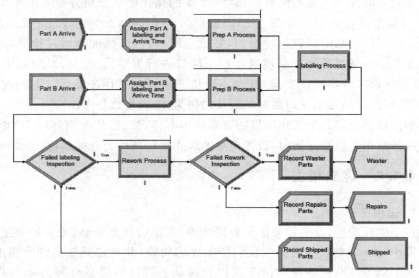

图 4-2　建立模块的视图

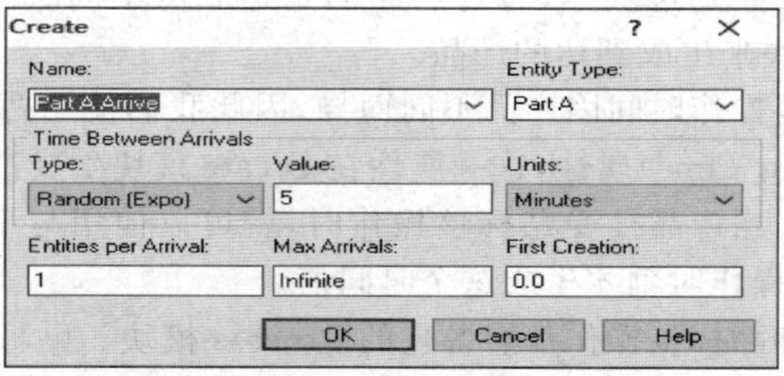

图 4-3　完成后的产品 A 模块对话框

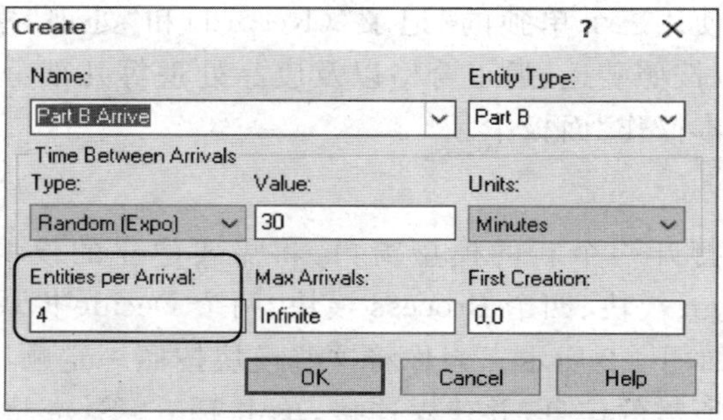

图 4-4　完成后的产品 B 模块对话框

由于产品 B 是以每 4 个为单位成批到达，因此需要填充一个附加字段（每批到达的实体）来体现批量数为 4，这一项将使得每次到达的是 4 个单独实体而非 1 个实体，如图 4-5 所示。

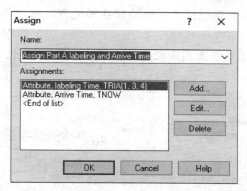

图 4-5 指定产品 A 的贴标签时间和到达时间

创建了到达产品之后,紧接着给它定义一个 Labeling Time 属性,并给贴标签操作时间赋值,操作时间因产品类型不同而异。我们在先前放置的 Assign 1 和 Assign 2 模块中进行赋值。产品 A 的赋值为 TRIA(1,3,4)的三角分布函数。定义 Arrive Time 属性,这个属性用来记录实体的到达时间。Arena 的 TNOW 变量用来提供仿真时钟当前值,这个时间就是产品到达的时间。TNOW 又称当前仿真时钟,观察 TNOW 值的方法是:右击 Assign 模块 Assignment 对话框中的 New Value 域,选择 Build Expression,单击 Date and Time Functions,它在列表中被描述为 Current Simulation Time。

为产品 B 的 Labeling Time 和 Arrive Time 属性赋值。尽管前述模块为产品到达创建了 4 个实体,但每个实体都在赋值模块中的 Labeling Time 分布属性中分别赋予不同(相互独立)的值,如图 4-6 所示。

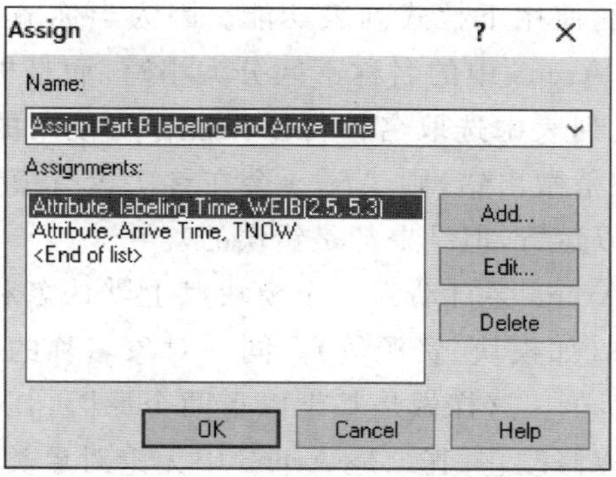

图 4-6 指定产品 B 的贴标签时间和到达时间

Process 模块有 4 个可能的活动类型选项:Delay,Seize Delay,Seize Delay Release 以及 Delay Release。

(1) Delay 会产生一个经历指定时间延迟的活动,这个活动不需要占用资源。由于预处理区域需要占用机器或资源,因此需要一个活动来实现排队等待,直到获得预处理区的资源,然后延迟至操作时间完成为止。

(2) Seize Delay 活动提供了等待和延迟功能,但它在操作完成后并不释放资源给下一实体使用,使用这个活动的前提是,资源必须在下游的某一个模块中能得到释放。

(3) Seize Delay Release 选项提供了准确建立预处理区域的各种活动的组合,如图 4-7 所示。

(4) Delay Release 活动假设实体先前占用了一种资源,在此处经历一段延迟后,释放了这种资源。

图 4-7　产品 A 的预处理操作对话框

当选择最后三个选项之一时,会在活动(Action)选择框下面的空白处出现一个列表框。单击 Add 按钮来输入资源信息。

在输入数据时,尽可能使用下拉式列表功能。因为当你输入一个名称时,必须与先前输入的名称完全一致。Arena 中的名称不区分大小写,而是根据名称拼写或插入空格来区分的。因此从下拉式列表中选取名称可以保证你所使用的名称和先前输入的名称一致。如果在输入名称中稍微出错,则 Arena 会在首次运行模型时给出错误信息(更糟糕的情况是,尽管模型可以运行,但结果却是错误的)。

当新建一个模块时,Arena 会自动为这个模块赋上默认名和默认值。这些默认名是带有附加序号的对象名称(如模块、资源等)。同一对象名称的附加序号是依次递增的,如 Progress 1,Progress 2,…。这样做是基于以下两个原因:其一是方便起见,你既可以接受默认资源名称,也可以修改它;其二是 Arena 中无论对象类型一致与否,所有的对象名称都必须是确定唯一的。

为帮助使用,Arena 做了许多自动命名工作,而其中的大多数读者都不必理会。例如,当你单击查看队列数据模块就会发现,Arena 将产品 A 预处理区域的队列命名为 Prep A Precess. Queue。大多数情况下,你可以自己命名,而不必使用默认的名称。

当你选择两个包含 Seize 活动中的任意一个,并确认接受时,Arena 会在相关 Process 模块附近自动弹出一个动画队列(一个在右端带有小竖线的水平线)。这种功能可以使你在仿真运行时动画显示队列中等待的实体。如果单击此队列,就可以显示出该队列的名称。

产品 B 的预处理操作对话框如图 4-8 所示。

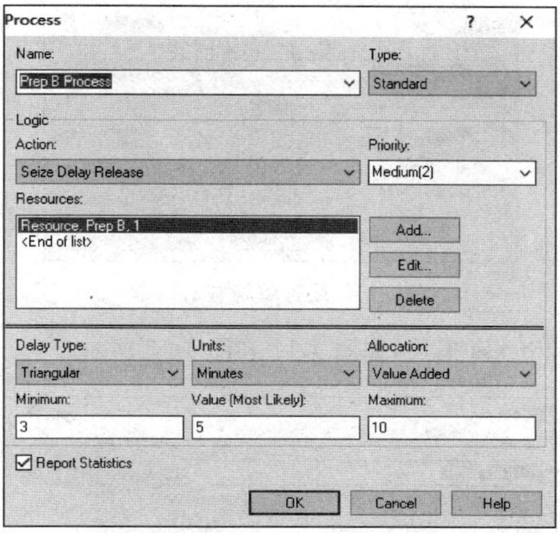

图 4-8　产品 B 的预处理操作对话框

给贴标签操作输入数据，由于我们在上游的赋值模块中创建到达产品时，给它定义了 Labeling Time 属性，因此当实体占用（Seizes）资源时，就会产生一个数值上等于 Labeling Time 属性值的时间延迟，如图 4-9 所示。

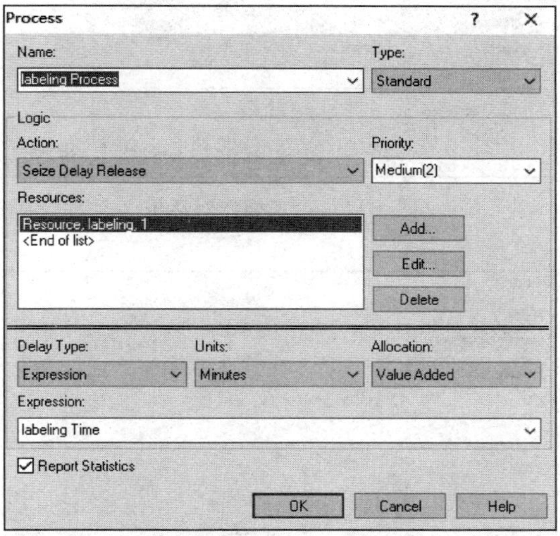

图 4-9　贴标签对话框

利用第一个 Decide 模块实现贴标签操作之后的检测。由于只有"通过"和"未通过"两个选择，因此选用默认的类型 2-way by Chance。这里需要在对话框中输入一个逻辑为"真"（True）值的百分比，通过它来决定离开模块实体的去向。这个例子中，将真值百分比输入为 9，这样就会有 9% 的实体流向真值对应的分枝（这里的"真"值对应的是未通过检测的产品），其余的 91% 流向逻辑"假"（False）值对应的分支（即通过检查的产品）。通过检查的产品直接送去装运，而未通过的产品则被送去返工，如图 4-10 所示。

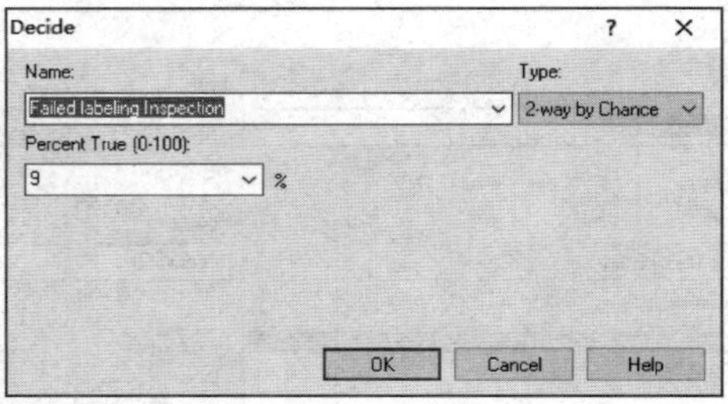

图 4-10 贴标签检查对话框

建立返工活动的 Process 模块，如图 4-11 和图 4-12 所示。

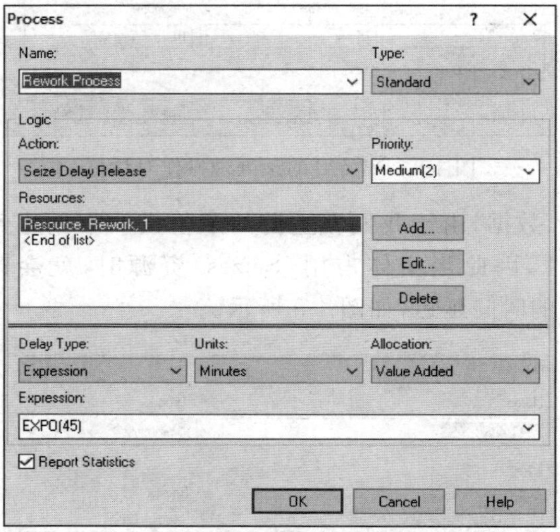

图 4-11 返工操作对话框

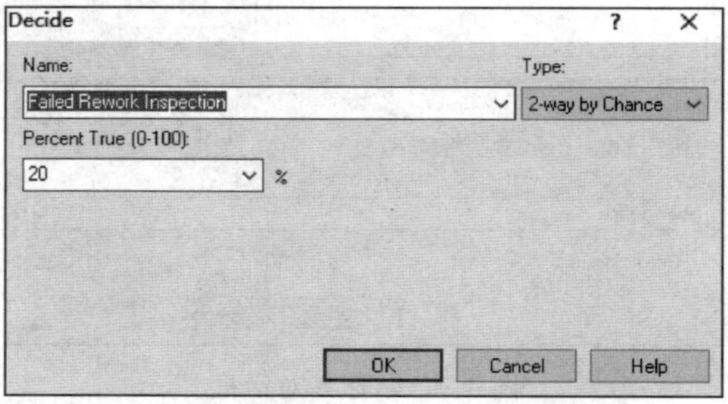

图 4-12 返工产品检查对话框

用"真"值表示废品（20%），用"假"值表示返工合格产品。

接下来完成 Record 和 Dispose 模块，如图 4-13～图 4-18 所示。仿真的目的之一是获取资源利用率、队长、排队时间等统计数据。这三个统计数据可以利用每个需要资源的带有活动选项的 Process 模块来实现（模块中的 Report Statistics 框被选中，这可在 Run＞

Setup>Project Parameter 菜单中定义)。还需要获得直接合格产品、返工后合格产品以及废品的系统逗留时间(cyclic time),Record 模块可通过累加器完成这些量的统计。从下拉菜单中选择 Time Interval 类型,累加器默认名称与模块名称相同,这样 Arena 就会自动进行累加统计:统计产品到达时间(Arrive Time)属性值与它到达 Record 模块的时间之差(即实体在系统中的时间)。

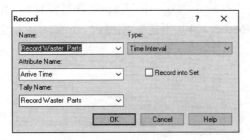

图 4-13 记录废品数对话框

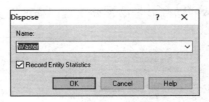

图 4-14 废品处置对话框

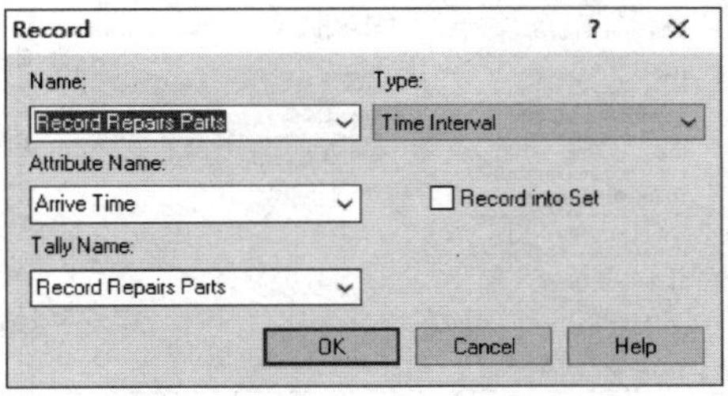

图 4-15 记录维修零件个数对话框

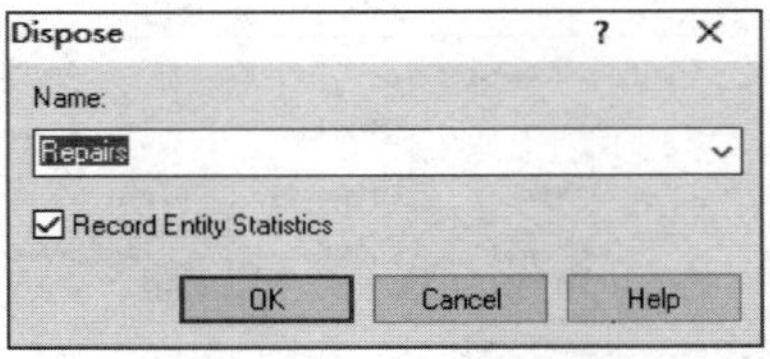

图 4-16 维修零件处置对话框

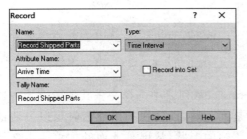

图 4-17 记录发运零件个数对话框

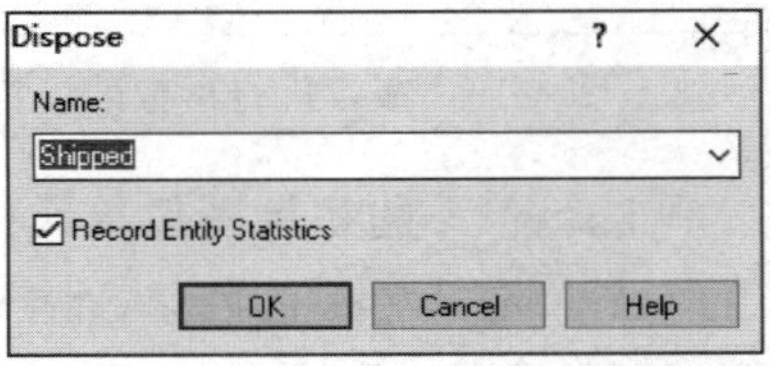

图 4-18 发运零件处置对话框

确保 Entity 框是按照 Run>Setup>Project 参数进行选择的前提下,才能获得这些统计结果数据。尽管已经完成了不少工作,但在运行模型之前还必须花些时间完成其他一些准备工作。这时候的模型的确可以运行,但开始运行后,Arena 不知道何时停止!必须通过 Run>Setup 为模型设定运行参数。Run Setup 对话框用五个表页的参数来控制仿真的运行。

第一个表是 Project Parameters。在这个表中输入项目标题和分析员姓名后,在 Project Description 部分可输入简要的项目描述。在 Statistics Collection 区,可以选择 Entities 等选项,对系统进行统计,如图 4-19 所示。

设置仿真运行长度是在 Replication Parameters 表中完成的,这里将 Replication Length 设为 32 小时(4 个连续的 8 小时轮班),Base Time Units 选取 Minutes,其他域使用默认值,如图 4-20 所示。对 Run>Setup 中的其他三个参数表则使用默认值:Run Speed,Run Control 和 Reports。你可以打开这些参数表来了解其中的参数选项。

在运行新模型前,还必须进行最后的调整。由于有两种不同类型的产品,因此如果在动画显示中能加以区别则效果就更好了。在基本操作面板中的 Entity 数据模块中,你会发现两类产品的初始图像都定义为 Picture.Report,因此当运行模型时,所有产品在实体的动画显示中都会出现同样的图标。

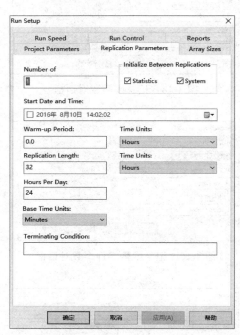

图 4-19　项目运行参数的设置　　　　图 4-20　重复运行的参数表设置

单击产品 A 的初始图像单元格(Initial Picture),从列表中选择一张其他的图片。这里给产品 A 选择的是蓝色球,而产品 B 选择的是红色球,以便在动画显示时可以方便地分辨出两种产品。如果你还想进一步了解这些图标的形状,从屏幕上面的主菜单中选择 Edit>Entity Pictures 选项来打开实体的图形窗口,可以从当前屏幕的左下栏中观察到图标的形状,如图 4-21 所示。

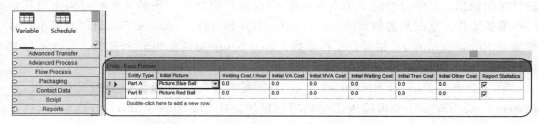

图 4-21　设置实体的初始图像(Initial Picture)

4.1.3 运行模型

在运行模型之前,必须对模型加以检验,单击运行交互工具栏中的 Check 按钮(√),或选择 Run>Check 命令,或用键盘上的 F4 键,都可以对模型进行检验。如果检验完毕后,弹出一个小的消息窗口显示"模型中无错误或警告"(No errors or warnings in model),否则会弹出一个描述错误的消息窗口,这时你就需要选择 Find 选项(如果它可选)。这些功能将提示你 Arena"认为"可能出错的地方。建议读者有意往模型中加入一个错误来验证这些功能。对这些功能的使用会随你所建立模型复杂程度的提升而增多。

如果模型检验无错,现在就可以准备开始运行仿真了。单击标准工具栏中的"运行"按钮(▶),或 Run>Go 命令,或使用 F5 键都可以启动动画仿真。如果你还未检验模型,或是在检验之后又做了修改,Arena 会首先检验模型,然后使用你的数据对模型进行初始化,再开始运行模型。

如果你激活了屏幕底部的状态栏,就可以观察 Arena 当前的执行操作了。状态栏中主要包含以下三方面的信息:重复仿真次数,当前仿真时钟以及仿真状态。

仿真运行开始后,如果想改变仿真运行速度,可以按"<"键来减慢仿真运行速度,或者按">"键来加快仿真运行速度。如果按了其中一个按键,在状态栏左端就会出现当前动画速度因子值,还可以通过 Run Setup 对话框中的 Run Speed 表来控制动画速度因子(Animation Speed Factor):在这个表的选项中键入精确的速度因子数值。

在仿真运行过程中,可以使用运行工具栏中的"暂停"按钮(Ⅱ)来暂停运行,或者使用 Run>Pause 命令,或者直接用 Esc 键来暂停。这样可以暂时中断仿真运行,同时状态栏中会显示"用户中断"(User interrupted)的消息。

在暂停模式下,可以双击一个实体动画打开一个 Entity Summery 对话框,这个框中罗列着每个实体的属性值;可以使用运行工具栏中的"单步运行"按钮(>|)来实现实体在系统中的单步运行(即每步只运行一个时间单位)。选择 Run>Run Control>Batch Run(No Animation)命令就可以关掉动画效果。

4.1.4 观察结果

仿真运行中,系统中除了蓝球和红球(分别代表产品 A 和产品 B)之外,每个 Create 模块、Process 模块和 Dispose 模块都各有一个计数器,而每个 Decide 模块会有两个计数器。Create 模块、Dispose 模块以及 Decide 模块的计数器在实体离开该模块时自动增加一个单位;而 Process 模块的计数器则代表了当前模块中的实体数,包括排队等待资源的实体数与当前接受操作的实体数之和。如果你选择的是 Run>Fast-Forward 模式(或者使用 Fast-Forward 按钮▶▶),这些计数器就不再更新,直至仿真运行结束或你暂停并改变模型运行的观察模式时才会更新。

模型运行结束时,会"询问"你是否想查看结果。选择 Yes,系统会弹出一个总结报告的窗口(默认报告)。如果内容为"无法获得总结统计"(No Summary Statistics Are Available),是因为在"运行设置"对话框中的"项目参数"表中没有选择 Entity 选项,即自动放弃收集这些统计数据。

统计报告中出现了三种类型的统计量：tally，time-persistent 和 counter 类型。当多次重复仿真时会出现第四个统计量（outputs）。记数型统计量与时间持续型统计量提供了均值、置信度为 95% 的区间半长、最小值和最大值。

在每次重复仿真结束时，Arena 都会用一种批平均（batch means）方法为每个观测统计量的稳态期望值计算出一个 95% 的置信区间。Arena 首先检查是否收集了足够多的数据，以判别能否满足使用批平均值法的临界统计假设（批量无关性）。结果中会偶尔出现这种情况：如果不满足该假设，则报告中会出现"不足（Insufficient）"的提示，且不会产生置信区间半长。结果中还会出现这样的情况：如果检验批量无关性的数据足够多，但未通过检验，则会出现"相关（Correlated）"的提示，同样也不会计算区间半长。此外，还可能出现的情况是：如果有足够多的数据进行批量无关性检验，且通过了检验，则会产生一个长期（稳态）期望值统计量的置信度为 95% 的区间半长。如上所述，即便从纯计算角度出发，可以计算出结果，但 Arena 会拒绝报告不可靠的区间半长值。

4.2 复杂流通加工装配与检测系统

建立和运行模型后，接下来应该对"代码"（Arena 文件）进行验证，并且对概念模型是否真实代表了研究的系统进行确认。

通过检查使用模块中的逻辑结构，将它们与问题定义进行比较；对于大型复杂系统，这项工作就非常具有挑战性了。动画演示在模型验证和确认阶段往往非常有用，因为当它运行时，可以纵观整个系统的构建情况。运行建立的模型，观察动画可以发现它呈现的运行情况与希望描述的系统极为相似。但如果模型验证很困难，对它的完全确认（下一步骤）就会非常困难（甚至不可能进行确认），这是因为"确认"暗含着仿真可以完全表现真实系统的运作行为，而如果真实系统不存在，也就无法进行确认了。即便真实系统存在，你也必须从其中获取输出性能数据，以此来说服那些和你一样持怀疑态度的人：你所建立的模型是来源于真实系统，它能对真实系统进行预测。

4.2.1 复杂问题描述

现在的系统是每天两班制，且第二班时会有两个操作员被分配给返工操作。因为贴标签机器会时常出现故障，所以在贴标签操作中会出现故障情况（failure）。工程师不久前检查了这个问题，收集数据后确定了贴标签操作对系统的影响。由于他们认为贴标签操作不是一个瓶颈操作，因此对它的故障改进不会对整个问题的解决带来明显的改善，但他们还是记录了所观测的结果以供其他人参考。假设两次故障间的平均间隔时间为 120 分钟，时间分布服从指数分布，修理时间同样服从均值为 4 分钟的指数分布。

公司考虑购买特殊的货架来放置那些在返工区域等待处理的产品。假设每个货架上能放置 10 套产品，经理想知道应该购买多少货架比较合适。

为了能将这些修改加入到已有模型中，需要引入一些新的概念。由单班运转改为两班运转非常容易，将运行长度设置为每班 8 小时，并且未对运行过程中的每天轮班交接进行跟踪，这是因为假设第一班末交接时的当前系统状态与紧接的下一班初始系统状态完全相同，并且假设交接不需要花费时间。而现在需要建立明确的换班模型，因为第一个返工班次中只有一个操作员，而第二班则增加为两个操作员。

通过给返工资源引入资源调度(Resource Schedule)的方式完成上述模型的改进。资源调度通过调整资源能力来自动改变整个运行过程中的返工资源数量。当做这些改变时，还应该增加仿真运行长度，这样就可以完成两天以上的双班操作模型的仿真了。使用资源故障(Resource Failure)来建立贴标签区故障的模型，这样就可以改变资源的可用能力(与资源调度类似)，同时还有另外表示设备故障的特殊功能。最后，通过频率统计(Frequencies statistic)所获取的信息来决定需要购买的货架数量。

到目前为止，建立的所有资源模型都是固定能力为1的单资源模型(预处理区域、贴标签和返工)。对资源模块中的这些信息采用的都是默认值。可以通过将返工资源能力设置为2来实现增加的返工操作，但这样就总有两个可用的操作员。需要做的是在第一个班次安排一个返工操作员(假设每班次为8小时)，而在第二个班次安排两个返工操作员。

在模型中描述贴标签区的周期性随机故障情形。同样可以使用调度(schedule)实现这个功能：定义正常运转期间的可用资源能力为1，定义修理期间的可用资源能力为0。此外，Arena还设计了专门的内部结构来描述故障。

Arena自动定义了四个资源状态：闲(Idle)、忙(Busy)、不可用(Inactive)和故障(Failed)。Arena对资源处于四个状态的时刻进行了全程跟踪。如果资源未被实体占用，则称资源状态为空闲；一旦它被实体占用，则状态改变为忙；如果Arena使资源的分配状态变为不可用，则资源状态改变为不可用，通过调度将能力改变为非0来结束资源的不可用状态；如果资源不能被分配，则它会被Arena置为故障状态。当出现故障时，Arena使整个资源都变得不能使用，假若资源能力是2，则在修理期间，两个能力单元都会被置为故障状态。

4.2.2 资源调度

在将返工操作资源调度加入模型前，先来定义新的16小时工作日。在Run>Setup选项中的"重复参数表"中将每天小时数(Hours Per Day)的值从24改为16即可(此处忽略了关于日期的警告)。在这个对话框中，还需将仿真运行长度时间单位(Time Units)改为天(Days)，再将仿真运行长度(Replication Length)设为10天。

在资源(Resource)或调度(Schedule)数据模块中定义资源调度，这里在Resource数据模块中进行定义。当单击基本操作面板中的Resource数据模块时，屏幕底部模型窗口的电子数据表中会显示模块的当前资源信息。单击返工资源栏的类型列，从列表中选择Based on Schedule后，Arena会在电子数据表中自动增加两列：调度名称和调度规则。因为能力由调度来确定，因此返工资源的能力单元格为暗灰色(不可设置)；其他三种资源由于能力固定，所以这两列单元格也为暗灰色。接下来，需要在返工资源的调度名称单元输入调度名称(如Rework Schedule)。

需要选择调度规则(Schedule Rule)，通过它来实施调度。调度规则有Wait(等待，默认选项)、Ignore(忽略)和Preempt(优先占用)三个选项，如图4-22所示。如果需要将能

力减少 x 单位,且当前至少有 x 单位的资源处于空闲状态,则所有三种选项下都会立刻将 x 单位的资源状态变为不可用状态;但如果当前空闲的资源不足 x 单位,则调度规则将视选项情况而定。

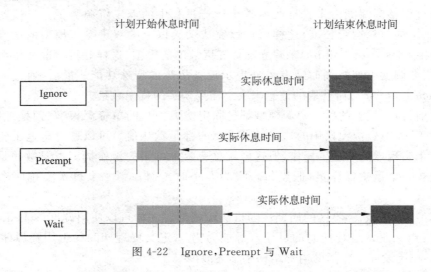

图 4-22 Ignore,Preempt 与 Wait

(1) Ignore 选项会立刻减少资源能力,但正在进行的服务仍然继续(不受资源减少的影响),直到当实体释放资源单位后,这些单位的资源才会被置为不可用状态。但若实体释放资源单位前,资源能力又已重新增加,则这一选项不会产生任何作用。这个选项的效果是使实际资源能力调度的时间缩短了。

(2) Wait 选项在实际资源开始减少前,一直处于等待状态,直到操作中的实体释放资源单位为止,因此资源能力减少的时间总是等于调度规定的时间,但两次时间减少的间隔可能会增加。

(3) Preempt 选项优先从最近占用资源的实体手中将资源抢占过来。如果优先占用成功,且一个单位的能力足够满足需要,则能力减少立即开始。被抢占资源的实体将在 Arena 内部等待至资源重新可用,届时实体将被重新分配资源并继续剩余的操作。这种方式提供了一种正确的调度和故障建模方式,因为在许多实际情况下,当交接班或资源出现故障时,操作产品往往需要暂停等待处理。如果优先抢占不成功或需要的资源单位多于一个,则剩余的能力将使用忽略(Ignore)准则。

何时使用这些准则呢?

若能力减少的时段相对操作时间而言非常大,选用忽略(Ignore)选项比较合适;若能力减少的时间间隔相对减少的时间段而言较大,建议选用等待(Wait)选项,如图 4-23 所示。

	Name	Type	Capacity	Schedule Name	Schedule Rule	Busy / Hour	Idle / Hour	Per Use	StateSet Name	Failures	Report Statistics
1	Prep A	Fixed Capacity	1		Wait	0.0	0.0	0.0		0 rows	✓
2	Prep B	Fixed Capacity	1		Wait	0.0	0.0	0.0		0 rows	✓
3	Rework	Based on Schedule		Rework Schedule	Rework Schedule	Ignore	0.0	0.0	0.0	0 rows	✓
4	Labeling	Fixed Capacity	1		Wait	0.0	0.0	0.0		0 rows	✓

图 4-23 Resource 数据模型:选择一种资源调度

单击"调度"(Schedule)数据模块,表中会新增一行反映新定义的返工调度(Rework Schedule)的内容。单击持续时间(Durations)栏可以打开"图形调度编辑器"(Graphical Schedule Editor),如图 4-24 所示。横坐标表示日历时间或仿真时钟[请注意,在运行设置(Run Setup)对话框中设置一天工作长度为 16 小时];纵坐标表示资源能力。可以单击 x-y(坐标)位置来输入表示为天、小时和资源能力值的数据。这时会弹出一个代表此小时内期望能力的蓝色实心条;你可以使用重复单击、保持或拖拽来完成前 8 小时数据项的输入,将第 9~16 小时段内的调度数据能力值输入为 2。第二天的数据输入不是必需的,因为第一天的数据会自动在剩余的仿真运行中重复使用。使用 Options 按钮将纵坐标最大值(能力)从 10 减小到 4;其他参数可用选项(Options)对话框来更改,这些参数有单位时间条(slot)的宽度、时间条的数目,以及调度是否从头开始重复或自始至终保持固定能力水平等。

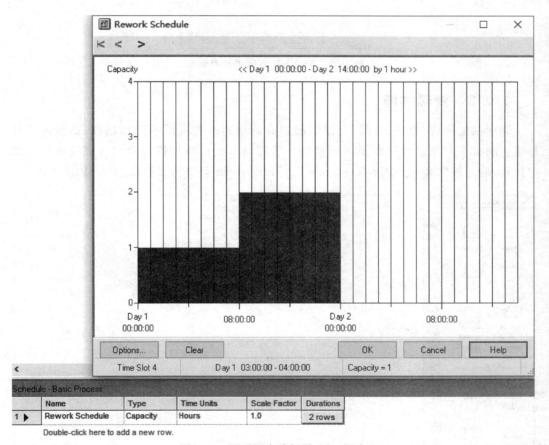

图 4-24　图形调度编辑器:返工调度

使用鼠标右键选中 Schedule 模块电子数据表中的"时段"栏后,选择 Edit via Dialog 选项手动输入这些数据。选择这个选项后,首先输入调度名称,然后单击 Add 按钮打开持续时间(Durations)窗口,定义组成调度(能力,持续时间)的数据对。本例中的两组数据分别是(1,8)和(2,8),即在仿真开始的前 480 分钟能力为 1,而其后的 480 分钟能力为

2,如此交替变化,直至整个仿真结束,如图 4-25 所示。还可以用多个(能力,持续时间)数据对来准确描述系统,如可以在调度中添加操作中断和午饭时间等。如果实体未被赋予持续时间长度,则系统默认持续时间为无限长。

图 4-25 Schedule 数据模块对话框

4.2.3 资源故障

调度根据换班、故障、休假、会议等因素有计划地改变资源的可用属性,而故障主要是建立随机事件导致的资源不可用模型。故障(Failure)数据模块可以在高级操作面板中找到,通过按钮 或 File>Template Panel>Attach 菜单将其加入,如图 4-26 所示。

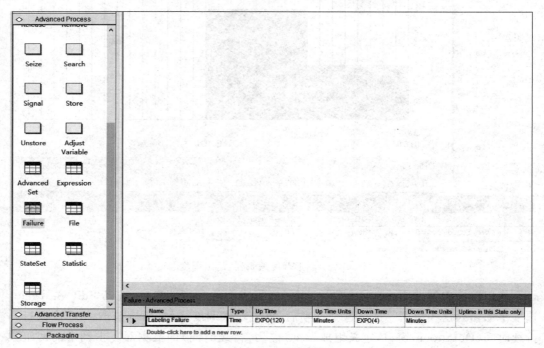

图 4-26 Failure 数据模块

首先为贴标签故障建立故障数据模型。

在项目栏中选中“高级操作面板”，从中选择 Failure 数据模块，双击鼠标来添加一行。选择名称列中的故障名称，用一个有意义的故障名称替换它（如 Labeling Failure）。

在类型单元（Type cell）中选择故障类型为基于记数型故障（Count-based），或基于时间型故障（Time-based）。基于记数型故障是当系统中有一定数量的实体使用过资源后触发故障发生。如工具复位、清洁及机器调整等活动都是基于操作产品的数量，而不是基于过程时间。建立基于时间型故障模型，通常是按照时间类型收集故障数据的。正常运行时间（Up Time）和停机时间（Down Time）分别服从均值为 120 分钟和 4 分钟的指数分布。

借助“指定状态”（State Only）中的正常运行时间定义那些“计入”正常运行时间的资源状态。如果这个域采用默认设置，则所有状态都会被认为是“正常运行时间”，这个功能的使用依赖于建立模型的数据收集方式及日期选择方式。多数故障数据是简单的日志数据，假如仅标识故障时间，则节假日、午餐休息时间和空闲时间都会计入故障时间，此时用缺省值即可，如图 4-27 所示。只有当故障间隔内的时间可以被直接与特定的状态关联时，才需要选择这个选项。许多时间设备供应商会提供基于实际操作时间的故障数据，在这种情况下，就需要选择这个选项，并将它指定为“忙”（Busy）状态。如果选择了这个选项，就必须用高级操作面板中的状态设定（StateSet）数据模块来定义“忙”状态。

Failure - Advanced Process

	Name	Type	Up Time	Up Time Units	Down Time	Down Time Units	Uptime in this State only
1 ▶	Labeling Failure	Time	EXPO(120)	Minutes	EXPO(4)	Minutes	

Double-click here to add a new row.

图 4-27　贴标签区故障电子数据表

返回到基本操作面板，打开 Resource 数据模块后，单击贴标签区资源行的故障栏，打开“故障”电子数据表的另一个窗口。双击鼠标添加一行，从故障名称单元的列表中选择 Labeling Failure，然后从 Ignore、Wait 或 Preempt 三种准则中选择故障准则，如图 4-28 所示。接着返回到对故障规则选项的处理，因为期望的正常运行时间（120 分钟）远大于故障持续时间（4 分钟），因此选择等待（Wait）准则。如果用同一个故障描述关联了多个资源，则它们可以使用同一个故障名称。

Failures

	Failure Name	Failure Rule
1	Labeling Failure	Wait

Double-click here to add a new row.

Resource - Basic Process

	Name	Type	Capacity	Schedule Name	Schedule Rule	Busy / Hour	Idle / Hour	Per Use	StateSet Name	Failures	Report Statistics
1	Prep A	Fixed Capacity	1	1	Wait	0.0	0.0	0.0		0 rows	☑
2	Prep B	Fixed Capacity	1	1	Wait	0.0	0.0	0.0		0 rows	☑
3 ▶	Rework	Based on Schedule	Rework Schedule	Rework Schedule	Ignore	0.0	0.0	0.0		1 rows	☑
4	Labeling	Fixed Capacity	1	1	Wait	0.0	0.0	0.0		0 rows	☑

图 4-28　贴标签区资源数据模块：故障电子数据表

4.2.4 频率统计

频率用来记录 Arena 中变量、表达式或资源状态随时间离散变化的发生频度。可以利用频率(Frequencies)类型统计量来获取返工区域需要的货架数目信息。由于对等待返工队列的状况特别感兴趣——需要购买多少个容量为 10 的货架来满足产品存放要求,因此,关注各种情况下的队长值:队长为 0(即不需要货架)、队长大于 0 小于 10(需要一个货架)、队长大于 10 小于 20(需要两个货架)等。

频率统计是由"高级操作面板"中的"统计"(Statistic)数据模块来完成的,单击这个数据模块可以打开其电子数据表,初始表格是空白的,双击鼠标来添加一行。首先输入名称 Rework Queue Stats;接着从类型列表中选择 Frequency,默认缺省频率类型为数值型(Value)。当选择类型时,报告表单元会自动给出与名称单元相同的名字:Rework Queue Stats,在最后的报告中会得到这个数据报表。

现在,还需要添加一个表示等待返工队列的表达式。为收集这些信息,需要了解表示队长的 Arena 变量名称——NQ。可以从"基本操作面板"的"队列"(Queue)数据模块中获知,队列的名称为 Rework Process.Queue,因此,输入的表达式为 NQ(Rework Process.Queue)。此时你可能会问:"你想让我知道所有这些吗?"对于一个熟悉 SIMAN 仿真语言的用户而言,了解这些很简单;然而对于新用户来说,却未必需要全部了解。庆幸的是,Arena 提供了一种不必了解这些神秘词汇(如 NQ)就能建立三种类型表达式的简单方法。将光标指到空白表达式单元,右击选择"建立表达式"。这样就会打开一个如输入界面图 4-29 的 Arena"表达式构造器"窗口。"表达式类型"的"基本操作变量"底下有"队列"子类。单击"+"号打开扩展选项后选择"当前排队等待数目"(Current Number in Queue)。完成此操作后会产生两个结果:其一是在窗口右边出现队列名称;其二是在窗口底部的当前表达式显示出相应的队长表达式。在本例中,当前表达式是 NQ(Prep A Process.Queue),然而这还不是所想要的队列。从"队列名称"的下拉列表中查找并选择 Rework Process.Queue,单击 OK 后,表达式构造器所建立的表达式就会被自动输入该区域。

还可以右击可输入表达式的区域来打开表达式构造器。例如,使用表达式查询当前仿真时钟(TNOW)时,可以使用表达式构造器中的函数按钮(或使用键盘输入)在窗口底部的当前表达式域内构造更复杂的表达式。

Statistic 数据模块如图 4-30 所示。

返工排队等待统计量的最后一步工作是构建希望显示值的类型,这步操作在窗口最右端的类型(Categories)栏中完成(单击"0 Rows"按钮打开电子数据表格,在该表格中为每个类型添加一行)。第一项为常值 0(需要 0 个货架的情形);后续项分别表示一个货架、两个货架等。这里仅收集最多为四个货架的信息,如果队列长度超过 40,Arena 会在输出报告中创建一个越界类型。在区间范围的描述中,请注意 Value 中的值不包含在此区间内,但上限值(High Value)包含在此区间。例如,Value 为 10,High Value 为 20 的区间信息定义了一个严格大于 10 且小于等于 20 的区间,即(10,20]。

在离开 Statistic 数据模块前,还需要收集有关贴标签区的信息。在运行当前模型后,

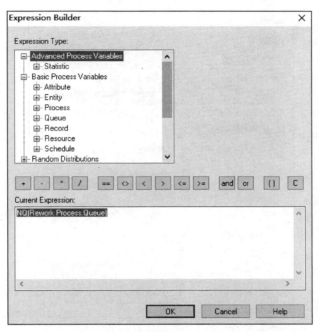

图 4-29　构建表达式对话框

Categories

	Constant or Range	Value	High Value	Category Name	Category Option
1	Constant	0		0 Racks	Include
2	Range	0	10	1 Rack	Include
3	Range	10	20	2 Racks	Include
4	Range	20	30	3 Racks	Include
5	Range	30	40	4 Racks	Include

Double-click here to add a new row.

Statistic - Advanced Process

	Name	Type	Frequency Type	Expression	Resource Name	Collection Period	Report Label	Output File	Categories
1	Rework Queue Stats	Frequency	Value	NQ(Rework Process.Queue)		Entire Replication	Rework Queue Stats		5 rows
2	Labeling States	Frequency	State	Expression 1	Labeling	Entire Replication	Labeling States		0 rows

Double-click here to add a new row.

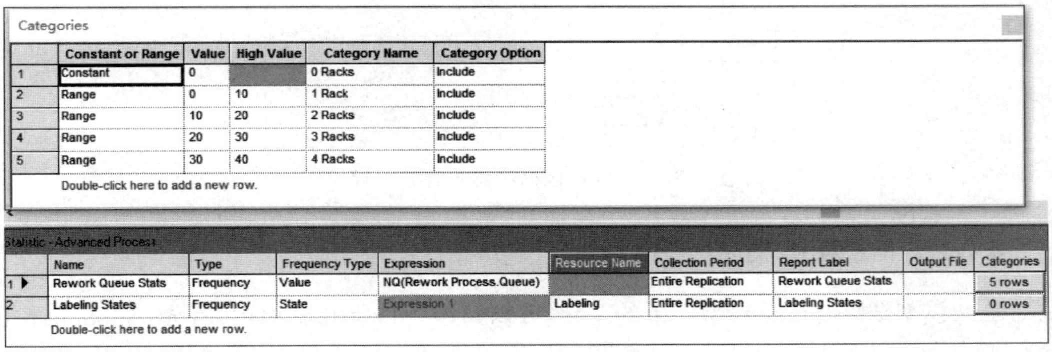

图 4-30　Statistic 数据模块

报告中还会包含贴标签区的利用率信息，但它不会专门报告资源处于故障状态的时间长度。在 Statistic 数据模块中增加一行来收集该信息。此统计量的名称和类型分别为 Labeling States 和 Frequency，选择其频率类型为 State，如图 4-31 所示。最后从资源名称单元列表中选择 Labeling 资源，这样统计量就会统计出贴标签区的繁忙、空闲和故障三种状态。

在运行模型前，推荐选择 Run>Run Control>Batch Run(No Animation)选项，这样会极大地缩短模型运行时间。尽管选择 Run>Fast-Forward（▶▶）模式会比上述模式速度稍微慢一些，但它也可以节省不少运行时间，而且它的另外一个优点就是可以随时暂停运行来查看仿真运行情况。

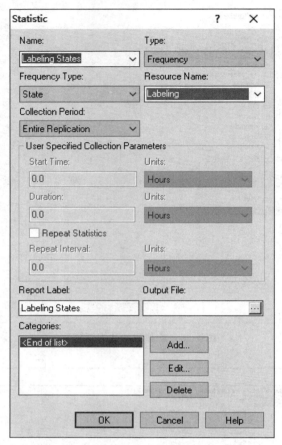

图 4-31 贴标签区的状态统计数据模块

4.2.5 仿真结果

复杂模型结果与简单模型结果的差异,可以归结为以下几个原因:首先,本模型仿真运行了 10 天,每天 16 小时(共 160 小时),而简单模型运行了 32 小时;其次,本模型在贴标签及返工资源的建模过程中,做了与简单模型不同的假设,所有这些导致了内部随机数流的不同。产品 A 和产品 B 预处理部分的模型完全相同,而不同之处仅在于仿真运行时间长度或随机性的差异。产品 B 的预处理排队结果相差显著,究竟是排队随仿真时间推移变得拥挤,还是其他不确定因素,尚不得知。模型 4-1 和模型 4-2 的输出结果如表 4-1 所示。

表 4-1 模型 4-1 和模型 4-2 的输出结果

输出结果	模型 4-1	模型 4-2
平均排队等待时间		
Prep A	14.62	19.20
Prep B	29.90	51.42

续表

输出结果	模型 4-1	模型 4-2
Labeling	2.52	7.83
Rework	456.35	116.25
平均队长		
Prep A	3.17	3.89
Prep B	3.50	6.89
Labeling	0.86	2.63
Rework	12.95	3.63
平均系统逗留时间		
Shipped Parts	28.76	47.36
Salvaged Parts	503.85	203.83
Scrapped Parts	737.19	211.96
资源瞬态利用率		
Prep A	0.903 8	0.886 9
Prep B	0.757 5	0.801 1
Labeling	0.859 5	0.842 5
Rework	0.949 5	0.864 1
资源均态利用率		
Prep A	0.903 8	0.886 9
Prep B	0.757 5	0.801 1
Labeling	0.859 5	0.842 5
Rework	0.949 5	0.856 7

观察三种离开形式的产品在系统内的平均逗留时间不难发现,贴标签和返工操作的改变都有各自的效果。所有产品都必须忍受立即减慢的贴标签操作,这也说明了为何直接装运产品在系统内平均逗留时间产生了增加。返工后合格品及废品则更快地通过返工操作,最终效果就是它们的系统逗留时间有显著下降。

现在讨论利用率的更多优点:对每种资源而言,Arena 都会报告两种利用率统计量,分别称为瞬态利用率(Instantaneous Utilization)和均态利用率(Scheduled Utilization)。

(1) 瞬态利用率指在某个特定时刻点上的利用率(即[该时刻点上处于繁忙状态的资源数]÷[该时刻点上可用的资源数量]);然后计算整个运行时间内的时间加权平均值,从而得到报告显示的值。如果在某时刻没有可用资源,则该时刻这个比率就定义为 0。这是一个跟踪整个周期内各时刻利用率的统计量,但由于它在一定条件下可能产生混淆的结果,因此必须小心使用。如果你喜欢数学,可以用如下表达式来表示:设 $B(t)$ 是 t 时刻处于繁忙状态的资源数量,$M(t)$ 是 t 时刻可用的资源数量[此处"可用"的含义是指不处于"不可用"(Inactive)状态,不论忙或闲]。令 $U(t)=\dfrac{B(t)}{M(t)}$,其中 $M(t)>0$。若 $M(t)=0$,则定

义该时刻的 $U(t)=0$。如果仿真运行是从时刻 0 至时刻 T，则所得到的瞬态利用率为

$$\int_0^T U(t)\,\mathrm{d}t / T$$

上式即为 $U(t)$ 函数的时间平均值。

（2）均态利用率是指在整个运行过程中平均处于繁忙状态的资源单位数相对于平均可用资源单位个数的比率。均态利用率的计算公式为

$$\frac{\int_0^T B(t)\,\mathrm{d}t / T}{\int_0^T M(t)\,\mathrm{d}t / T} = \frac{\int_0^T B(t)\,\mathrm{d}t}{\int_0^T M(t)\,\mathrm{d}t}$$

若资源根本不可用，上式分子被分母零除也没关系。

报告中的均态利用率则反映了资源在整个可用时间内的繁忙程度。例如，按照资源调度，资源在整个运行时间的 2/3 内可用（资源能力为 1），另外 1/3 时间不可用（资源能力为 0），同时，假设在资源可用的时间内，它有一半时间处于繁忙状态。在这个例子中，报告中的瞬态利用率为 0.333 3，而均态利用率为 0.500 0。这就反映了在整个运行过程中资源在 1/3 时间内处于被利用状态，而在它可用时段内，有 1/2 时间处于繁忙状态。因此，瞬态利用率小于或等于均态利用率。

如果选择 Wait 准则以外的调度准则，则有可能得到一个大于 1 的均态利用率。例如，当选择 Ignore 准则时，如果按照调度，资源处于不可用状态；而实际上资源处于被占用状态，即资源能力变为 0，但资源仍然被占用，直到它被释放为止。比如运行 10 小时仿真，按照调度资源仅在前 5 个小时可用，假如资源在 0 时刻被分配到一个持续时间为 6 小时的活动。在时刻为 5 小时时，资源能力降为 0，但资源仍然被占用，直到第 6 小时才被释放。因此，报告中的瞬态利用率为 0.6（在运行的 10 小时中有 6 小时处于繁忙状态），均态利用率为 1.2（尽管按照调度只有 5 小时资源可用，但它却被占用了 6 小时）。

当资源被调度可变时，调度能力不仅仅只取 0 和另外一个正常数，而是在整个运行时间内可以有多个取值（如 1、7、4 等）。在这种情况下，即便报告中给出了瞬态利用率，也建议最好不要使用它。因为受能力、持续时间和使用情况的限制，瞬态利用率有可能小于、等于或大于均态利用率。在这种情况下，建议使用频率统计量，该统计量会给出关于资源使用情况的详细精确信息。Arena 频率报告如图 4-32 所示。

图 4-32　Arena 频率报告

收集的统计量决定了返工操作需要的货架数量。在单次运行中,返工队列长度均不超过 20(即需要三个或四个货架的数据列为空),队长超过 10 个的情况仅占整个运行时间的 5.35%。也就是说购买一个货架就足够了,至多需要买两个。贴标签状态统计量给出了贴标签区分别处于繁忙、故障和空闲状态的百分比。

结果中的后两列,"标准"和"受限"列的百分比相同。"受限"的含义是只统计某些指定状态的频率,如果不考虑贴标签区的故障状态,则标准百分比会保持不变;而受限百分比的值仅包含繁忙和空闲,且它们之和也等于 100%。

4.3 动画效果

决策者看到的模型更加接近实际的生产系统,让模型更加真实其实很简单,也不需要花费太多的时间。所陈述的对象在组织中层次越高,那么在动画上所花费的时间就越多。现有的动画包括三个部分:实体、队列和变量。当一个实体从一个模块传送到另外一个模块时,或者在队列等待的过程中,都可以通过实体数据模块来选择它。对于设置的每一个操作模块,Arena 会自动生成一个动画队列,以显示运行过程中处于等待状态的实体。对于设置的每一个操作模块,Arena 会自动设置变量,以显示处于模块内部或者已经退出模块的实体的数量。动画是伴随着模型中的模块生成的,由于动画与模块的连带关系,这里对动画的结构作两点说明:第一,动画的名称或者标识符,取自模块对话框的值,不能在动画对话框中直接改变它;第二,如果移动模块,动画对象会伴随着一起被移动,如果想在移动模块时让动画对象保持原来的位置,只要按住 Shift 键即可。

画面缩小功能。依次单击菜单 View>Zoon Out(或 按钮,或快捷键"—"),可以缩小模型的尺寸。现在单击一个队列,依次单击菜单 Edit>Cut(或 ,或快捷键 Ctrl+X),将其从所在模型中剪切出来,然后依次单击菜单 Edit>Paste(或 ,或快捷键 Ctrl+V),将其粘贴到想建立动画的区域(单击放置到相应位置)。对其他的队列重复上述操作,并且让它们在建立动画的区域里大体按照原来模型中的样式放置。

4.3.1 调整队列动画

在任何队列中,可见的实体数量从来不超过 14 个,Arena 软件限制了其显示的活动实体的数量。当队列规模相当大时,由于实体显示数目的限制,你很可能会认为仿真系统没有正确运行,但是,最终的输出产品统计结果还是正确的。

首先,增大队列动画的规模。第一步,单击需要修改的加工队列 Rework Process. Queue。把光标放在最右端,这时它变成十字形,可以将其朝左右方向拖至你所需要的长度,如图 4-33 所示。

其次,改变队列中代表实体的实际位置的点的结构形状,双击选定的队列,会出现队列对话框,如图 4-34 所示。

需要选择队列中点的类型,单击其中的 Points 按钮。接着单击 Add 按钮增加相应的点。也可以改变实体在每

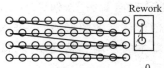

图 4-33 队列动画的修改

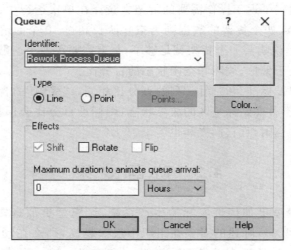

图 4-34 队列输入界面

个点的旋转角度,但是目前还是用缺省值。Arena 现在可以在运行动画时将实体放在各个点上并向前移动,就跟真正的队列一样。首先将队列的形式改成点状,然后加入 38 个点。最后,将所有的点排列成 4 排,就像 4 个传送带。

4.3.2 改变实体图形

在目前的动画中,先粗略地选择蓝球和红球作为两种实体。想让这两个实体看上去很像真的球,里面还显示"A"和"B"两种标签。依次单击菜单 Edit＞Entity Picture,会出现"实体图形设置"窗口,可以利用它来创建新的图形。

窗口的左半部分包括目前模型中的可用的实体图形,显示形式为由一系列图片和相应名称的按钮组成的列表。窗口的右半部分用来访问图形库(picture libraries),图形库为存储了大量图形的文件。Arena 软件提供多种图形库(文件名后缀为 .plb);在设置动画时,可能会用到这些图形库中的内容。

有多种方法可以给动画增加新的图形。可以使用 Add 按钮(窗口左边),直接在现有的图形列表中添加新的图形,也可以使用 Copy 按钮(窗口左边)在现有的图形列表中复制一张图形。如果使用"添加"功能,添加的新条目既没有图片也没有名称,可以自己绘制一张图片,然后在上面的赋值框里确定其名称。如果使用"复制"功能,那么新条目的图片和名称与其母体完全一样。

要想从图形库中选择一个图形添加到现有的实体图形列表中,先单击左边图形列表中你想替换的图形使其变亮,再单击右边图形库中的新的图形使其变亮,接下来单击"左向箭头"按钮(<<),新的图形便从图形库中被复制到当前图形列表中。你也可以创建自己的图形库:单击 New 按钮,绘制自己的图形并保存,以备将来使用;或者使用基本的复制和粘贴功能,从已有的图形中筛选一部分来创建自己的图形库,如图 4-35 所示。

选择的实体图形尽量简单,但是可以按照自己的意愿决定实体图形的精美程度。确

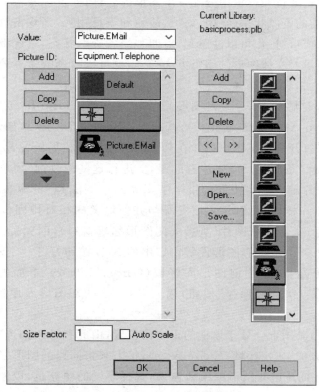

图 4-35 实体图形设置窗口

定了蓝球和红球的尺寸之后,让它们作为这个例子的起点。单击已有图形列表中的 Picture.Blue Ball 图标,然后单击 Copy 按钮,图形列表中便有了两个 Picture.Blue Ball 图标,选择其中的一个,在 Value 栏中将其命名为 Picture.Part A。注意在键入新的名称时,图表中的名称会同步改变。要想改变图片,双击该图形图标,会激活图片编辑窗口,可以在其中修改图片。在修改图片之前,注意在图片编辑窗口的中心位置会有一个小的灰色圆圈,它是实体参考点(entity reference point),决定了选用该图形的实体与动画中其他对象的位置关系。在实体运动的过程中,这个参考点基本上会与运动路径吻合,当实体占用某项资源时,它也会停留在占用点的位置。通过改变尺寸因子定义框里的值,可以改变实体图形的大小。最后一步是将这些新的实体图形分配到各自的实体对象上,以便于在动画中显示。打开 Entity 数据模块,在"初始图形"单元中分别输入新名称即可。你可能会注意到输入的新名称在下拉的图形列表中并没有显示,所以需要键入。键入了新名称,并输入数据之后,它们将会显示在图形列表中。

4.3.3 添加资源图形

到目前为止,已经完成了队列动画和实体动画,下一步添加动画中的资源图形。在动画工具栏中找到 Resource 按钮( )并单击,会打开"资源图形设置"窗口,外观看上去跟"实体图形设置"窗口非常相似。这两个窗口除了进入方式的区别外,二者之间差别很小。实体获得图形是通过在模型中分配一个图形的名称；而资源获得图形则依赖于它们的状态，有四种自动的资源状态（空闲、繁忙、故障和不可用）。当双击资源图形符号打开一个资源图形设置窗口时，你可以注意到，对四种缺省资源状态，系统都给定了缺省的资源图形。同前一节里对实体图形的编辑方法一样，也可以打开缺省资源图形的图形编辑窗口对其进行修改。

第一步需要确定制作哪一个资源图形。可在"标识符"（Identifier）栏的下拉列表中选择一种资源（如 Prep A）。现在，替换掉这些图形，采用的方法与实体图形一样。双击"空闲"状态图形，可以打开图片编辑窗口。在其中的绘图工具栏里设置背景填充色，将线条粗细设为 3，并改变线条颜色。需要注意的是，要进行这些修改，必须单击相应的设置框使其变亮才行。图片编辑窗口中间的带十字交叉的小圆圈是"资源参考点"，跟实体图形的图形编辑窗口一样，它可以标识该资源与其他对象的相对排列位置。将参考点拖到窗口的中心位置，确认这张图片（直接关闭图形编辑窗口），回到资源图形设置窗口。现在来扩充图形库。单击资源图形设置窗口中的 New 按钮打开一个新的空图形库，选择刚才创建的新图标，单击当前图形库区域（Current Library）下面的 Add 按钮，按下"右向箭头"按钮，最后单击"保存"按钮，输入名称，你的新图形库便被保存下来（名称如 Book.plb）。

当动画运行时，其图形会处于该框的正中间位置，由此我可以知道它处于繁忙状态。然后，选择窗体下方的"占用区域"（Seize Area），接下来将同样的图形复制到"不可用"状态和"故障"状态。打开这些图形的编辑窗口，选择不同的填充色，以便动画运行时区分资源处于哪种状态（例如用红色表示故障状态，用灰色表示不可用状态）。然后将这两个图形复制并保存在图形库中。

完成资源图形设置，返回到主模型窗口，屏幕上的指示光标会变成十字交叉线。将光标放到想要放置资源的位置，便可以在动画中放置新的资源。放置的新资源的图标可能比想要的大，拖动其一角作适当的调节便可。资源图形同样包含一个对象——一个双重圆圈，有一虚线与图形左下方的占用区域相连。该占用区域是当一个实体占用该资源时在资源中所处的位置；如果需要，可以将其拖到资源图形的中心位置。现在运行动画，检查实体图形和资源图形是不是处在你想要的相对位置。如果不是，暂停动画运行，调整实体在资源的占用区域：先显示占用区域层（单击菜单 View>Layer），再将占用区域拖到想要的位置。调整好位置之后，关闭占用区域层，继续运行动画。

如果对资源 Prep A 的图形设置满意，接下来可以对其他的资源图形进行设置。可以对余下的每项资源按照上述步骤逐项设置，或者直接将资源 Prep A 的图形复制并粘贴到资源 Prep B 和贴标签区（Labeling）。只是如果采用后者，粘贴之后需要双击来打开资源图形设置窗口，从标识赋值区域的下拉列表里选择相应的名称。

返工资源的图形也必须进行修改，因为在进行第二个轮班时其容量为 2。同样采用上面的复制粘贴方法，只是在打开资源图形设置窗口时，需要编辑空闲状态图形，并在第一个图形旁边或下面加入另外一个方块（依次单击菜单 Edit>Duplicate>copy，Edit>Paste）。这样返工资源在第二个轮班时，才有能让 2 个实体同时占用的空间。将新的图形复制到图形库中,以备创建其他返工资源图形时使用。最后重新命名返工资源,关闭窗口。

在初始资源动画里,占用区域只有一个,所以双击占用区域(Seize Area),单击 Point 按钮,增加了第二个占用区域。跟点状队列一样,占用区域可以有任何数量的点,尽管点的数量依赖于资源的容量。而且,占用区域也可以像队列一样进行排列。关闭该窗口,在两个资源框中分别设置两个占用区域的位置。

现在的动画可能更接近于你印象中的生产系统的样子。你可以重新设置资源、队列、站等的位置,直到符合你的要求。需要单击菜单 Run>Run Control>Batch Run(No Animation)以取消该选项,从而可欣赏你精美的作品。当然,你还可以在对象上添加文本标签,加入线条或框来指示队列或者围墙,甚至还可加一些盆栽植物达到美化效果。

4.3.4 添加变量和散点图

需要完成的最后一个操作是给动画添加一些附加的动画变量和散点图。这些变量用来表示每项工序中的产品数量,以及完工的数量。这些变量可以从流程图模块中直接复制粘贴过来。首先复制粘贴伴随 Process 模块的 4 个变量;将它们放到刚才制作的资源图形下面即可。接下来重新定义它们的尺寸:单击一个变量使其变亮,拖动调节手柄调节变量尺寸到满意大小。还可以双击变量打开变量窗口,重新定义变量的格式、改变字体、变换颜色等。

接下来需要对其他 3 个变量进行同样的操作。最后,使用动画工具栏里的文本工具来标识这些变量的名称。

现在让我们在返工队列中添加一个散点图来表示实体数量。单击动画工具栏里的"绘图"按钮( ),打开绘图窗口。使用 Add 按钮输入返工处理队长表达式 NQ(Rework Process. Queue)。回想一下在前面所介绍的创建频率信息时采用过同样的方法。同样,对其他的实体数量作相应定义。

完成上述设置之后,接下来可能需要增大模型窗口中散点图的尺寸,并将它移动到动画窗口中的其他地方。最终动画图如图 4-36 所示,仿真运作过程图如图 4-37 所示。

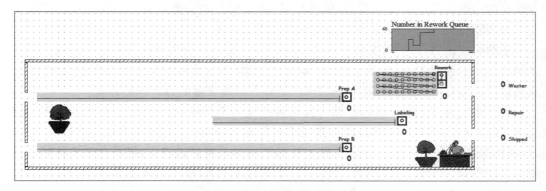

图 4-36 最终动画图

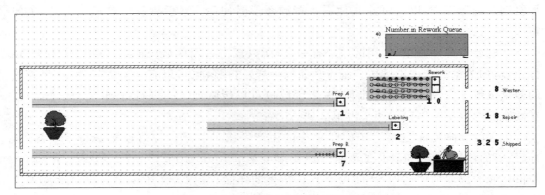

图 4-37　仿真运作过程图

4.4　传输过程系统

前面的模型假设所有的产品在各道工序之间的传输是瞬间完成的,现实并非如此。假设所有的产品在各道工序之间的传输时间都是 2 分钟,不考虑传输的方向(来还是去)。而且,对于其他传输,如到达的产品传输到准备区,从贴标签区或者返工处出来的产品被传输到别处去拆毁、回收或者运走,传输时间也是 2 分钟。

4.4.1　站和传送

下面介绍两个新的 Arena 概念:站(Stations)和站间传送(Station Transfers)。

站可以理解为进行某道工序的特定场所,包括产品到达位置、制造单元及最终产品离开位置。每一个站都定义一个唯一的名称。站与站之间的连接,通过站间传送实现。

站间传送能够将一个实体从一个站直接送到另一站。Arena 提供了多种不同的站间传送方式,对运动的限制来自物料输送装置,以及由实体类型决定的灵活的传输路线。站间传送称作路径(Route),路径允许实体从一个站运动到另一个站。在路径中假设站间传送需要时间,但是没有别的延迟(如由于路径封闭或者物料输送装置的故障等)。所有路径的传输时间都定义为常数、随机变量,或者更复杂的表达式。站代表生产系统中的一个实际位置,站还可以包括模型中很多其他的对象。

模型的逻辑:运行时将实体从一个模块移动到另一个模块。仿真的运行是通过实体来驱动的——创建实体,按照一定的逻辑移动实体,当发生时间延迟时触发相应的事件,直到最后消除实体。站间传送(路径)仅仅是导致时间延迟的另外一种方式。

当一个实体按照指定的路径和传输机制离开一个模块时,Arena 会在事件表上记录这个实体,包括事件发生时间,以及路径上的传输持续时间(类似于一个延迟模块)。随后,实体又会移出事件表,Arena 又让实体回到模型的逻辑流程中:寻找定义实体到达站的模块。假设一个路径模块用于将一个实体送至贴标签区。当实体离开事件表时,Arena 找到定义贴标签区的模块,实体便被直接送入该模块。这与直接模块连接有点微小的差别:当实体从一个模块传输到另一个模块时,实体并没有进入事件表,两个模块之间只是从绘图上用线连接,也就是实体在模块之间的传输是瞬间完成的,没有路径引起的延迟。这种连接使模型看上去像一个流程图,实体在模块之间的传输路径很清晰。而站间传送则是一种更强更灵活的手段来描述实体怎样在模型中传输。

站和站间传送也为模型动画的一个重要部分提供驱动力——当模型运行时,显示实体在站间的运动情况。对站定义标识符号后,站本身就可以看作模型的一种流程图模块。在模型的绘图中,设置站的位置也就代表着站间传送开始或者结束的地方。实体在站之间的传输是通过路径对象来定义的,路径清晰地描述了站间的连接关系,确定了实体进行站间传送的运动路线。

定义一个到达站(一条路径的终点站)以及始发站(一条路径的起点站),使用动画传送工具栏(Animation Transfer toolbar)里的站对象(Station object)在动画里添加一个站。使用动画传送工具栏里的路径对象可以添加路径:画一条折线代表实体沿着它们的路径运动时遵循的图上轨迹。当仿真运行时,可以看见实体图形流畅地沿着它们的路径移动。

怎样将这些路径与后台逻辑部分对应起来?当一个实体在路径上传输时(也就是处于路径延迟时间),实体进入事件表。Arena 的动画"引擎"与后台逻辑"引擎"协调一致;当一个实体在逻辑中遇到一条路径并进入事件表时,动画里会显示实体的图形在站间的路径里移动。两个引擎互相协调一致,当实体结束动画里的路径移动时,实体同时退出事件表,这样协调一致的结果是逻辑里的任何时刻动画里都有相对应的显示。

4.4.2 路径逻辑

加入了站这个对象,站间传送影响的不仅仅是模型,动画也需要作相应的改动。先从产品的到达开始。删除两个 Assign 模块与两个 Process 模块 Part A Prep 和 Part B Prep 之间的所有连接。将两个 Create/Assign 模块一起往左移动,为添加路径相关的模块留出空间,如图 4-38 所示。

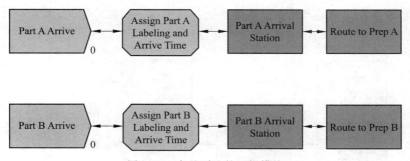

图 4-38 产品到达的逻辑模块

Create/Assign 模块中的 Part A 和 Part B 到达部分保持原来不变。为了添加站和站间传送,首先需要定义实体目前所处的站,然后确定实体至到达站之间的路径。先从 Part A 开始,设置一个"站"(Station)模块(从"高等运送"面板中添加)来定义 Part A 的位置;输入站的名称为 Part A Arrival Station;站的类型设为缺省值(Station);定义第一个站为 Part A Station。通过这个模块定义了新站,指定了产品到达的位置。注意站模块窗口中的"名称"（Name）定义框中的名称只是在模型窗口里显示，并不是对站本身的名称进行定义。只有"站名"（Station Name）定义框里的名称才是定义站在模型中使用的名称——Part A Station，如图 4-39 所示。

下一步添加"路径"（Route）模块（从"高等运送"面板中添加），该模块将到达的产品传输到 Prep A 区域，传输时间为 2 分钟。输入模块名称为 Route to Prep A；输入路径时间为 2，计时单位为分钟；站的类型设置为缺省值（Station）；输入目标站名为 Prep A Station，如图 4-40 所示。

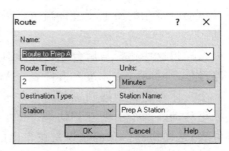

图 4-39　站模块　　　　　　　　图 4-40　路径模块

对 Part B 做类似的设置。

预处理区域中有两个 Process 模块：Prep A Station 和 Prep B Station。除了模块名称和站名称，其数据项与前面所讲的站模块基本上一样。从产品到达区域沿着路径传送过来的产品进入这两个站中的一个。接下来的两个 Process 模块保持原来状态不变。在后面添加一个 Route 模块，两个预处理区域都连接到该模块。虽然两个预处理区域处于不同的位置，从里面出来的产品都会被传送到同一个站——贴标签区，如图 4-41 和图 4-42 所示。

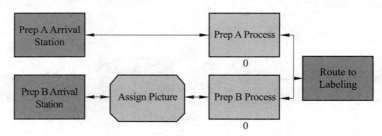

图 4-41　从预处理到贴标签

采用与前面相同的名称来命名这里的站，包括贴标签站（Labeling Station）、返工站（Rework Station）、废品站（Scrapped Station）、返工合格品站（Salvaged Station），以及直接装运品站（Shipped Station），如图 4-43 和图 4-44 所示。

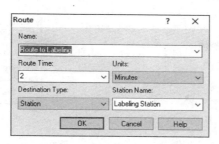

图 4-42 前往贴标签区域的路径

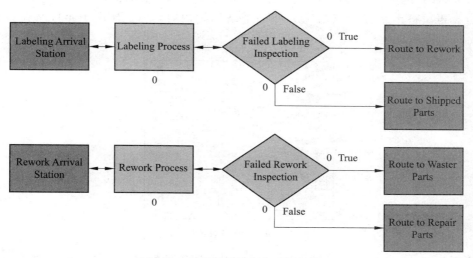

图 4-43 贴标签区和返工区逻辑模块

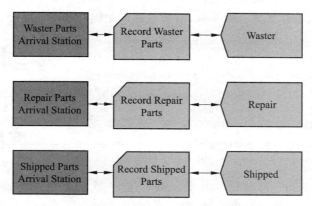

图 4-44 废品、返工合格品和直接装运品逻辑模块

4.4.3 修改动画

从"动画传送"工具栏里找到 Station 按钮（ ），单击之后设置，如图 4-45 和图 4-46 所示。

图 4-45　Animate Transfer 工具栏中的 Station 按钮

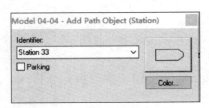

图 4-46　Station 输入对话框

单击"动画传送"工具栏里的 Route 按钮（ ），将十字光标置于站标记内（Part B Station）的路径起点并单击，路径便从这点开始，如图 4-47 所示。移动光标完成路径剩下的部分。再次将十字光标点击在另外一个站标记内时（Prep B Station），路径会自动终止。

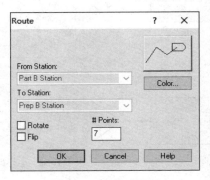

图 4-47　路径对话框

在预处理区的右边添加一个具有相同标识的逻辑站即可。当 Arena 需要给一个实体确定路径时，实体会寻找路径的轨迹，而不只是寻找站。所以在创建剩下的路径时，对于每一个预处理区、贴标签区及返工区，需要放置两个同样名称的站标，如图 4-48 所示。

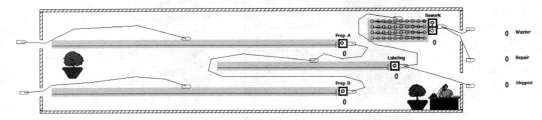

图 4-48　最终动画

Part B 的实体从到达移动到 Part B 预处理区，一次创建了 4 个实体，但是只看见一个实体在路径上移动。当它们出发时，它们确实是 4 个实体，只是在传输的过程中重叠在一起。打开到达 Prep B 的路径模块，将路径时间由常数 2 改为 EXPO(2)分布，让实体的传输时间不同，但并非前期假设。将到达 Part B 的实体的图形设置为一个"批量"图形，就可以得到期望的效果。这样还是有 4 个实体通过 Prep B Station，但是只有最上面的一个会显示。当一个实体进入准备区域的队列时，只需将其图形还原成单个实体就行。为了达到这个目的，需要制作一个"批量"图形。单击菜单 Edit＞Entity Pictures，打开"实体图形设置"窗口。然后复制图形 Picture.Part B 将其另存为 Picture.Batch B。双击图形列表中该图形的图标,重新编辑图片。在编辑图片时,使用复制粘贴功能;移动实体参考点到图形的中心位置,如图 4-49 所示。

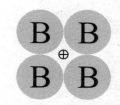

图 4-49　B 实体批量图形

现在有了批量图形,需要告诉 Arena 什么时候应该使用它。打开 Assign 模块 Assign Part Labeling and Arrive Time,添加另外一条赋值语句。这条赋值语句定义 Entity Picture 为 Picture.Batch B。这样当实体从 Part B arrival 传输到 Prep B Station 时,Arena 会让实体显示批量图形。下面需要在站 Prep B Station,Prep B Arrival Station 和处理模块 Prep B Process 之间插入一个新的 Assign 模块(Assign Picture)。赋值语句定义 Entity Picture 为 Picture.Part B。这样,当实体进入队列或者在 Prep B Process 中加工时,它们会显示成单个零件。

如果现在运行仿真(动画打开),会发现一批实体被传输到 Prep B 区域,当批量进入队列时,又会变成单个实体。定义不同的图形可以让你看到不同类型的产品在系统里移动。虽然还是 4 张图形重叠在一起,但是新的批量 B 图形展示了实体以 4 个为批量进入系统。

第 2 篇 实验部分

第 5 章

卸货平台手工仿真实验

5.1 实验目的

(1) 掌握物流运营系统仿真建模的基本思路。
(2) 明确物流运营系统优化的关键问题。

5.2 计划学时

120 分钟。其中,任务介绍与分析 20 分钟,学生模拟实验 30 分钟,课堂练习 50 分钟,作业提交与讨论 20 分钟。

5.3 问题描述

系统在第 0 分钟时开始运行,开始时系统中没有货车,而且卸货平台是空闲的。如果每天早上系统都重新开始,这种"空且闲"(empty-and-idle)假设是符合实际的;但对有初始状态且不断运行的系统来说,可能就不是那么合适了。

仿真中所用的各种时间量列在表 5-1 中。第一列是货车编号(顺序号);第二列是货车到达时间;第三列给出了前后两个货车到达间隔的时间,称为到达间隔(inter arrival time);服务时间(仅指在卸货平台上的服务时间,不包括花在队列中的等待时间)位于最后一列。所有时间均为分钟。读者可能很想知道这些数值从何而来,不过现在先别管这些,就当作是从物流卸货平台观察到的。

表 5-1 货车的到达、间隔和服务时间　　　　　　　　　　　　单位:分钟

货车编号	到达时间	到达间隔	服务时间
1	0.00	1.73	2.90
2	1.73	1.35	1.76
3	3.08	0.71	3.39

续表

货车编号	到达时间	到达间隔	服务时间
4	3.79	0.62	4.52
5	4.41	14.28	4.46
6	18.69	0.70	4.36
7	19.39	15.52	2.07
8	34.91	3.15	3.36
9	38.06	1.76	2.37
10	39.82	1.00	5.38
11	40.82	—	—
⋮	⋮	⋮	⋮

5.4 解决步骤

下面简要描述仿真的执行过程。

(1) $t=0.00$,初始化:模型初始化,所有的变量和统计累加器的初值设为 0,队列设为空,卸货平台设为闲态,将第一个实体(货车)的到达事件(其发生时间为 0)和仿真终止事件(其发生时间为 20.00)放入未来事件表。然后检查下一个将要发生的事件,并从未来事件表中取出第一个记录——实体 1 在 0.00 时刻到达。

(2) $t=0.00$,实体 1 到达:安排下一个(第二个)实体的到达事件,即生成第二个货车(实体 2),令其到达时间为当前时间(0)加上实体 1 与 2 的到达间隔时间(1.73,见表 5-1),并将该事件插入未来事件表。同时,实体 1 的到达使卸货平台由闲变忙,将实体 1 的到达时间存入其属性。此时队列仍为空,因为卸货平台可以立即开始服务该货车(故"属性"栏中括号内表示队列中实体到达时间的位置为空)。由于实体 1 经过了队列(即完成了排队过程,其排队时间为 0),故 N 值加 1,在累加器 $\sum WQ$ 中增加实体 1 的排队时间(0),并检查是否出现新的最大排队时间(此时没有)。由于没有货车完成服务,因此 P 仍保持为 0,货车的系统逗留时间之和 $\sum TS$ 以及最大系统逗留时间 TS^* 也没有发生变化。随时间离散变化的统计量 $\int Q$、Q^* 和 $\int B$ 也保持不变,因为还没有出现时间跨度。根据表 5-1 中的数据,货车 1 的服务时间为 2.90 分钟,将货车 1 的离开事件插入未来事件表(发生时间为第 2.90 分钟)。将未来事件表的顶端记录取出,即下一个事件是实体 2 在 $t=1.73$ 时刻到达系统。

(3) $t=1.73$,实体 2 到达:安排下一个(第三个)实体的到达事件,即生成第三个货车

(实体3),令其到达时间为当前时间(1.73)加上实体2与3的到达间隔时间(1.35,见表5-1),并将该事件插入未来事件表(该事件的发生时间为1.73+1.35=3.08)。同时,实体2到达时发现卸货平台处于忙态(正在服务实体1),于是进入队列。此时,机器状态变量$B(t)$仍然为1,但队长$Q(t)$由0增至1。将实体2的到达时间存入其属性,由于实体2目前排在队列中,故将其到达时间值表示在括号内。由于实体1的服务过程仍在继续,因此实体2的到达事件没能产生新的完工离开事件,而且实体2的排队时间也无法确定,故P、N、$\sum WQ$、WQ^*、$\sum TS$ 和 TS^* 均未发生变化。$\int Q$ 的增加量为 $0\times(1.73-0.00)=0$,$\int B$ 的增加量为 $1\times(1.73-0.00)=1.73$。由于$Q(t)$的新值为1,比先前的 $Q^*=0$ 大,故令新的最大队长 $Q^*=1$。实体2的离开事件将在实体1离开系统时安排。下一个事件即为实体1在 $t=2.90$ 时刻离开系统。

(4) $t=2.90$,实体1离开:由于这是一个离开事件,故无须安排新的到达事件(实体3的到达事件已经安排过了,将在 $t=3.08$ 时到达系统)。现在货车1在卸货平台上已完成服务并离开。因为队列不空,所以卸货平台继续处于忙态,也即 $B(t)$ 仍然为1,但队长 $Q(t)$ 由1减至0,变空(因为货车2离开队列开始服务)。货车2的排队等待时间可以算出,为 $2.90-1.73=1.17$,将其累加到 $\sum WQ$ 中,并令 N 加1。由于1.17是新的最大排队等待时间,故令 $WQ^*=1.17$。货车1已完成服务,令 P 加1,算出货车1的系统逗留时间 $2.90-0.00=2.90$,将其累加到 $\sum TS$ 中,此外,由于2.90是新的最大系统逗留时间,故令 $TS^*=2.90$。$\int Q$ 与 $\int B$ 的增加量均为 $1\times(2.90-1.73)=1.17$。由于没有出现新的最大队长,故 Q^* 没有发生变化,仍为1。从表5-1可以发现,货车2的服务时间为1.76,因此可以得出货车2的离开时间为 $2.90+1.76=4.66$,将货车2的离开事件插入未来事件表。按事件发生的先后顺序,下一个事件为实体3在 $t=3.08$ 时刻到达系统。

(5) $t=3.08$,实体3到达:安排下一个(第四个)实体的到达事件,即生成第四个货车(实体4),令其到达时间为 $3.08+0.71=3.79$(0.71为实体3与4的到达间隔时间,见表5-1),并将该事件插入未来事件表。同时,实体3到达时发现卸货平台处于忙态(正在服务货车2),于是进入队列。此时,卸货平台仍然处于忙态,故 $B(t)$ 仍然为1,但队长 $Q(t)$ 由0增至1。将实体3的到达时间(3.08)存入其属性。由于实体2的服务过程仍在继续,因此实体3的到达事件没能产生新的完工离开事件,而且实体3的排队时间也无法确定,故 P、N、$\sum WQ$、WQ^*、$\sum TS$ 和 TS^* 均未发生变化。$\int Q$ 的增加量为 $0\times(3.08-2.90)=0$,$\int B$ 的增加量为 $1\times(3.08-2.90)=0.18$。$Q(t)$ 的新值为1,没有超过先前的 $Q^*=1$,故最大队长 $Q^*=1$ 保持不变。实体3的离开事件将在实体2离开系统时安排。下一个事件将是实体4在 $t=3.79$ 时刻到达系统。

(6) $t=3.79$,实体4到达:安排下一个(第五个)实体的到达事件,令其到达时间为

3.79+0.62=4.41，并将该事件插入未来事件表。由于此时卸货平台处于忙态，于是实体4进入队列；$B(t)$仍然保持为1，但队长$Q(t)$由1增至2。将实体4的到达时间(3.79)存入其属性，并将实体4排在队列末端(排队规则为FIFO，即"先进先出")。由于实体2的服务过程仍在继续，因此实体4的到达事件没能产生新的完工离开事件，而且实体4的排队时间也无法确定，故P、N、$\sum WQ$、WQ^*、$\sum TS$和TS^*均保持不变。$\int Q$的增加量为$1\times(3.79-3.08)=0.71$，$\int B$的增加量为$1\times(3.79-3.08)=0.71$。$Q(t)$的新值为2，超过了先前的$Q^*=1$，故更新最大队长变量$Q^*=2$。与前面类似，此时还不能安排实体4的离开事件(该事件将在实体3离开系统时安排)。下一个事件将是实体5在$t=4.41$时刻到达系统。

(7) $t=4.41$，实体5到达：安排下一个(第六个)实体的到达事件，其到达时间为4.41+14.28=18.69，并将该事件插入未来事件表。实体5到达后排在队列尾部，$B(t)$仍然保持为1，队长$Q(t)$由2增至3。将实体5的到达时间(4.41)存入其属性。由于实体2的服务过程仍未结束，因此实体5的到达事件不能产生新的完工离开事件，而且实体5的排队时间也无法确定，故P、N、$\sum WQ$、WQ^*、$\sum TS$和TS^*仍保持不变。$\int Q$的增加量为$2\times(4.41-3.79)=1.24$，$\int B$的增加量为$1\times(4.41-3.79)=0.62$。由于$Q(t)$增至3，故更新最大队长变量$Q^*=3$。与前面类似，此时还不能安排实体5的离开事件。下一个事件将是实体2在$t=4.66$时刻离开系统。

(8) $t=4.66$，实体2离开：现在货车2已完成服务并离开。因为队列不空，所以卸货平台继续处于忙态，也即$B(t)$仍然为1，但队长$Q(t)$由3减至2。队列中的第一个货车(实体3，在$t=3.08$时进入系统)离开队列开始服务，其排队等待时间为4.66-3.08=1.58。将实体3的排队等待时间累加到$\sum WQ$中，并令N加1。由于1.58是新得到的最大排队等待时间，故令$WQ^*=1.58$。由于有新货车完成服务，令P加1(增至2)，算出货车2的系统逗留时间4.66-1.73=2.93，将其累加到$\sum TS$中；由于这是新的最大系统逗留时间，故将TS^*更新为2.93。$\int Q$的增加量为$3\times(4.66-4.41)=0.75$，$\int B$的增加量为$1\times(4.66-4.41)=0.25$。由于没有出现新的最大队长，故Q^*保持不变。由于实体3已经开始服务，故可安排其离开事件，其离开时间为4.66+3.39=8.05，将实体3的离开事件插入未来事件表。根据未来事件表，下一个事件即为实体3在$t=8.05$时刻离开系统。

(9) $t=8.05$，实体3离开：货车3完成服务并离开系统，队列中的第一个货车(实体4)离开队列开始服务，将其排队等待时间8.05-3.79=4.26(新的最大排队等待时间)累加入$\sum WQ$，令N加1；$B(t)$仍保持为1，队长$Q(t)$由2减至1。计算货车3的系统逗留时间为8.05-3.08=4.97(新的最大系统逗留时间)，将其累加到$\sum TS$中，令P加1(增至3)。$\int Q$ 的增加量为 $2\times(8.05-4.66)=6.78$，$\int B$ 的增加量为 $1\times(8.05-4.66)=3.39$，Q^* 保持不变。安排实体4的离开事件，其离开时间为 $8.05+4.52=12.57$，将实体4的离开事件插入未来事件表。根据未来事件表，下一个事件即为实体4在 $t=12.57$ 时刻离开系统。

(10) $t=12.57$，实体4离开：货车4完成服务并离开系统，货车5离开队列开始服务，将其排队等待时间 $12.57-4.41=8.16$（新的最大排队等待时间）累加入 $\sum WQ$，令 N 加1；$B(t)$ 仍保持为1，队长 $Q(t)$ 由1减至0（队列变空）。算出货车4的系统逗留时间为 $12.57-3.79=8.78$（新的最大系统逗留时间），并将其累加到 $\sum TS$ 中，令 P 加1。$\int Q$ 与 $\int B$ 的增加量均为 $1\times(12.57-8.05)=4.52$，Q^* 保持不变。安排实体5的离开事件，其离开时间为 $12.57+4.46=17.03$，将实体5的离开事件插入未来事件表。根据未来事件表，下一个事件即为实体5在 $t=17.03$ 时刻离开系统。

(11) $t=17.03$，实体5离开：货车5完成服务并离开系统。由于队列为空，卸货平台变为闲态（令 $B(t)=0$）。因为没有新的排队等待时间，故 N、$\sum WQ$、WQ^* 保持不变。算出货车5的系统逗留时间为 $17.03-4.41=12.62$（新的最大系统逗留时间），并将其累加到 $\sum TS$ 中，令 P 加1。$\int Q$ 的增加量均为 $0\times(17.03-12.57)=0$，$\int B$ 的增加量均为 $1\times(17.03-12.57)=4.46$，$Q^*$ 保持不变。由于此时卸货平台上没有货车服务，故没有新的离开事件需要安排。下一个事件即为实体6在 $t=18.69$ 时刻到达系统。

(12) $t=18.69$，实体6到达：货车6到达系统，此时系统中没有其他货车，卸货平台处于空闲状态，此时的情形与货车1在0时刻进入系统的情况是相同的。的确，货车6的"经历"与货车1也几乎是一样的。首先安排下一个实体（实体7）的到达事件，其到达时间为 $18.69+0.70=19.39$，将该事件插入未来事件表。同时，货车6的到达使卸货平台由闲变忙，但队列仍然为空，因为货车到达时卸货平台是空闲的，因而可以立即开始服务该货车。货车6的排队时间为 0，N 值加1变为6，$\sum WQ$ 的增量为0，当然不会出现新的最大排队等待时间。由于没有货车离开系统，因此 P、$\sum TS$ 以及 TS^* 不会发生变化。因为上一个事件到这一事件之间 $Q(t)$ 与 $B(t)$ 的值均为0，故 $\int Q$、$\int B$ 和 Q^* 均保持不变。将货车6的离开事件插入未来事件表，其发生时间为 $18.69+4.36=23.05$（从未来事件表中可看出，由于这一时间超出了仿真终止时间，故该事件将不会发生）。下一个事件是实体7在 $t=19.39$ 时刻到达系统。

(13) $t=19.39$，实体7到达：安排下一个（第八个）实体的到达事件，其到达时间为 $19.39+15.52=34.91$，超出了仿真终止时间（20），故不会发生。实体7进入队列，$B(t)$ 保持为1，队长 $Q(t)$ 由0增至1（没有超过已有的最大队长）。由于不能得出新的排队时间，

N、$\sum WQ$ 以及 WQ^* 均没有发生变化;而且由于没有货车离开系统,P、$\sum TS$ 和 TS^* 也不会发生变化。$\int Q$ 的增加量为 $0\times(19.39-18.69)=0$,$\int B$ 的增加量为 $1\times(19.39-18.69)=0.70$。下一个事件为仿真在 $t=20$ 时刻终止。

(14) $t=20$,仿真终止:此时唯一的任务就是将 $\int Q$ 与 $\int B$ 更新至仿真终止,也即均增加 $1\times(20-19.39)=0.61$。

5.5 结果分析

仿真结束时可计算出所有输出性能指标值。

(1) 平均排队等待时间为 $\dfrac{\sum WQ}{N}=\dfrac{15.17}{6}=2.53$(分钟/货车)。

(2) 平均系统逗留时间为 $\dfrac{\sum TS}{P}=\dfrac{32.20}{5}=6.44$(分钟/货车)。

(3) 平均队长为 $\dfrac{\int Q}{t}=\dfrac{15.78}{20}=0.79$(个货车)($t$ 为仿真时钟的终值20)。

(4) 卸货平台的利用率为 $\dfrac{\int B}{t}=\dfrac{18.34}{20}=0.92$。

表5-2 汇总给出了所有输出性能指标的终值。

表5-2 手工仿真的输出性能指标的终值

性能指标	结 果
产出量	5个货车
平均排队等待时间	2.53分钟/货车(共6个货车)
最大排队等待时间	8.16分钟
平均系统逗留时间	6.44分钟/货车(共5个货车)
最大系统逗留时间	12.62分钟
平均队长	0.79个货车
最大队长	3个货车
卸货平台利用率	0.92(无单位的比例)

在20分钟的仿真中,共服务完5个货车,排队等待时间、系统逗留时间及队长似乎也不算太差,卸货平台利用率达到了92%。这些结果与我们预先猜测的结果或由简化的排队模型所得出的结论有着相当大的差异。手工仿真过程记录如表5-3所示。

表 5-3 手工仿真过程记录

实体	时间 t	事件	Q(t)	B(t)	P	N	∑WQ	WQ*	∑TS	TS*	∫Q	Q*	∫B	未来事件列表 [实体, 时间, 事件]
—	0.00	INIT	0	0	0	0	0.00	0.00	0.00	0.00	0.00	0.00	0.00	[1, 0.00, ARR] [—, 20.00, END]
1	0.00	ARR	0	1	0	1	0.00	0.00	0.00	0.00	0.00	0.00	0.00	[2, 1.73, ARR] [1, 2.90, DEP] [—, 20.00, END]
2	1.73	ARR	1	1	0	1	0.00	0.00	0.00	0.00	0.00	1	1.73	[1, 2.90, DEP] [3, 3.08, ARR] [—, 20.00, END]
1	2.90	DEP	0	1	1	2	1.17	1.17	2.90	2.90	1.17	1	2.90	[3, 3.08, ARR] [2, 4.66, DEP] [—, 20.00, END]
3	3.08	ARR	1	1	1	2	1.17	1.17	2.90	2.90	1.17	1	3.08	[4, 3.79, ARR] [2, 4.66, DEP] [—, 20.00, END]
4	3.79	ARR	2	1	1	2	1.17	1.17	2.90	2.90	1.88	2	3.79	[5, 4.41, ARR] [2, 4.66, DEP] [—, 20.00, END]
5	4.41	ARR	3	1	1	2	1.17	1.17	2.90	2.90	3.12	3	4.41	[2, 4.66, DEP] [6, 18.69, ARR] [—, 20.00, END]
2	4.66	DEP	2	1	2	3	2.75	1.58	5.83	2.93	3.87	3	4.66	[3, 8.05, DEP] [6, 18.69, ARR] [—, 20.00, END]
…	…	…	…	…	…	…	…	…	…	…	…	…	…	…

第 6 章

制造物流系统基础实验

6.1 实验目的

(1) 掌握 Arena 初步建模,运行所建立的模型及观察输出结果。
(2) 在模型中了解实体、变量、属性等要素,不同的结果分析方法,完善动画效果,实体运动的动画表示。
(3) 确定输入数据,选择驱动仿真的随机数概率分布模型。

6.2 计划学时

120 分钟。其中,任务介绍与分析 20 分钟,学生模拟实验 30 分钟,课堂练习 50 分钟,作业提交与讨论 20 分钟。

6.3 问题描述

创建一个含两个串联加工单元的简单系统。产品到达系统的平均间隔时间为 20 分钟,首次到达时间为 10。产品到达后,立即被送往单元 1 加工,平均加工时间为 18 分钟。产品在单元 1 加工完成后被送到单元 2 加工,在单元 2 的加工时间是单元 1 的 1.5 倍。产品在单元 2 加工完成后离开。工厂领导感兴趣的系统性能指标是每个加工单元的平均队长,以及产品的平均系统逗留时间。仿真时间长度设定为 10 000 分钟,分别按下面 4 种情况运行并比较结果(注意模型结构不变,只有输入分布改变)。

运行 1:爱尔朗到达时间间隔和指数服务时间(模型 2-1)。
运行 2:常数到达时间间隔和指数服务时间(模型 2-2)。
运行 3:指数到达时间间隔和爱尔朗服务时间(模型 2-3)。
运行 4:常数到达时间间隔和常数服务时间(模型 2-4)。

6.4 解决步骤

对于实际问题,首先需要定义数据结构,系统的模型分解,或者控制逻辑的扩展。需选择能够提供我们所需要的功能的 Arena 模块,并确定系统的细致程度。此外,还需要确定不同零件贴标签操作的不同操作时间。可以将模型分解为如下几部分：到达部分，预处理区域，贴标签操作，返工，离开及动画部分。因为模型中存在4类到达实体，每种实体的到达服从不同时间分布，所以分别采用4个Create模块来生成到达的产品。各类产品的贴标签操作时间因产品不同而异，因此我们使用两个"赋值"模块来定义"贴标签时间"(Labeling Time)属性，这一属性在Create模块生成零件的同时给贴标签操作时间赋以相应的值。当产品接受贴标签操作时，就可以使用与Labeling Time属性关联的时间值，而不是在操作时刻才生成这个时间值。两个预处理区域和贴标签操作都有各自的Process模块，模型中使用四个单独的"记录"(Record)和"离开"(Dispose)模块，所有这些模块都包含在实验3的问题描述中。建立模型时，首先打开一个新的模型窗口，将需要建立的模块放置于屏幕上，总共有4个模型，分别有1个Create模块、1个Assign模块、2个Process模块、1个Record模块以及1个Dispose模块。把这些模块根据问题要求按照一定顺序放置好之后，对所有模块重命名，输入模型所需的信息，并建立连接，单击File>Save将模型保存到选择的目录下，运行模型，观察结果，如图6-1～图6-4所示。

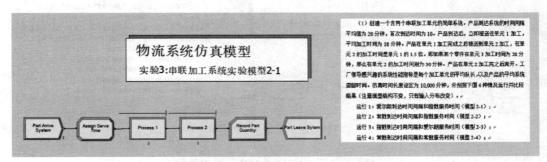

图6-1　建立模块2-1的视图

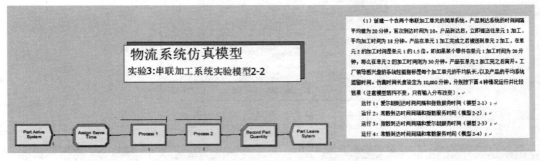

图6-2　建立模块2-2的视图

Part Arrive System 设置到达间隔时间服从爱尔郎分布 ERLA[20,1]，单位设置为分钟(Minutes)，其余项采用默认值，完成后单击OK键接受模块设定，如图6-5所示。

Part Arrive System 设置常数(Constant)到达间隔时间为20，单位设置为分钟(Minutes)，其余项采用默认值，完成后单击OK键接受模块设定，如图6-6所示。

Part Arrive System 设置到达间隔时间服从指数分布 EXPO[20]，单位设置为分钟(Minutes)，其余项采用默认值，完成后单击OK键接受模块设定，如图6-7所示。

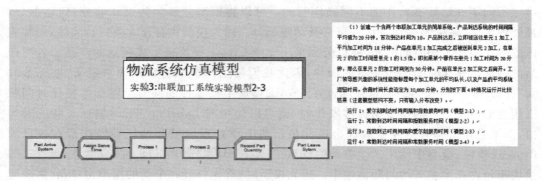

图 6-3 建立模块 2-3 的视图

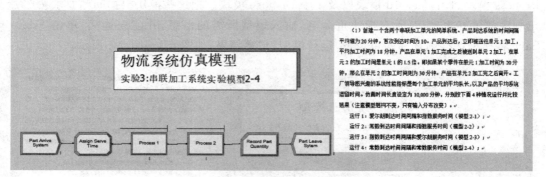

图 6-4 建立模块 2-4 的视图

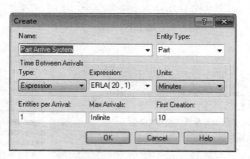

图 6-5 完成后的产品 A 模块对话框

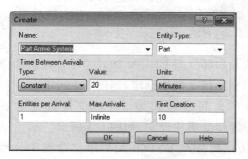

图 6-6 完成后的产品 A 模块对话框

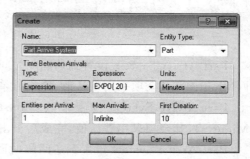

图 6-7 完成后的产品 A 模块对话框

Part Arrive System 设置常数（Constant）到达间隔时间为 20，单位设置为分钟（Minutes），其余项采用默认值，完成后单击 OK 键接受模块设定，如图 6-8 所示。

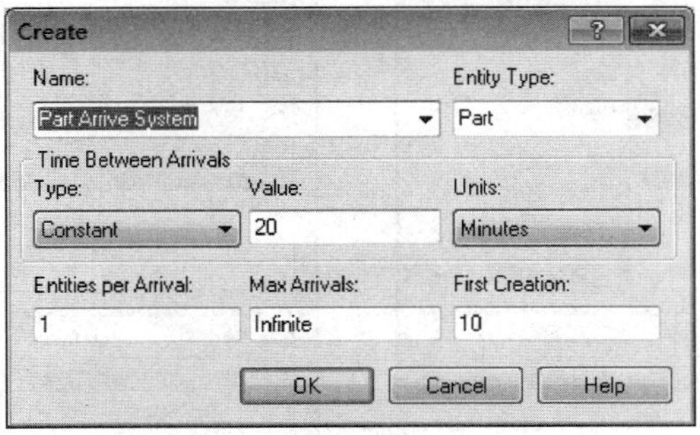

图 6-8　完成后的产品 A 模块对话框

创建了到达产品之后，紧接着给它定义一个 Labeling Time 属性，并给贴标签操作时间赋值，操作时间因产品类型不同而异。我们在先前放置的 Assign 模块中进行赋值。模型 2-1 产品 A 的赋值为 EXPO(18) 的指数分布函数；模型 2-2 产品 A 的赋值为 EXPO(18) 的指数分布函数；模型 2-3 产品 A 的赋值为 ERLA(18,1) 的爱尔郎分布函数；模型 2-4 产品 A 的赋值为常数 18。定义 Arrive Serve Time 属性，这个属性用来记录实体的到达时间。设置 Process 模块，四个模型有两个 Process 模块。模型 2-1：选择 Seize Delay Release，单击 Add 按钮来输入资源信息，服从指数分布 EXPO[18]，如图 6-9 所示。

此处也选择 Seize Delay Release，单击 Add 按钮来输入资源信息，加工时间是单元 1 的 1.5 倍，如图 6-10 所示。

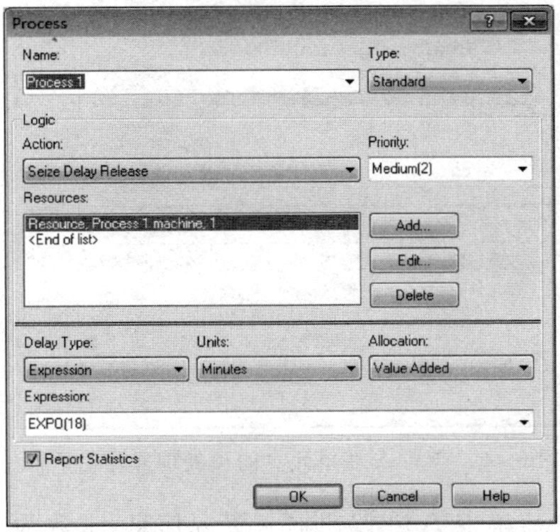

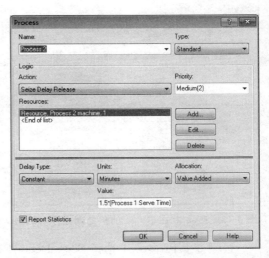

图 6-9　产品 A 在单元 1 的预处理操作对话框　　图 6-10　产品 A 在单元 2 的预处理操作对话框

模型 2-2：Process 1 选择 Seize Delay Release，单击 Add 按钮输入资源信息，服从指数分布 EXPO[18]。Process 2 也选择 Seize Delay Release，单击 Add 按钮输入资源信息，加工时间是单元 1 的 1.5 倍，如图 6-11 和图 6-12 所示。

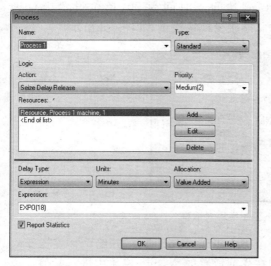
图 6-11　产品 A 在单元 1 的预处理操作对话框

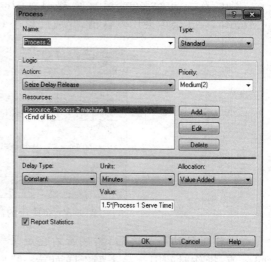
图 6-12　产品 A 在单元 2 的预处理操作对话框

模型 2-3：Process 1 选择 Seize Delay Release，单击 Add 按钮输入资源信息，服从爱尔郎分布 ERLA[18,1]。Process 2 也选择 Seize Delay Release，单击 Add 按钮输入资源信息，加工时间是单元 1 的 1.5 倍，如图 6-13 和图 6-14 所示。

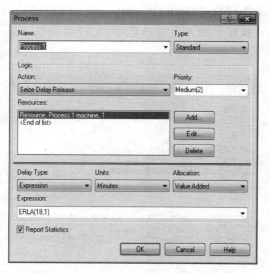
图 6-13　产品 A 在单元 1 的预处理操作对话框

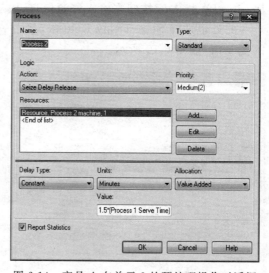
图 6-14　产品 A 在单元 2 的预处理操作对话框

模型 2-4：Process 1 选择 Seize Delay Release，单击 Add 按钮输入资源信息，常数为 18。Process 2 也选择 Seize Delay Release，单击 Add 按钮输入资源信息，加工时间是单元 1 的 1.5 倍，如图 6-15 和图 6-16 所示。

接下来完成 Record 和 Dispose 模块。设置 Record Part Quantity，从下拉菜单中选择 count 类型，Counter Name 为 Part Quantity，如图 6-17 和图 6-18 所示。

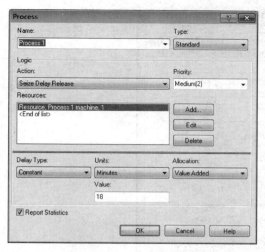

图 6-15　产品 A 在单元 1 的预处理操作对话框

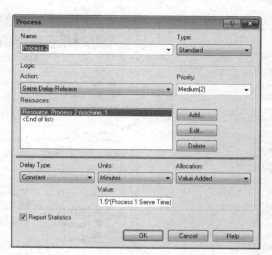

图 6-16　产品 A 在单元 2 的预处理操作对话框

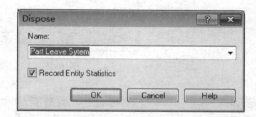

图 6-17　产品加工完成记录对话框　　　　图 6-18　Dispose 对话框

确保 Entity 框是按照 Run>Setup>Project 参数进行选择的前提下,才能获得这些统计结果数据。尽管已经完成了不少工作,但在运行模型之前还必须花些时间完成其他一些准备工作。这时的模型的确可以运行,但开始运行后,Arena 不知道何时停止!必须通过 Run>Setup 为模型设定运行参数。Run Setup 对话框用五个表页的参数来控制仿真的运行。

第一个表是 Project Parameters。在这个表中输入项目标题和分析员姓名后,在 Project Description 部分可输入简要的项目描述。在 Statistics Collection 区,可以选择 Entities 等选项,对系统进行统计,如图 6-19 所示。

设置仿真运行长度是在 Replication Parameters 表中完成的,这里将 Replication Length 设为 10 000 分钟,Base Time Units 选取 Minutes,其他域使用默认值。对 Run>Setup 中的其他三个参数表则使用默认值:Run Speed,Run Control 和 Reports。可以打开这些参数表来了解其中的参数选项。

在运行新模型前,还必须进行最后的调整,如图 6-20 和图 6-21 所示。

在运行模型之前,必须对模型加以检验,单击运行交互工具栏中 Check 按钮(√),或选择 Run>Check 命令,或用键盘上的 F4 键都可以对模型进行检验。如果检验完毕后,弹出一个小的消息窗口显示"模型中无错误或警告"("No errors or warnings in model"),否则会弹出一个描述错误的消息窗口,这时就需要选择 Find 选项(如果它可选)。这些

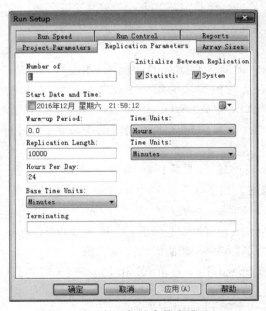

图 6-19 项目运行参数的设置

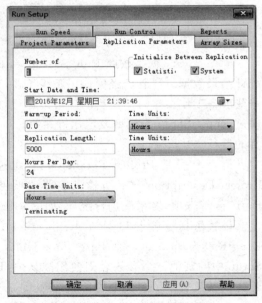

图 6-20 重复运行的参数表设置(1)　　图 6-21 重复运行的参数表设置(2)

功能将提示 Arena"认为"可能出错的地方。建议读者有意往模型中加入一个错误来验证这些功能。对这些功能的使用会随所建立模型复杂程度的提升而增多。如果模型检验无错,现在就可以准备开始运行仿真了。

6.5 结 果 分 析

模型运行结束时,会"询问"你是否想查看结果。选择 Yes,系统会弹出一个总结报告的窗口(默认报告),如图 6-22 所示。

22:05:58		**Entities**		十二月 17, 20

Serial processing system experiment　　　　　　　　　　　　　　Replications: 1

Replication 1　　Start Time:　　.00　　Stop Time:　　10,000.00　　Time Units: Minutes

Entity Detail Summary

Time

	NVA Time	Other Time	Total Time	Transfer Time	VA Time
Part	0.00	0.00	223.44	0.00	35.67
Total	0.00	0.00	223.44	0.00	35.67

Other

	Number In	Number Out
Part	474	465
Total	474	465

图 6-22　模型运行结果

模型 2-2~模型 2-4 的运行后一样可得出结果报告,在此不再赘述。

制造物流系统仿真实验

7.1 实验目的

(1) 掌握 Arena 初步建模,运行所建立的模型及观察输出结果。
(2) 在模型中了解实体、变量、属性等要素,不同的结果分析方法,完善动画效果、实体运动的动画表示。
(3) 确定输入数据,选择驱动仿真的随机数概率分布模型。

7.2 计划学时

120 分钟。其中,任务介绍与分析 20 分钟,学生模拟实验 30 分钟,课堂练习 50 分钟,作业提交与讨论 20 分钟。

7.3 问题描述

在一个生产车间,零件进入车间入口的到达时间间隔服从均值为 16 分钟的指数分布,首次到达时间一般为 0。零件从入口到加工操作台的行进时间服从 20~30 的均匀分布。在加工的工位前,零件需要排队,等候 5 个操作工人中的一个为其加工。加工时间(以分钟记)服从 =8.76,=12.45 的威布尔分布。加工之后,零件离开。

(1) 对此系统建立一个仿真模型,要求有动画(包括从入口到加工工位)。运行仿真模型 16 天后,给出平均系统逗留时间,完成处理的零件总数,以及等待的平均队长。

(2) 在上述问题里加入工人休息。工厂每天工作时间为 16 小时,工人的工作时间为 8 小时。将 16 小时分成 2 个 8 小时,工人的休息是错开的,从 90 分钟开始进入轮班。每个工人休息 15 分钟。工人的午餐休息(30 分钟)同样也错开,3.5 小时之后进入轮班。当轮到某工人休息时,就算他处于繁忙状态,也会把正在处理的零件丢在一边,休息完了之后再回来完成零件加工。请建立仿真模型,并比较一下该模型修改前后的运行结果。

(3) 在零件加工的过程中,发现零件可以分成两种类型。第一种类型:到达时间间隔服从平均值为 22 分钟的指数分布,加工时间(以分钟记)服从 =0.42,=14.4 的伽马分布。第二种类型：到达时间间隔服从平均值为 35 分钟的指数分布，加工时间服从爱尔朗分布，表达式为 3＋ERLA(0.54,25)。两种零件的首次到达时间都是 0，比较仿真结果。

通过仿真获得平均系统逗留时间，完成处理的零件总数，以及等待的平均队长等数据。仿真开始时，设置模型的终止运行条件为运行仿真模型 16 天，如图 7-1 所示。

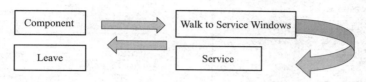

图 7-1　零件加工系统

7.4　解决步骤

对于实际问题，首先要定义数据结构，系统的模型分解，或者控制逻辑的扩展。需选择能够提供我们所需要的功能的 Arena 模块，并确定系统的细致程度。所以可以将模型分解为如下几部分：到达部分，加工操作台行进部分，加工部分，离开及动画部分。

零件进入车间入口并没有直接进行加工，而是在加工操作台行进，所以就应该在加工之前增加一个模块，且需要排队五个操作工人的其中一个为其加工。在后续模型中增加工人休息，毕竟工人操作一段时间需要给自己身体补充能量，则系统所拥有的资源发生了变化，工人的工作时间中就应该包含了休息时间，且即使处于繁忙状态，轮到休息时间，也会把正在处理的零件丢在一边。建立模型时，首先打开一个新的模型窗口，命名文件名，建立适当的空间，添加"高等操作"(Advanced Process)面板。将需要建立的模块放置于屏幕上：一个 Create 模块、一个 Delay 模块(Advanced Process)、一个 Process 模块、一个 Dispose 模块。当将这些模块按照一定顺序放置好后，对所有模块重命名，输入模型所需的信息，并建立连接，单击 File＞Save 将模型保存到计算机某个易于查找文件的目录下，如图 7-2 所示。

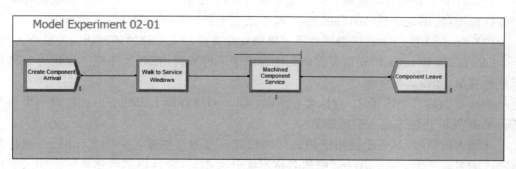

图 7-2　建立模块的视图

Component 设置到达间隔时间为均值为 16 分钟的指数分布，单位设置为分钟(Minutes)，其余项采用默认值，完成后单击 OK 键接受模块设定，如图 7-3 所示。

创建到达产品后，在加工操作台上行进，则可在放置的 Delay 模块中赋值，服从 20～

30 的均匀分布，如图 7-4 所示。

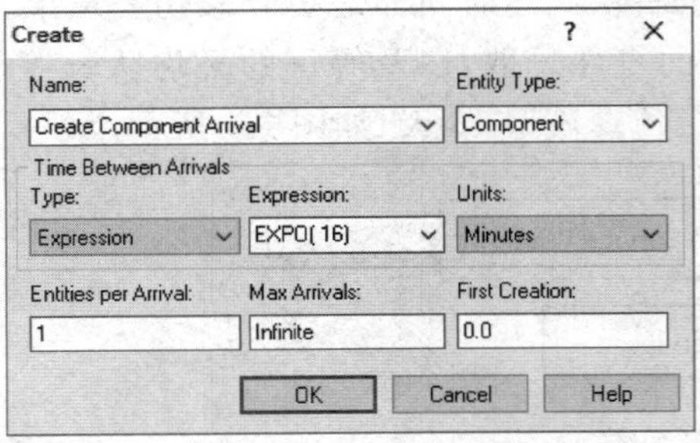

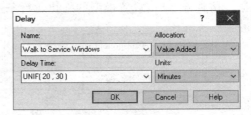

图 7-3　完成后的零件到达车间入口模块对话框　　图 7-4　到达车间入口后的零件在操作台
　　　　　　　　　　　　　　　　　　　　　　　　　　　　　行进模块对话框

在加工操作台行进后进入加工，但在加工的工位前，零件需要排队，等候 5 个操作工人的其中一个为其加工，工人作为系统的资源，应将其设置在 Resource 中编辑其容量 Capacity，如图 7-5 所示。

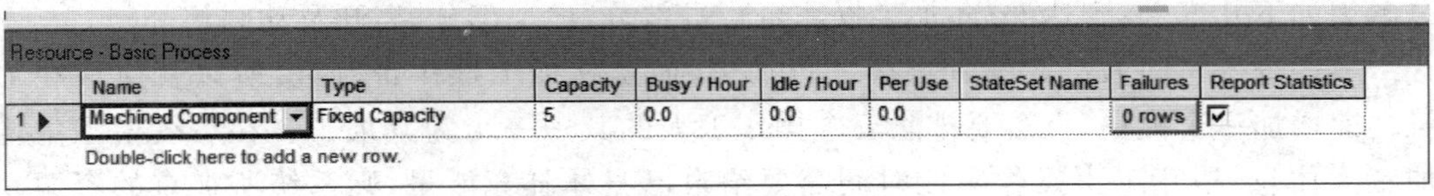

图 7-5　Resource 数据模块电子表格

Process 模块有四个可能的活动类型选项：Delay，Seize Delay，Seize Delay Release 以及 Delay Release。

(1) Delay 会产生一个经历指定时间延迟的活动，这个活动不需要占用资源。由于零件加工需要占用机器或资源，因此需要一个活动来实现排队等待，直到获得加工的资源，然后延迟至操作时间完成为止。

(2) Seize Delay 活动提供了等待和延迟功能，但它在操作完成后并不释放资源给下一零件使用，使用这个活动的前提是，资源必须在下游的某一个模块中得到释放。

(3) Seize Delay Release 选项提供了准确建立零件加工处理的各种活动的组合。

(4) Delay Release 活动假设实体先前占用了一种资源，在此处经历一段延迟后释放了这种资源，如图 7-6 所示。

当选择最后三个选项之一时，会在活动（Action）选择框下面的空白处出现一个列表框。单击 Add 按钮来输入资源信息。

在输入数据时，尽可能使用下拉式列表功能。因为当你输入一个名称时，必须与先前输入的名称完全一致。Arena 中的名称不区分大小写，而是根据名称拼写或插入空格来区分的。因此从下拉列表中选取名称可以保证你所使用的名称和先前输入名称的一致性。如果在输入名称中稍微出错，则 Arena 会在首次运行模型时给出错误信息（更糟糕的情况是，尽管模型可以运行，但结果却是错误的）。

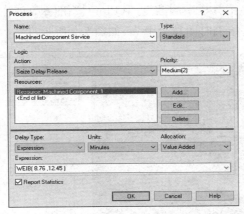

图 7-6　Process 模块对话框

当新建一个模块时，Arena 会自动为这个模块赋上默认名和默认值。这些默认名是带有附加序号的对象名称（如模块、资源等）。同一对象名称的附加序号是依次递增的，如 Progress 1，Progress 2，…。这样做是基于以下两个原因：其一是方便起见，你既可以接受默认资源名称，也可以修改它；其二是因为 Arena 中无论对象类型一致与否，所有的对象名称都必须是确定唯一的。为帮助使用，Arena 做了许多自动命名工作，而其中的大多数，读者都不必理会。大多数情况下，你可以自己命名，而不必使用默认的名称。当选择两个包含 Seize 活动中的任意一个，并确认接受时，Arena 会在相关 Process 模块附近自动弹出一个动画队列（一个在右端带有小竖线的水平线）。这种功能可以在仿真运行时动画显示队列中等待的实体。如果单击此队列，就可以显示出该队列的名称，如图 7-7 所示。

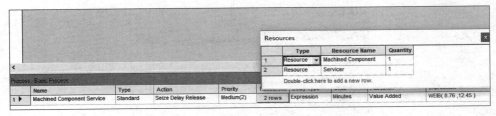

图 7-7　Process 数据模块电子表格

在 Resources 域单击"1 Row"按钮，就会出现一个二级数据表格，之前所说的 5 个操作工人的其中一个为其加工，也就是说一个零件只需要一个工人进行操作，所以双击添加资源，如图 7-8 所示。

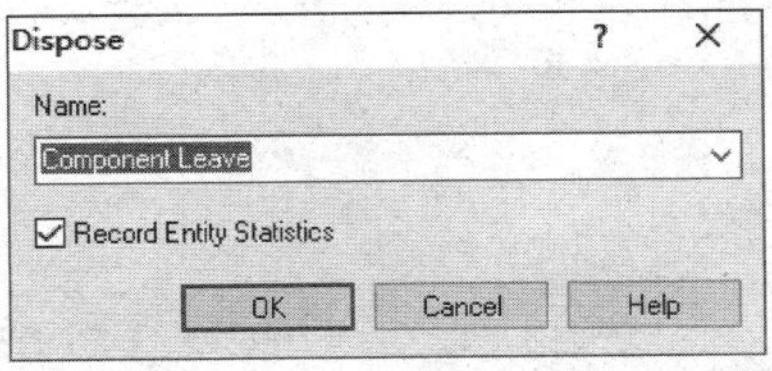

图 7-8　Component Leave Dispose 对话框

通过动画（Animate）工具栏中的散点图（Plot）按钮（）创建，在仿真运行过程中，它们将被自动绘制，但仿真结束时图像会消失，如图7-9所示。

图 7-9　Plot 运行前示意图

确保 Entity 框是按照 Run＞Setup＞Project 参数进行选择的前提下，才能获得这些统计结果数据。尽管已经完成了不少工作，但在运行模型之前还必须花些时间完成其他一些准备工作。这时的模型的确可以运行，但开始运行后，Arena 不知道何时停止！这个必须通过 Run＞Setup 为模型设定运行参数。Run Setup 对话框用五个表页的参数来控制仿真的运行。第一个表是 Project Parameters。在这个表中输入项目标题和分析员姓名后，在 Project Description 部分可输入简要的项目描述。在 Statistics Collection 区，可以选择 Entities 等选项，对系统进行统计，如图7-10所示。

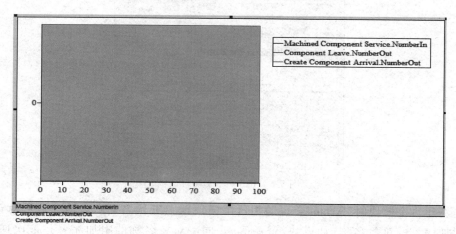

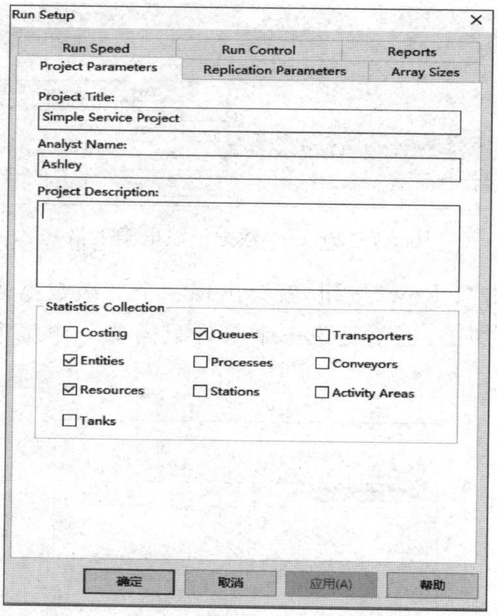

图 7-10　项目运行参数的设置

设置仿真运行长度是在 Replication Parameters 表中完成的,这里将 Replication Length 设为 23 040 分钟(16 天),Base Time Units 选取 Minutes,其他域使用默认值。对 Run>Setup 中的其他三个参数表则使用默认值:Run Speed,Run Control 和 Reports。你可以打开这些参数表来了解其中的参数选项。

在运行新模型前,还必须进行最后的调整。由于有两种不同类型的产品,因此如果在动画显示中能加以区别则效果更好。在基本操作面板中的 Entity 数据模块中,会发现两类产品的初始图像都定义为 Picture.Report,因此当运行模型时,所有产品在实体的动画显示中都会出现同样的图标,如图 7-11 所示。

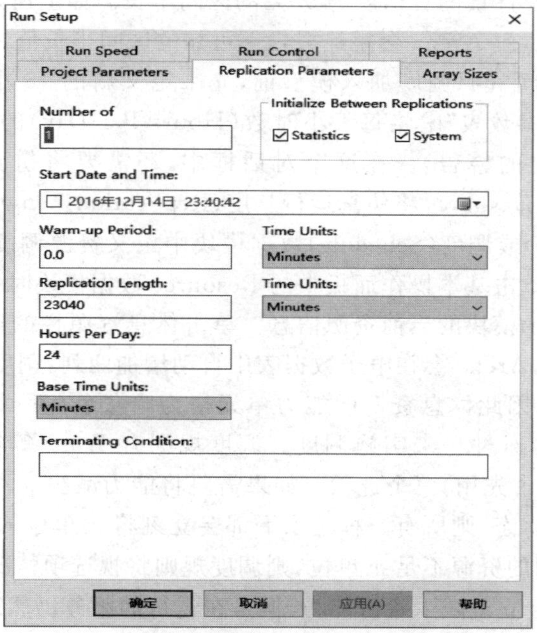

图 7-11 重复运行的参数表设置

在运行模型之前,必须对模型加以检验,单击运行交互工具栏中 Check 按钮(√),或选择 Run>Check 命令,或用键盘上的 F4 键都可以对模型进行检验。检验完毕后,弹出一个小的消息窗口显示"模型中无错误或警告"(No errors or warnings in model);否则会弹出一个描述错误的消息窗口,这时就需要选择 Find 选项(如果它可选)。这些功能将提示 Arena"认为"可能出错的地方。建议读者有意往模型中加入一个错误来验证这些功能。对这些功能的使用会随所建立模型复杂程度的提升而增多。

模型运行结束时,会"询问"你是否想查看结果。选择 Yes,系统会弹出一个总结报告的窗口(默认报告)。如果内容为"无法获得总结统计"(No Summary Statistics Are Available),是因为在"运行设置"对话框中的"项目参数"表中没有选择 Entity 的选项,也就自动放弃收集这些统计数据。

统计报告中出现了三种类型的统计量:tally,time-persistent 和 counter 类型。当多次重复仿真时会出现第四个统计量(outputs)。记数型统计量与时间持续型统计量提供了均值、置信度为95％的区间半长、最小值和最大值。

在每次重复仿真结束时，Arena都会用一种批平均（batch means）方法为每个观测统计量的稳态期望值计算出一个95％的置信区间。Arena首先检查是否收集了足够多的数据，以判别能否满足使用批平均值法的临界统计假设（批量无关性）。结果中会偶尔出现这种情况：如果不满足该假设，则报告中会出现"不足"（Insufficient）的提示，且不会产生区间半长。结果中还会出现几次这样的情况：如果检验批量无关性的数据足够多，但未通过检验，则会出现"相关"（Correlated）的提示，同样也不会计算区间半长。此外，还可能出现的情况是：如果有足够多的数据进行批量无关性检验，且通过了检验，则会产生一个长期（稳态）期望值统计量的置信度为95％的区间半长。如上所述，即便从纯计算角度出发，可以计算出结果，但Arena会拒绝报告不可靠的区间半长值。

在将工人操作时间资源调度加入模型前，先来定义新的16小时工作日，在Run＞Setup选项中的"重复参数表"中将每天小时数（Hours Per Day）的值从24改为16即可（此处忽略了关于日期的警告）。在这个对话框中，还需要将仿真运行长度时间单位（Time Units）改为天（Days），再将仿真运行长度（Replication Length）设为16天。

在资源（Resource）或调度（Schedule）数据模块中定义资源调度，这里在Resource数据模块中进行定义。单击基本操作面板中的Resource数据模块时，屏幕底部模型窗口中的电子数据表中会显示模块的当前资源信息。单击休息资源栏的类型列，从列表中选择Based on Schedule后，Arena会在电子数据表中自动增加两列：调度名称和调度规则。因为能力由调度来确定，因此休息资源的能力单元格为暗灰色（不可设置）；需要选择调度规则（Schedule Rule），通过它来实施调度。调度规则有Wait（等待，默认选项）、Ignore（忽略）和Preempt（优占先用）三个选项。如果需要将能力减少x个单位，且当前有x个单位的资源处于空闲状态，则所有三种选项下都会立刻将x单位的资源状态变为不可用状态；但如果当前空闲的资源不足x单位，则调度规则将视选项情况而定。

（1）Ignore选项会立刻减少资源能力，但正在进行的服务仍然继续（不受资源减少的影响），直到实体释放资源单位后，这些单位的资源才会被置为不可用状态。但若实体释放资源单位前，资源能力又已重新增加，则这一选项不会产生任何作用。这个选项的效果是使实际资源能力调度的时间缩短了。

（2）Wait选项在实际资源开始减少前一直处于等待状态，直到操作中的实体释放资源单位为止，因此资源能力减少的时间总是等于调度规定的时间，但两次时间减少的间隔可能会增加。

（3）Preempt选项优先从最近占用资源的实体手中将资源抢占过来。如果优先占用成功，且一个单位的能力足够满足需要，则能力减少立即开始。被抢占资源的实体将在Arena内部等待至资源重新可用，届时实体将被重新分配资源并继续剩余的操作。这种方式提供了一种正确的调度和故障建模方式，因为在许多实际情况下，当交接班或资源出现故障时，操作产品往往需要暂停等待处理。如果优先抢占不成功或需要的资源单位多余一个，则剩余的能力将使用忽略（Ignore）准则，如图7-12所示。

单击"调度"（Schedule）数据模块，表中会新增一行反映新定义的休息调度（Breaking）的内容。单击持续时间（Durations）栏可以打开"图形调度编辑器"（Graphical

	Name	Type	Capacity	Schedule Name	Schedule Rule	Busy / Hour	Idle / Hour	Per Use	StateSet Name	Failures	Report Statistics
1	Service Machin	Fixed Capacity	5		Wait	0.0	0.0	0.0		0 rows	✓
2 ▶	Worker	Based on Schedule	Breaking	Breaking	Preempt	0.0	0.0	0.0		1 rows	✓
	Double-click here to add a new row.										

图 7-12　Resource 数据模型：选择一种资源调度

Schedule Editor)。横坐标表示日历时间或仿真时钟(一天工作长度 16 小时)；纵坐标表示资源能力。可以单击 $x-y$(坐标)位置来输入表示天、小时和资源能力值的数据。这时会弹出一个代表此小时内期望能力的蓝色实心条，则可以使用重复单击、保持或拖曳来完成前 8 小时数据的输入，后 8 小时重复之前的安排。第二天的数据输入不是必需的，因为第一天的数据会自动在剩余的仿真运行中重复使用。使用 Options 按钮将纵坐标最大值(能力)减少到 5；其他参数可用选项(Options)对话框来更改，参数有单位时间条(slot)的宽度、时间条的数目以及调度是否从头开始重复或自始至终保持固定能力水平等，如图 7-13 所示。

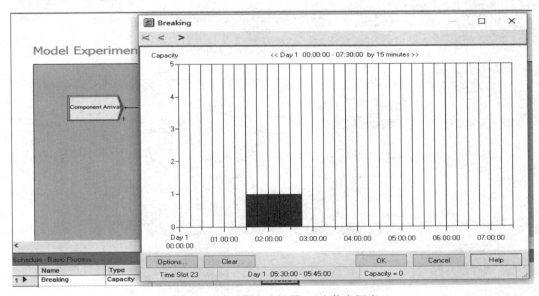

图 7-13　图形调度编辑器：工人休息调度

工人休息和午餐注意起始时间与时间间隔不一，也需要设置两种资源调度，如图 7-14 所示。

使用鼠标右键选中 Schedule 模块电子数据表中的"时段"栏后，选择 Edit via Dialog 选项手动输入这些数据。选择这个选项后，首先输入调度名称，然后单击 Add 按钮打开持续时间(Durations)窗口，定义组成调度(能力，持续时间)的数据对。例如，在午餐休息中两组数据分别是(0,7)和(1,5)，即在仿真开始的前 3.5 小时休息工人人数为 0，而后的 2.5 小时休息工人人数为 1，如此交替变化，直至整个仿真结束。如果实体未被赋予持续时间长度，则系统默认持续时间为无限长，如图 7-15 所示。

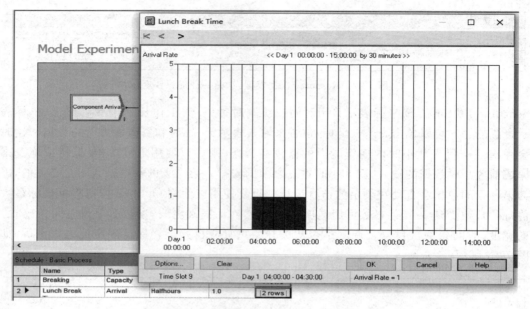

图 7-14　图形调度编辑器：工人午餐休息

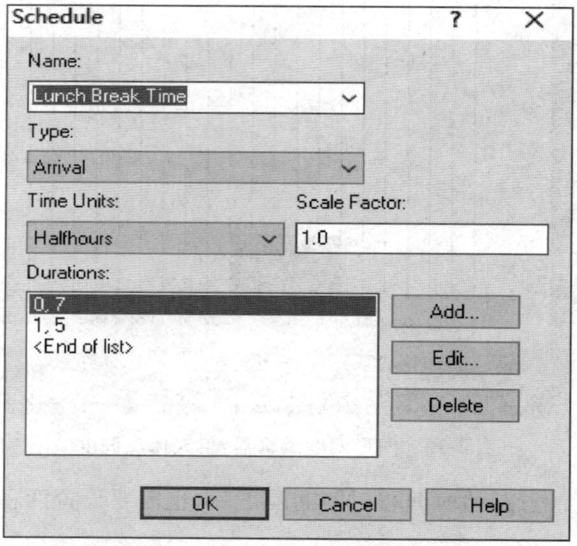

图 7-15　Schedule 数据模块对话框

7.5　结果分析

定义了休息后的模型结果与简单加工模型结果的差异如图 7-16～图 7-21 所示。

观察前后零件在系统内的结果不难发现用时是一样的，只是零件加工件数减少了，说明工人的休息影响了零件的产出数量，且利用率明显降低。

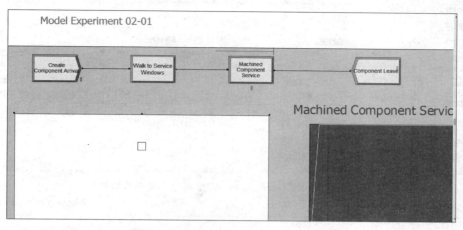

图 7-16　Model Experiment 02-01 模型

图 7-17　Model Experiment 02-01 模型实验结果数据

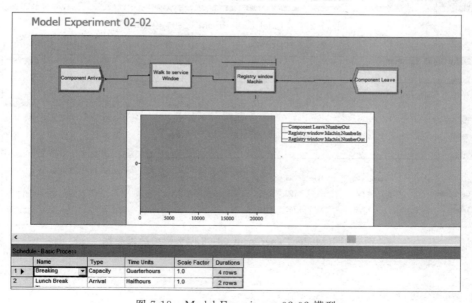

图 7-18　Model Experiment 02-02 模型

Entity Detail Summary

Time

	NVA Time	Other Time	Total Time	Transfer Time	VA Time	Wait Time
Component	0.00	0.00	33.40	0.00	33.40	0.00
Total	0.00	0.00	33.40	0.00	33.40	0.00

Other

	Number In	Number Out
Component	1,000	996
Total	1,000	996

图 7-19 Model Experiment 02-02 模型实验结果数据

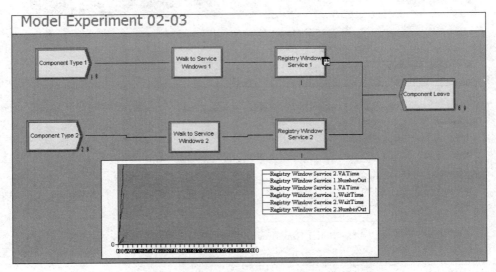

图 7-20 Model Experiment 02-03 模型

Entity Detail Summary

Time

	NVA Time	Other Time	Total Time	Transfer Time	VA Time	Wait Time
Component	0.00	0.00	35.36	0.00	35.36	0.00
Total	0.00	0.00	35.36	0.00	35.36	0.00

Other

	Number In	Number Out
Component	1,760	1,760
Total	1,760	1,760

图 7-21 Model Experiment 02-03 模型实验结果数据

第 8 章

概率板仿真实验

8.1　实验目的

（1）掌握 Arena 初步建模，运行所建立的模型以及观察输出结果。
（2）完善动画效果、实体运动的动画表示。
（3）用不同的方式运行模型。
（4）估计概率分布。

8.2　计划学时

120 分钟。其中，任务介绍与分析 20 分钟，学生模拟实验 30 分钟，课堂练习 50 分钟，作业提交与讨论 20 分钟。

8.3　问题描述

概率板游戏（probability board game）如图 8-1 所示。在上部边缘中点有一个狭槽，从面板外面的储存器里通过狭槽一次滚进一个弹球，假定储存器里有 k 个弹球，紧挨着狭槽下面有个固定的木桩，每个进入的弹球都会撞击木桩引起弹球向左或向右滚落，假设倾斜的面板使弹球向左或向右滚落的概率相等，均为 50%。假设每次从上一层落下的小球正好可以击中下一层的木桩。这种情况一直持续到最后一排，假设有 n 排，则最后一排有 n 个木桩（本图 $n=6$）。最后一排木桩下面有 $n+1$ 个按对角布置的收集器，从最后一排木桩滚落的弹球将落到其中一个收集器里。
（1）创建一个 Arena 仿真模型模拟一个 6 排木桩和 1 000 个弹球的概率板实验。
（2）用动画工具栏的"水平"（level）动画对象制作落入收集器中弹球数量的动画，另外统计每个收集器中的弹球数量。
（3）估计概率分布。
（4）如果弹球向右滚落的概率为 75%（而不是 50%），情况又会怎么样？

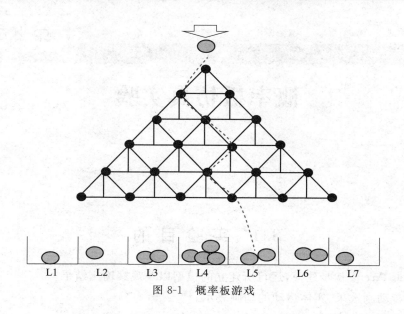

图 8-1 概率板游戏

8.4 解决步骤

建立模型时,首先打开一个新的模型窗口,将需要建立的模块放置于屏幕上:1 个 Create 模块、21 个 Decide 模块、7 个 Record 模块、7 个 Dispose 模块。将这些模块按照一定顺序放置好后,对所有模块重命名,输入模型所需的信息,并建立连接,单击 File>Save 将模型保存到选择的目录下,如图 8-2 所示。

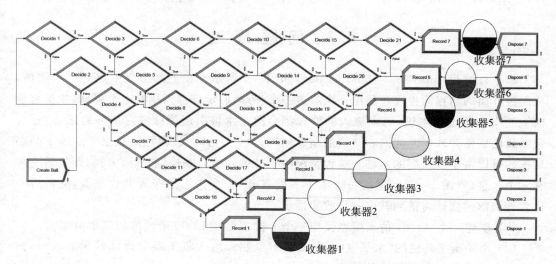

图 8-2 建立模块的视图

1. 设置 Creat 模块

首先打开 Creat 模块,输入模块名称(Balls Arrive System)、实体类型(Ball)。在设置到达时间间隔时,由于球从储存器进入狭槽到达木桩的时间是随机的,所以类型设置为 Random,之后设置为平均每秒到达 1 个实体,每次到达 1 个实体,到达系统的最大实体数为 1 000,第一个实体到达时间为 0,完成后单击 OK 键接受模块设定,如图 8-3 所示。

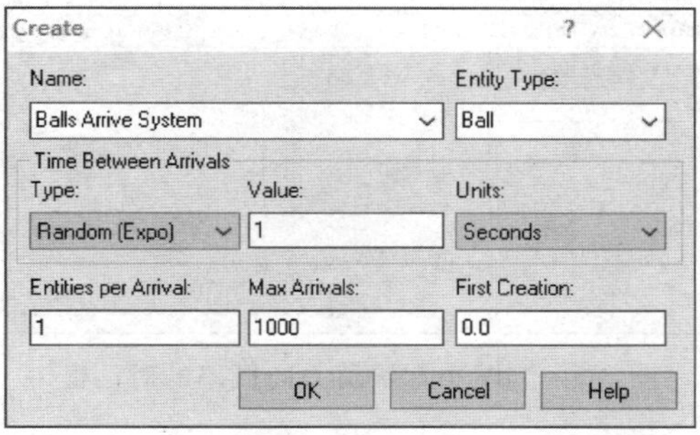

图 8-3　小球到达系统模块对话框

2. 设置 Decide 模块

设置 Decide 模块,如图 8-4 所示。

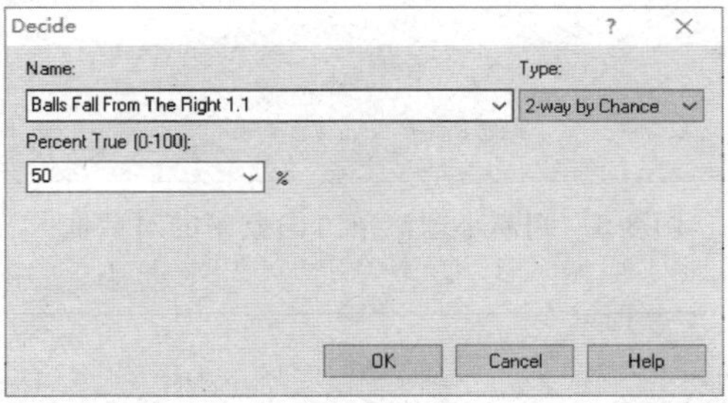

图 8-4　判断小球滚落方向概率的对话框

这个 Decide 模块用来判断球从右边木桩落下的概率。双击该模块,打开对话框,设置名称为 Balls Fall From The Right 1.1,表示球撞击第 1 排第 1 个木桩引起弹球向右滚落的概率。问题描述中显示倾斜的面板使弹球向左或向右滚落的概率相等,均为 50%,所以模块类型(Type)中选择根据概率的两项选择(2-way by Chance),在真百分比(Percent True)中输入 50。此时决策模块有两个出口:一个标有 True,另一个标有 False。之后两个出口都分别会进入下一个决策模块,如图 8-5 所示。

双击下一个 Decide 模块,打开对话框,设置名称为 Balls Fall From The Right 2.1,表示球撞击第 2 排第 1 个木桩引起弹球向右滚落的概率。设置如上,问题描述中显示倾斜的面板使弹球向左或向右滚落的概率相等,均为 50%,所以模块类型(Type)中选择根据概率的两项选择(2-way by Chance),在真百分比(Percent True)中输入 50。决策模块的两个出口都分别会进入下一个决策模块。下面的决策模块设置如上,在设置模块时要注意的地方就是撞击第 2 排第 1 个木桩从右侧滚落的球和撞击第 2 排第 2 个木桩从左侧滚落的球下次都会撞击第 3 排第 2 个木桩(注意:解题步骤中所说的第几排第几个是指概率板游戏图中的第几排第几个,而非模型的角度,若要以模型的角度看,应将模型顺时针旋转 45°左右看）。在理解上面的模块设置后，用同样的方法设置后面的决策模块，如图 8-6～图 8-9 所示。

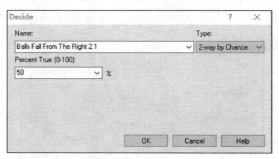

图 8-5　判断小球滚落方向概率的对话框

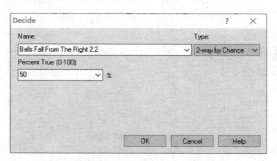

图 8-6　判断小球滚落方向概率的对话框

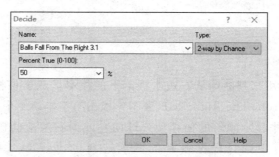

图 8-7　判断小球滚落方向概率的对话框

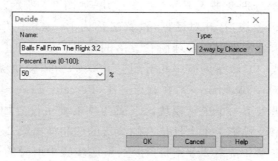

图 8-8　判断小球滚落方向概率的对话框

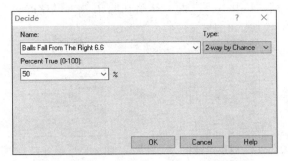

图 8-9　判断小球滚落方向概率的对话框

3. 设置 Record 模块

设置 Record 模块,如图 8-10 所示。

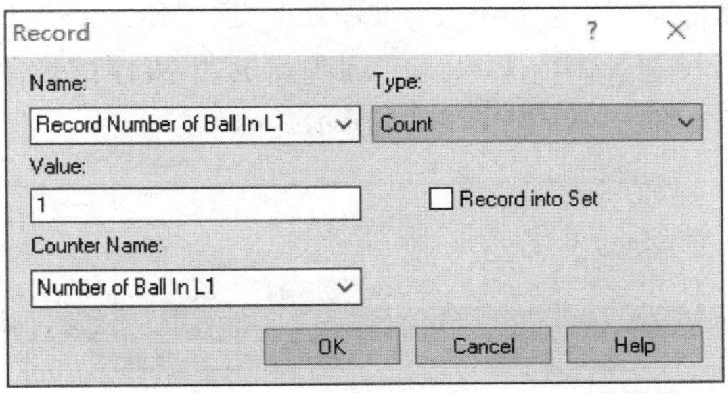

图 8-10　记录收集器 L1 中小球数量对话框

该模块用于统计球在撞击 6 排木桩后滚落到收集器 L 的数量。首先设置模块名称 Record Number of Ball In L1,表示记录的是滚落到收集器 L1 的球的数量,类型 Type 选计数 Count 表示进行计数统计。当一个实体到达该记录模块时,系统会在计数器上加上在值 Value 中所指定的数值。这里设置值 Value 为 1,表示每个实体到达时将计数器的值加 1。计数器名称 Counter Name 表示用于统计该数目的计数器,可以通过该名称在模型运行报告中查看统计的结果。用如上方法分别设置剩余的 Record 模块,如图 8-11 所示。

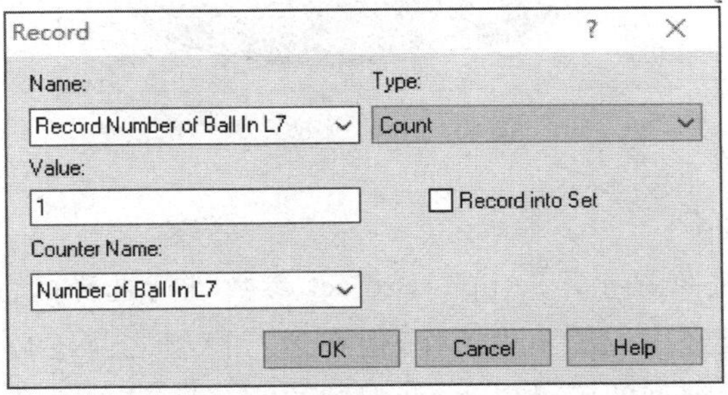

图 8-11　记录收集器 L7 中小球数量对话框

4. 设置 Dispose 模块

设置 Dispose 模块,如图 8-12 所示。

给模块 Dispose 命名，Ball In L1 表示球落在收集器 L1，球的行程结束。按同样的操作设置剩余的 Dispose 模块，如图 8-13 所示。

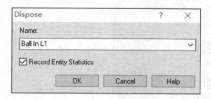

图 8-12　收集器 L1 Dispose 模块对话框

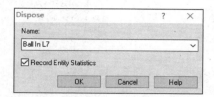

图 8-13　收集器 L7 Dispose 模块对话框

5. 设置实体图片及动画

在运行新模型前，还可以给实体设置不同的图片，加强动画效果。在基本操作面板中的 Entity 数据模块中，会发现两类产品的初始图像都定义为 Picture.Report 上，这里可以将实体设置成蓝色的球（Blue Ball）。如果还想进一步了解这些图标的形状，从屏幕上面的主菜单中选择 Edit＞Entity Pictures 选项来打开实体的图形窗口，可以从当前屏幕的左下栏中观察到图标的形状，如图 8-14 所示。

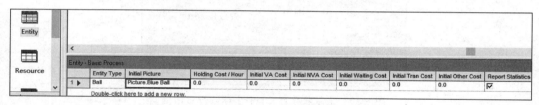

图 8-14　设置实体图片对话框

用动画工具栏的"水平"（level）动画对象制作落入收集器中弹球数量的动画，做如下设置：在类型（Type）中可以选择长方形、圆形等，此处选择的是圆形。实施效果如图 8-15 所示。

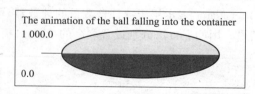

图 8-15　动画效果图

6. 设置 Run＞Setup

确保 Entity 框是按照 Run＞Setup＞Project 参数进行选择的前提下，才能获得这些统计结果数据。尽管已经完成了不少工作，但在运行模型之前还必须花些时间完成其他一些准备工作。这时的模型的确可以运行，但开始运行后，Arena 不知道何时停止！因此必须通过 Run＞Setup 为模型设定运行参数。Run Setup 对话框用五个表页的参数来控制仿真的运行。

第一个表是 Project Parameters。在这个表中输入项目标题和分析员姓名后，在

Project Description 部分可输入简要的项目描述。在 Statistics Collection 区，可以选择 Entities 等选项对系统进行统计，如图 8-16 所示。

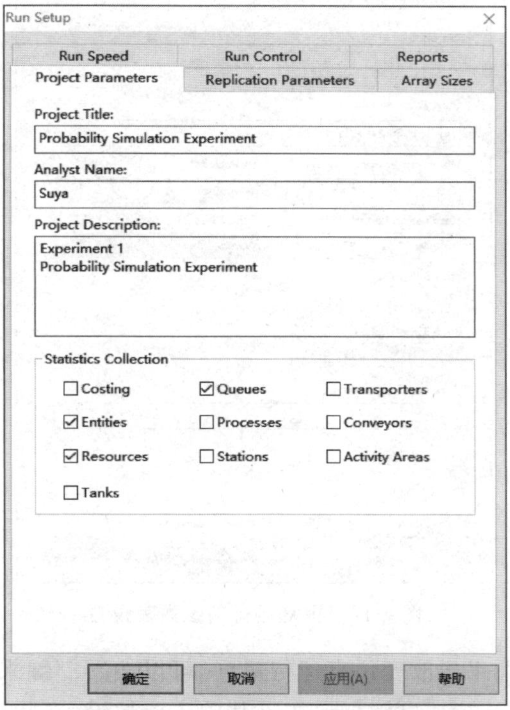

图 8-16 项目运行参数的设置

设置仿真运行长度是在 Replication Parameters 表中完成的，这里将 Replication Length 设为 infinite（无限的），因为在 Creat 模块中已经设置了最大实体个数 1 000。Base Time Units 选取 Seconds，其他域使用默认值。对 Run＞Setup 中的其他三个参数表则使用默认值：Run Speed，Run Control 和 Reports。可以打开这些参数表来了解其中的参数选项，如图 8-17 所示。

在运行模型之前，必须对模型加以检验，单击运行交互工具栏中 Check 按钮（√），或选择 Run＞Check 命令，或用键盘上的 F4 键都可以对模型进行检验。检验完毕后，弹出一个小的消息窗口显示"模型中无错误或警告"（No errors or warnings in model）；否则会弹出一个描述错误的消息窗口，这时就需要选择 Find 选项（如果它可选）。这些功能将提示 Arena"认为"可能出错的地方。建议读者有意往模型中加入一个错误来验证这些功能。对这些功能的使用会随你所建立模型复杂程度的提升而增多。

如果模型检验无错，现在就可以准备开始运行仿真了。单击标准工具条中的"运行"按钮（▶），或 Run＞Go 命令，或使用 F5 键都可以启动动画仿真。如果还未检验模型，或是在检验之后又做了修改，Arena 会首先检验模型，然后使用数据对模型进行初始化，再开始运行模型。如果激活了屏幕底部的状态栏，就可以观察 Arena 当前的执行操作了。状态栏中主要包含以下三方面的信息：重复仿真次数，当前仿真时钟以及仿真状态。

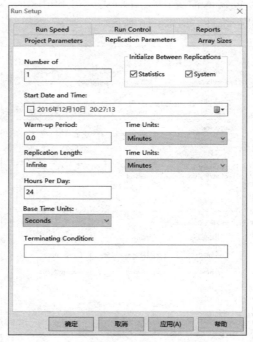

图 8-17 重复运行的参数表设置

仿真运行开始后,如果想改变仿真运行速度,可以按"＜"键来减慢仿真运行速度,或者按"＞"键来加快仿真运行速度。如果按了其中一个按键,在状态栏左端就会出现当前动画速度因子值;还可以通过 Run Setup 对话框中的 Run Speed 表来控制动画速度因子(Animation Speed Factor),在这个表的选项中键入精确的速度因子数值。

在仿真运行过程中,可以使用运行工具条中的"暂停"按钮(▮▮)来暂停运行,或者使用 Run＞Pause 命令,或者直接用 Esc 键来暂停。这样可以暂时中断仿真运行,同时状态栏中会显示"用户中断"(User interrupted)的消息。

在暂停模式下,可以双击一个实体动画打开一个 Entity Summery 对话框,这个框中罗列着每个实体的属性值,可以使用运行工具栏中的"单步运行"按钮(＞|)来实现实体在系统中的单步运行(即每步只运行一个时间单位)。选择 Run＞Run Control＞Batch Run(No Animation)命令就可以关掉动画效果。

8.5 结果分析

仿真运行中,系统中除了小球之外,每个 Create 模块和 Dispose 模块都各有一个计数器,而每个 Decide 模块会有两个计数器。Create 模块、Dispose 模块以及 Decide 模块的计数器在实体离开该模块时自动增加一个单位。如果选择的是 Run＞Fast-Forward 模式(或者使用 Fast-Forward 按钮▶▶),这些计数器就不再更新,直至仿真运行结束或暂停并改变模型运行的观察模式时才会更新。

模型运行结束时,会"询问"你是否想查看结果。选择 Yes,系统会弹出一个总结报告的窗口(默认报告)。如果内容为"无法获得总结统计"(No Summary Statistics Are Available),是因为在"运行设置"对话框中的"项目参数"表中没有选择 Entity,也就自动放弃收集这些统计数据。

统计报告中出现了三种类型的统计量:tally,time-persistent 和 counter 类型。当多次重复仿真时会出现第四个统计量(outputs)。记数型统计量与时间持续型统计量提供了均值、置信度为 95% 的区间半长、最小值和最大值。

在每次重复仿真结束时,Arena 都会用一种批平均(batch means)方法为每个观测统计量的稳态期望值计算出一个 95% 的置信区间。Arena 首先检查是否收集了足够多的数据,以判别能否满足使用批平均值法的临界统计假设(批量无关性)。结果中会偶尔出现这种情况:如果不满足该假设,则报告中会出现"不足"(Insufficient)的提示,且不会产生区间半长。结果中还会出现几次这样的情况:如果检验批量无关性的数据足够多,但未通过检验,则会出现"相关"(Correlated)的提示,同样也不会计算区间半长。此外,还可能出现的情况是:如果有足够多的数据进行批量无关性检验,且通过了检验,则会产生一个长期(稳态)期望值统计量的置信度为 95% 的区间半长。如上所述,即便从纯计算角度出发,可以计算出结果,但 Arena 会拒绝报告不可靠的区间半长值。

当模型运行结束后,修改原模型中原有 Decide 模块的真百分比的值为 75%,再次运行模型,并观察分析模型,比较两次的结果。

当球撞击木桩后向右滚落的概率为 50% 时,结果如图 8-18 和图 8-19 所示。

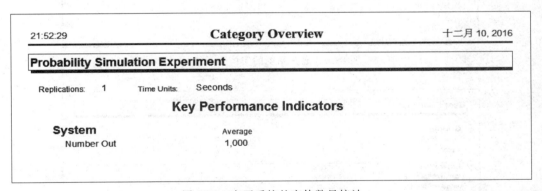

图 8-18　离开系统的实体数量统计

当球撞击木桩后向右滚落的概率为 75% 时,结果如图 8-20 和图 8-21 所示。

Arena 仿真模型模拟一个 6 排木桩和 1 000 个弹球的概率板实验,实验模型及数据如上述所示,当球撞击木桩后向右滚落的概率为 50% 时,落在收集器 L4 的球最多,其次为 L3 和 L5、L2 和 L6、L1 和 L7。其中,L3 和 L5、L2 和 L6、L1 和 L7 分别大致相等,L4 最多,往两边去逐渐同等减少,L1 和 L7 数量最少,通过观察图形,发现其概率分布大致符合 μ=L4 的正态分布。当球撞击木桩后向右滚落的概率为 75% 时,球落在收集器 L6 数量最多,其次依次为 L5、L7、L4、L3、L2、L1,通过观察图形,发现小球主要集中在 L6、L5、L7,即数值大的一方,故其概率分布大致符合左偏态分布。

User Specified

Counter

Count

	Value
Number of Ball In L1	20.0000
Number of Ball In L2	91.0000
Number of Ball In L3	238.00
Number of Ball In L4	313.00
Number of Ball In L5	230.00
Number of Ball In L6	88.0000
Number of Ball In L7	20.0000

1 / 1 (1048.1211 Seconds) Saturday, December 10, 2016

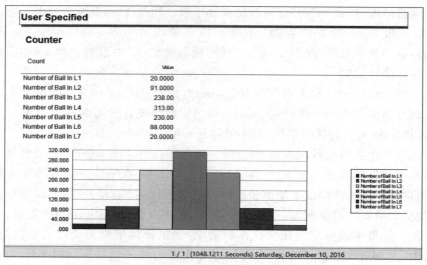

图 8-19 每个收集器中的弹球数量统计

21:52:29 **Category Overview** 十二月 10, 2016

Probability Simulation Experiment

Replications: 1 Time Units: Seconds

Key Performance Indicators

System

	Average
Number Out	1,000

图 8-20 离开系统的实体数量统计

User Specified

Counter

Count

	Value
Number of Ball In L1	1.0000
Number of Ball In L2	6.0000
Number of Ball In L3	25.0000
Number of Ball In L4	142.00
Number of Ball In L5	284.00
Number of Ball In L6	361.00
Number of Ball In L7	181.00

1 / 1 (999.0000 Seconds) Saturday, December 10, 2016

图 8-21 每个收集器中的弹球数量统计

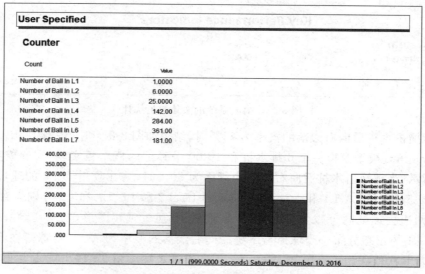

第 9 章

码头卸货仿真实验

9.1 实验目的

(1) 掌握 Arena 初步建模,运行所建立的模型以及观察输出结果。
(2) 在模型中了解实体、变量、属性等要素,以及不同的结果分析方法,完善动画效果、实体运动的动画表示。
(3) 确定输入数据,选择驱动仿真的随机数概率分布模型。

9.2 计划学时

120 分钟。其中,任务介绍与分析 20 分钟,学生模拟实验 30 分钟,课堂练习 50 分钟,作业提交与讨论 20 分钟。

9.3 问题描述

在一个国际集装箱码头,卡车以间隔时间 EXPO(9) 到达有三个码头的卸货区。码头 1、码头 2 和码头 3 的卸货时间分别是 TRIA(15,18,20)、TRIA(23,26,28) 和 TRIA(22,25,27)。如果有一个码头空着,卡车立即到那个码头去。假设卡车到所有码头的行进时间为 0。如果有两个以上的码头空闲,卡车选择码头的顺序是(3,2,1)。如果所有码头都忙,则选择队长最小的码头。如果有两个以上码头的队长一样,选择码头的顺序是(1,2,3)。运行模型 20 000 分钟,统计各码头利用率、队长、排队时间和系统逗留时间。

9.4 解决步骤

(1) 整体框架如图 9-1 所示。
(2) 设置 create 模块,如图 9-2 所示。
(3) 设置三个码头都空闲的 decide 模块,如图 9-3 所示。
(4) 设置三个码头都忙碌的 decide 模块,如图 9-4 所示。

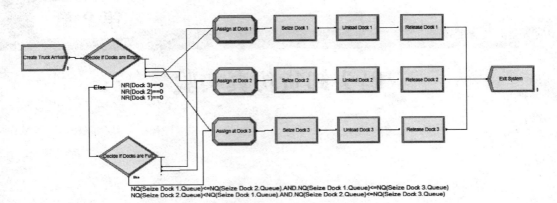

图 9-1 整体框架

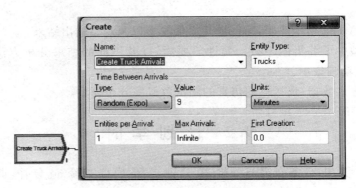

图 9-2 Creat 模块设置

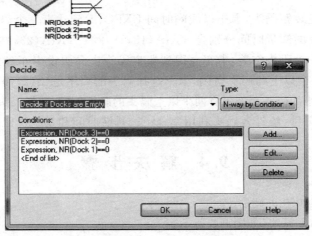

图 9-3 Decide 模块 1 的设置

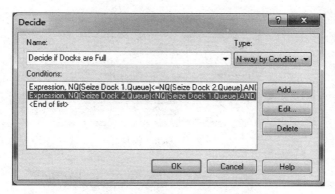

图 9-4 Decide 模块 2 的设置

(5) 运用基础模块 Assign 添加码头 1 的实体和属性,如图 9-5 所示。

图 9-5 设置模块

(6) 运用高级模块 Seize 设置第一个码头的队列,如图 9-6 所示。

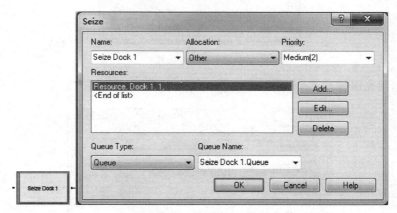

图 9-6 Seize 设置

(7) 运用高级模块 Delay 设置码头 1 的处理时间,如图 9-7 所示。

(8) 运用高级模块 Release 释放码头 1 的货物,如图 9-8 所示。

(9) 运用基础模块 Assign 添加码头 2 的实体和属性,如图 9-9 所示。

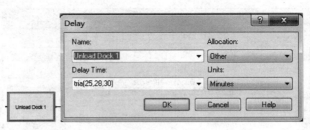

图 9-7　Delay 模块

图 9-8　Release 设置

图 9-9　码头设置

（10）运用高级模块 Seize 设置第二个码头的队列，如图 9-10 所示。

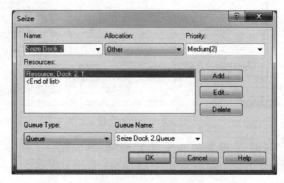

图 9-10　第二个码头设置

(11) 运用高级模块 Delay 设置码头 2 的处理时间,如图 9-11 所示。

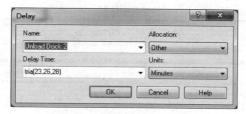

图 9-11 码头处理时间

(12) 运用高级模块 Release 释放码头 2 的货物,如图 9-12 所示。
(13) 同理设置第三个码头的处理流程。
(14) 运用基础模块 Dispose 设置输出货物,如图 9-13 所示。

图 9-12 Release 模块设置

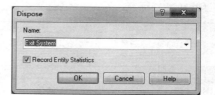

图 9-13 Dispose 模块

9.5 结果分析

结果如图 9-14～图 9-16 所示。

Wait Time	Average	Half Width	Minimum	Maximum
Unload At Dock 1	138.52	(Correlated)	0	392.14
Unload At Dock 2	121.25	(Correlated)	0	361.10
Unload At Dock 3	108.98	(Correlated)	0	342.88
Transfer Time	Average	Half Width	Minimum	Maximum
Unload At Dock 1	0	0.000000000	0	0
Unload At Dock 2	0	0.000000000	0	0
Unload At Dock 3	0	0.000000000	0	0
Other Time	Average	Half Width	Minimum	Maximum
Unload At Dock 1	27.5755	0.107477357	25.1390	29.8266
Unload At Dock 2	25.6222	0.066956518	23.1001	27.8198
Unload At Dock 3	24.6790	0.081094108	22.1458	26.8558
Total Time	Average	Half Width	Minimum	Maximum

图 9-14 运行结果

```
18:01:55                         Entities                           十二月 21, 20
```

Exercise 5.4   Replications: 1

Replication 1   Start Time: .00   Stop Time: 20,000.00   Time Units: Minutes

Entity Detail Summary

Time

	NVA Time	Other Time	Total Time	Transfer Time	VA Time
Unload At	0.00	27.58	166.09	0.00	0.00
Unload At	0.00	25.62	146.88	0.00	0.00
Unload At	0.00	24.68	133.66	0.00	0.00
Total	0.00	77.88	446.63	0.00	0.00

Other

图 9-15　实体时间

```
18:03:42                         Queues                            十二月 21, 20
```

Exercise 5.4   Replications: 1

Replication 1   Start Time: .00   Stop Time: 20,000.00   Time Units: Minutes

Queue Detail Summary

Time

	Waiting Time
Seize Dock 1.Queue	138.32
Seize Dock 2.Queue	121.09
Seize Dock 3.Queue	108.84

Other

	Number Waiting
Seize Dock 1.Queue	4.84
Seize Dock 2.Queue	4.50
Seize Dock 3.Queue	4.18

图 9-16　排队情况

第 10 章

多队列的物流系统仿真实验

10.1 实验目的

(1) 掌握 Arena 多队列的物流服务系统仿真。
(2) 掌握对队列的参数分析技术。

10.2 计划学时

120 分钟。其中,任务介绍与分析 20 分钟,学生模拟实验 30 分钟,课堂练习 30 分钟,作业提交与讨论 40 分钟。

10.3 问题描述

一个物流中心的开票窗口前有三种类型的顾客 A,B,C 需要开票。到达的顾客,根据不同类型,会进入 3 条不同的队列中的一条来进行排队。顾客到达时间间隔服从平均值为 15 分钟的指数分布,首次到达时间都是 0。每个队列中都有 1 个人员处理运输单据的核实并收费,3 种队列互相独立。顾客 A,服务时间为 UNIF(8,10)分钟;顾客 B,服务时间为 EXPO(11);顾客 C,服务时间为 TRIA(7,11,15)。收费完成后,所有顾客会进入另一个队列排队,获得发票,该队列只有一个服务人员,服务时间为 EXPO(4)。

(1) 对该系统建立一个仿真模型并运行 5 000 分钟;观察每种类型的顾客的平均系统逗留时间和最大系统逗留时间。

(2) 有人建议,在第一阶段不要区分不同类型的顾客,将 3 条队列合并成 1 条,并且 3 个工作人员同时给任何类型的顾客提供服务。对这种安排方式也建立一个仿真模型并运行 5 000 分钟,与前面的结果相比较。

10.4 解决步骤

对于实际问题,首先需要定义数据结构,系统的模型分解,或者控制逻辑的扩展。需选择能够提供我们所需要的功能的 Arena 模块,并确定系统的细致程度。可以将模型分解为如下几部分:顾客到达,收费,获得发票,离开。

因为模型中存在三类到达实体,到达的顾客,根据不同类型,会进入3条不同的队列中的一条来进行排队,3种队列互相独立,所以分别采用三个独立的 Create 模块来生成到达的顾客。又由于不同类型顾客的服务时间不同,所以分别采用三个独立的 Process 模块来处理运输单据的核实并收费。接下来所有顾客会进入另一个队列排队,获得发票,此时使用 Process 模块。最后用 Dispose 模块表示顾客离开。

建立模型时,首先打开一个新的模型窗口,将需要建立的模块放置于屏幕上:3个 Create 模块、4个 Process 模块以及1个 Dispose 模块。将这些模块按照一定顺序放置好后,对所有模块重命名,输入模型所需的信息,并建立连接,单击 File>Save 将模型保存到选择的目录下,如图 10-1 所示。

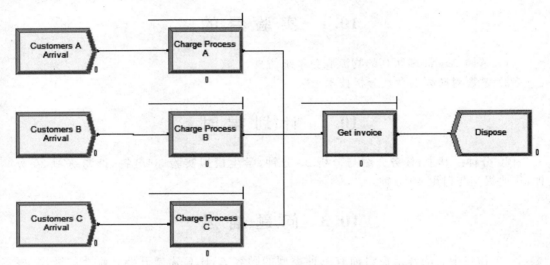

图 10-1 model06-01 建立模块的视图

Customers A,B,C 设置到达间隔时间服从平均值为 15 分钟的指数分布,单位设置为分钟(Minutes),其余项采用默认值,完成后单击 OK 键接受模块设定,如图 10-2～图 10-4 所示。

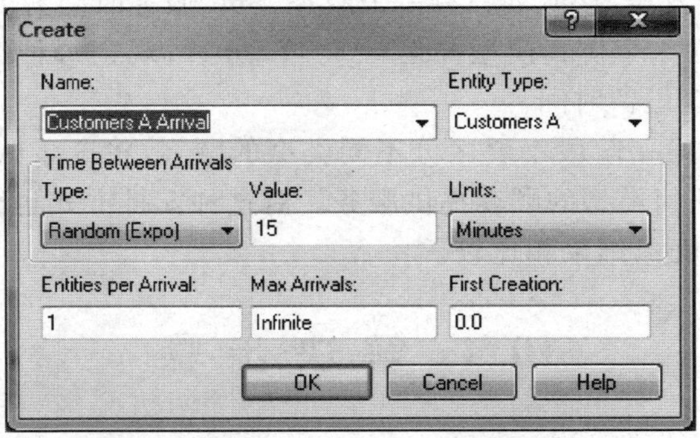

图 10-2 完成后的顾客 A 模块对话框

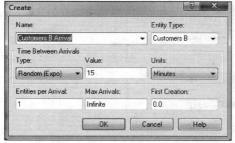 

图 10-3 完成后的顾客 B 模块对话框　　　　图 10-4 完成后的顾客 C 模块对话框

Process 模块有四个可能的活动类型选项：Delay，Seize Delay，Seize Delay Release 以及 Delay Release。

（1）Delay 会产生一个经历指定时间延迟的活动，这个活动不需要占用资源。

（2）Seize Delay 活动提供了等待和延迟功能，但它在操作完成后并不释放资源给下一实体使用，使用这个活动的前提是，资源必须在下游的某一个模块中能得到释放。

（3）Seize Delay Release 选项提供了准确建立预处理区域的各种活动的组合。

（4）Delay Release 活动假设实体先前占用了一种资源，在此处经历一段延迟后，释放了这种资源。

当选择最后三个选项之一时，会在活动（Action）选择框下面的空白处出现一个列表框。单击 Add 按钮来输入资源信息，如图 10-5～图 10-7 所示。

图 10-5 顾客 A 的收费对话框

在输入数据时，尽可能使用下拉式列表功能。因为输入一个名称时，必须与先前输入的名称完全一致。Arena 中的名称不区分大小写，而是根据名称拼写或插入空格来区分的。因此从下拉式列表中选取名称可以保证你所使用的名称和先前输入名称的一致性。如果在输入名称中稍微出错，则 Arena 会在首次运行模型时给出错误信息（更糟糕

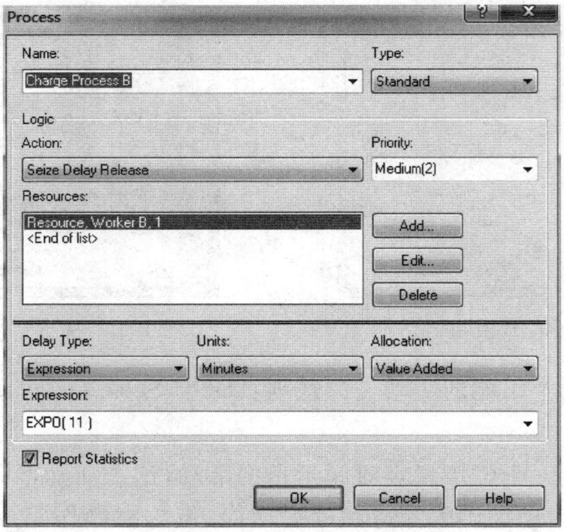

图 10-6　顾客 B 的收费对话框

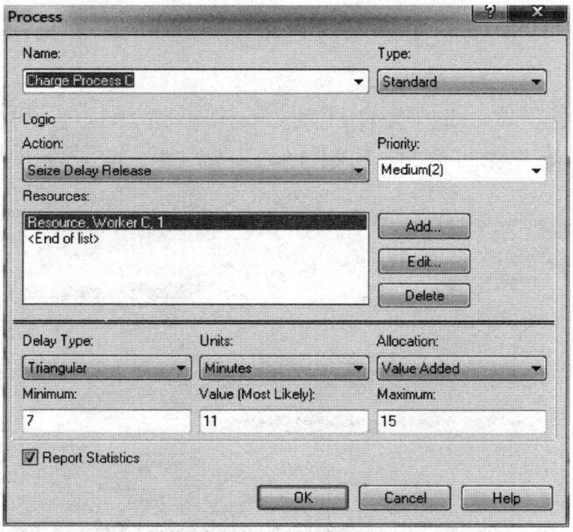

图 10-7　顾客 C 的收费对话框

的情况是,尽管模型可以运行,但结果却是错误的)。

当新建一个模块时,Arena 会自动为这个模块赋上默认名和默认值。这些默认名是带有附加序号的对象名称(如模块、资源等)。同一对象名称的附加序号是依次递增的,如 Process 1,Process 2,…。这样做是基于以下两个原因:其一是方便起见,你既可以接受默认资源名称,也可以修改它;其二是因为 Arena 中无论对象类型一致与否,所有的对象名称都必须是确定唯一的。

为帮助使用,Arena 做了许多自动命名工作,而其中的大多数,读者都不必理会。例如,单击查看队列数据模块就会发现,Arena 将零件 A 预处理区域的队列命名为 Prep A Precess.Queue。大多数情况下,你可以自己命名,而不必使用默认的名称。

当选择两个包含 Seize 活动中的任意一个,并确认接受时,Arena 会在相关 Process 模块附近自动弹出一个动画队列(一个在右端带有小竖线的水平线)。这种功能可以在仿真运行时动画显示队列中等待的实体。如果单击此队列,就可以显示出该队列的名称。

每个队列中,都有 1 个人员处理运输单据的核实并收费,3 种队列互相独立。顾客 A,服务时间为 UNIF(8,10)分钟;顾客 B,服务时间为 EXPO(11);顾客 C,服务时间为 TRIA(7,11,15)。

在此阶段中,顾客到达后占用人员为他服务,并产生了一个经历指定时间延迟的活动,然后释放。所以选择用 Seize Delay Release。在 Resource,单击 Add 增加,设置占用资源的类型(Type)、名称(Name)、数量(Quantity)。在 Delay Type 中选择关于服务时间的函数,单位为分钟(Minutes)。

收费完成后,所有顾客会进入另一个队列排队,获得发票,该队列只有一个服务人员,服务时间为 EXPO(4),如图 10-8 所示。

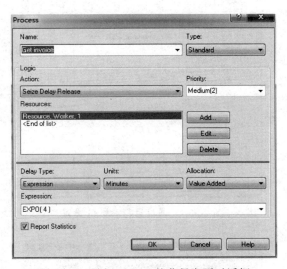

图 10-8　顾客 A,B,C 的获得发票对话框

之后,顾客离开,如图 10-9 所示。

图 10-9　顾客离开对话框

确保 Entity 框是按照 Run>Setup>Project 参数进行选择的前提下,才能获得这些统计结果数据。尽管已经完成了不少工作,但在运行模型之前还必须花些时间完成其他一些准备工作。这时的模型的确可以运行,但开始运行后,Arena 不知道何时停止!因此必须通过 Run>Setup 为模型设定运行参数。Run Setup 对话框用五个表页的参数来控

制仿真的运行。

第一个表是 Project Parameters。在这个表中输入项目标题和分析员姓名后，在 Project Description 部分可输入简要的项目描述。在 Statistics Collection 区，可以选择 Entities 等选项对系统进行统计。设置仿真运行长度是在 Replication Parameters 表中完成的，这里将 Replication Length 设为 5 000 分钟，Base Time Units 选取 Minutes，其他域使用默认值。对 Run＞Setup 中的其他三个参数表则使用默认值：Run Speed，Run Control 和 Reports。可以打开这些参数表来了解其中的参数选项，如图 10-10 和图 10-11 所示。

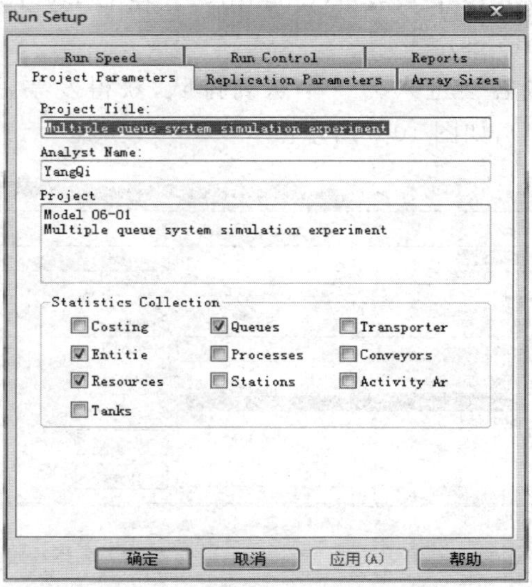

图 10-10　项目运行参数的设置

图 10-11　重复运行的参数表设置

在运行模型之前，必须对模型加以检验，单击运行交互工具栏中 Check 按钮(√)，或选择 Run>Check 命令，或用键盘上的 F4 键都可以对模型进行检验。检验完毕后，弹出一个小的消息窗口显示"模型中无错误或警告"(No errors or warnings in model)；否则会弹出一个描述错误的消息窗口，这时就需要选择 Find 选项(如果它可选)。这些功能将提示 Arena"认为"可能出错的地方。建议读者有意往模型中加入一个错误来验证这些功能。对这些功能的使用会随你所建立模型复杂程度的提升而增多。

如果模型检验无错，现在就可以准备开始运行仿真了。单击标准工具条中的"运行"按钮(▶)，或 Run>Go 命令，或使用 F5 键都可以启动动画仿真。如果还未检验模型，或是在检验之后又做了修改，Arena 会首先检验模型，然后使用数据对模型进行初始化，再开始运行模型。如果激活了屏幕底部的状态栏，就可以观察 Arena 当前的执行操作了。状态栏中主要包含以下三方面的信息：重复仿真次数，当前仿真时钟以及仿真状态。

仿真运行开始后，如果想改变仿真运行速度，可以按"＜"键来减慢仿真运行速度，或者按"＞"键来加快仿真运行速度。如果按了其中一个按键，在状态栏左端就会出现当前动画速度因子值。还可以通过 Run Setup 对话框中的 Run Speed 表来控制动画速度因子(Animation Speed Factor)：在这个表的选项中键入精确的速度因子数值。

在仿真运行过程中，可以使用运行工具条中的"暂停"按钮(■)来暂停运行，或者使用 Run>Pause 命令，或者直接用 Esc 键来暂停。这样可以暂时中断仿真运行，同时状态栏中会显示"用户中断"(User interrupted)的消息。

在暂停模式下，可以双击一个实体动画打开一个 Entity Summery 对话框，这个框中罗列着每个实体的属性值，可以使用运行工具栏中的"单步运行"按钮(＞|)来实现实体在系统中的单步运行(即每步只运行一个时间单位)。选择 Run>Run Control>Batch Run(No Animation)命令就可以关掉动画效果。

10.5 结 果 分 析

仿真运行中，每个 Create 模块、Process 模块和 Dispose 模块都各有一个计数器。Create 模块和 Dispose 模块的计数器在实体离开该模块时自动增加一个单位；而 Process 模块的计数器则代表了当前模块中的实体数，包括排队等待资源的实体数与当前接受操作的实体数之和。如果选择的是 Run>Fast-Forward 模式(或者使用 Fast-Forward 按钮▶▶)，这些计数器就不再更新，直至仿真运行结束或暂停并改变模型运行的观察模式时才会更新。

模型运行结束时，会"询问"你是否想查看结果。选择 Yes，系统会弹出一个总结报告的窗口(默认报告)。如果内容为"无法获得总结统计"(No Summary Statistics Are Available)，是因为在"运行设置"对话框中的"项目参数"表中没有选择 Entity，也就自动放弃收集这些统计数据。

统计报告中出现了三种类型的统计量：tally，time-persistent 和 counter 类型。当多次重复仿真时会出现第四个统计量(outputs)。记数型统计量与时间持续型统计量提供了均值，置信度为 95%的区间半长，最小值和最大值。

在每次重复仿真结束时,Arena 都会用一种批平均(batch means)方法为每个观测统计量的稳态期望值计算出一个 95% 的置信区间。Arena 首先检查是否收集了足够多的数据,以判别能否满足使用批平均值法的临界统计假设(批量无关性)。结果中会偶尔出现这种情况:如果不满足该假设,则报告中会出现"不足"(Insufficient)的提示,且不会产生区间半长。结果中还会出现几次这样的情况:如果检验批量无关性的数据足够多,但未通过检验,则会出现"相关"(Correlated)的提示,同样也不会计算区间半长。此外,还可能出现的情况是:如果有足够多的数据进行批量无关性检验,且通过了检验,则会产生一个长期(稳态)期望值统计量的置信度为 95% 的区间半长。如上所述,即便从纯计算角度出发,可以计算出结果,但 Arena 会拒绝报告不可靠的区间半长值。

实验结果分析与讨论。相关实验结果如图 10-12 和表 10-1 所示。

System Number Out	Average 1,039			
Total Time	Average	Half Width	Minimum Value	Maximum Value
Customers A	30.8246	3.88462	8.9377	79.3772
Customers B	62.3542	(Correlated)	2.1171	258.32
Customers C	38.3662	5.30447	9.1052	110.48

图 10-12 模型运行结果截图

对该系统的仿真模型运行 5 000 分钟后,观察到总共有 1 039 个顾客进入到该系统中。

表 10-1 运行结果统计 单位:min

顾客类型	平均系统逗留时间	最大系统逗留时间
Customers A	30.824 6	79.377 2
Customers B	62.354 2	258.32
Customers C	38.366 2	110.48

由此可看出,顾客 A 的平均系统逗留时间和最大系统逗留时间最少,顾客 B 的最多。且顾客 B 的平均系统逗留时间是顾客 A 的两倍以上,最大系统逗留时间为 4 小时以上。通过该仿真可知顾客 B 队列的效率很低,物流中心应采取措施提高顾客 B 队列工作人员的工作效率。

第 11 章

物流服务资源调度仿真实验

11.1 实 验 目 的

(1) 掌握 Arena 初步建模,运行所建立的模型以及观察输出结果。
(2) 在模型中了解调度、故障、资源等要素,以及不同的结果分析方法,完善动画效果、实体运动的动画表示。
(3) 确定输入数据,选择驱动仿真的随机数概率分布模型。

11.2 计 划 学 时

120 分钟。其中,任务介绍与分析 20 分钟,学生模拟实验 30 分钟,课堂练习 50 分钟,作业提交与讨论 20 分钟。

11.3 问 题 描 述

在一个电子商务的配送中心,需要对产品进行打包操作。产品达到间隔为 EXPO(2) 分钟,首次到达时间为 0。产品到达之后,被 4 位同样的打包工人中的一位打包,所有产品排成一个队列,4 位打包工人同时提供服务。打包时间为 TRIA(3,4,5)。产品打包之后按类型分开装运(20% 省内,80% 省外)。只有 1 个搬运工搬运省内包裹,搬运时间为 TRIA(2.5,3.3,4.8);有 2 个搬运工搬运省外包裹,搬运时间为 TRIA(1.7,2.0,2.5)。打包服务的班组按照 3 班、每班 8 小时运转,一周工作 5 天。所有的打包工人和搬运工在上班 2 小时后休息 15 分钟,4 小时后午餐休息 30 分钟,6 小时后再休息 15 分钟;使用"等待"(Wait)调度规则。

(1) 运行仿真 2 周(10 个工作日),确定系统中 3 个队列的平均和最大队列长度。设置模型的动画,包括产品被打包成包裹后外观上的改变(模型 7-1)。
(2) 改变打包工人和省外包裹搬运工人的休息方式为交错休息。安排 1 个打包工人的第一次 15 分钟休息安排在上班后 1 小时,30 分钟的午餐休息安排在上班后 3 小时,第二次 15 分钟休息是上班后 7 小时。安排 1 个省外包裹搬运工的第一次 15 分钟休息安排在上班后 1.5 小时，30 分钟的午餐休息安排在上班后 3.5 小时，第二个 15 分钟休息也是上班后 7 小时。运行仿真模型，将新旧结果进行比较（模型 7-2）。

11.4 解决步骤

对于实际问题，首先需要定义数据结构，系统的模型分解，或者控制逻辑的扩展。需选择能够提供我们所需要的功能的 Arena 模块，并确定系统的细致程度。此外，还需要确定分类搬运操作，离开及动画部分。模型中采用 Create 模块来生成到达的产品。产品到达之后，被 4 位同样的打包工人中的一位打包，所有产品排成一个队列，4 位打包工人同时提供服务。因此可以用一个 Process 模块来进行设置。

打包操作完成后要实施检查，通过"决策"选择来决定产品进入哪个搬运区域。模型中使用两个单独的"记录"(Record)和"处理"模块（分别记录和处理省内与省外两种产品），这样就可以按照产品类型进行分类统计。所有这些模块都包含在"基本操作"面板中。

建立模型时，首先打开一个新的模型窗口，将需要建立的模块放置于屏幕上：1 个 Create 模块、2 个 Process 模块、1 个 Decide 模块、2 个 Record 模块以及 2 个 Dispose 模块。将这些模块按照一定顺序放置好后，对所有模块重命名，输入模型所需的信息，并建立连接，单击 File>Save 将模型保存到选择的目录下，如图 11-1 所示。

服务资源调度系统仿真实验

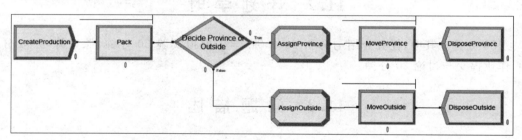

图 11-1　建立模块的视图

Product 设置到达间隔时间为均值 2 的随机数（即服从指数分布），单位设置为分钟（Minutes），其余项采用默认值，完成后单击 OK 键接受模块设定，如图 11-2 所示。

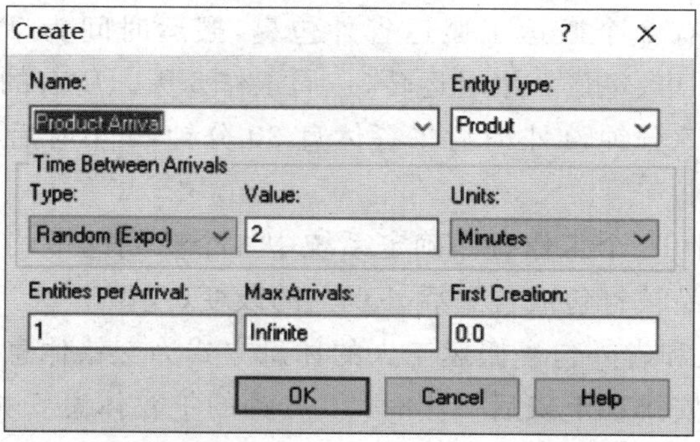

图 11-2　完成后的产品模块对话框

Process 模块有四个可能的活动类型选项：Delay，Seize Delay，Seize Delay Release 以及 Delay Release。

（1）Delay 会产生一个经历指定时间延迟的活动，这个活动不需要占用资源。由于预处理区域需要占用机器或资源，因此需要一个活动来实现排队等待，直到获得预处理区的资源，然后延迟至操作时间完成为止。

（2）Seize Delay 活动提供了等待和延迟功能，但它在操作完成后并不释放资源给下一实体使用，使用这个活动的前提是，资源必须在下游的某一个模块中能得到释放。

（3）Seize Delay Release 选项提供了准确建立预处理区域的各种活动的组合。

（4）Delay Release 活动假设实体先前占用了一种资源，在此处经历一段延迟后，释放了这种资源。

当选择最后三个选项之一时，会在活动（Action）选择框下面的空白处出现一个列表框。单击 Add 按钮来输入资源信息，如图 11-3 所示。

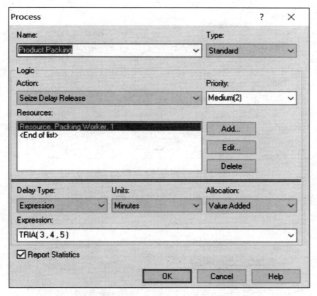

图 11-3　产品打包处理操作对话框

在输入数据时，尽可能使用下拉式列表功能。因为输入一个名称时，必须与先前输入的名称完全一致。Arena 中的名称不区分大小写，而是根据名称拼写或插入空格来区分的。因此从下拉式列表中选取名称可以保证你所使用的名称和先前输入名称的一致性。如果在输入名称中稍微出错，则 Arena 会在首次运行模型时给出错误信息（更糟糕的情况是，尽管模型可以运行，但结果却是错误的）。

当新建一个模块时，Arena 会自动为这个模块赋的默认名和默认值。这些默认名是带有附加序号的对象名称（如模块、资源等）。同一对象名称的附加序号是依次递增的，如 Progress 1，Progress 2；…。这样做是基于以下两个原因：其一是方便起见，你既可以接受默认资源名称，也可以修改它；其二是因为 Arena 中无论对象类型一致与否，所有的对象名称都必须是确定唯一的。

为帮助使用，Arena 做了许多自动命名工作，而其中的大多数，读者都不必理会。例如，单击查看队列数据模块就会发现，Arena 将产品打包处理区域的队列命名为 Product Packing. Queue。大多数情况下，你可以自己命名，而不必使用默认的名称。

当选择两个包含 Seize 活动中的任意一个，并确认接受时，Arena 会在相关 Process 模块附近自动弹出一个动画队列（一个在右端带有小竖线的水平线）。这种功能可以在仿真运行时动画显示队列中等待的实体。如果单击此队列，就可以显示出该队列的名称。

利用第一个 Decide 模块实现贴标签操作之后的检测。由于只有"省内"或"省外"两个选择，因此选用默认的类型 2-way by Chance。这里需要在对话框中输入一个逻辑为"真"（True）值的百分比，通过它来决定离开模块实体的去向。这个例子中，将真值百分比输入为 20，这样就会有 20% 的实体流向真值对应的分枝（这里的"真"值对应的是省内的产品），其余的 80% 流向逻辑"假"（False）值对应的分支（即省外的产品）。判断之后的产品，立即由相应的搬运工人进行搬运，如图 11-4 所示。

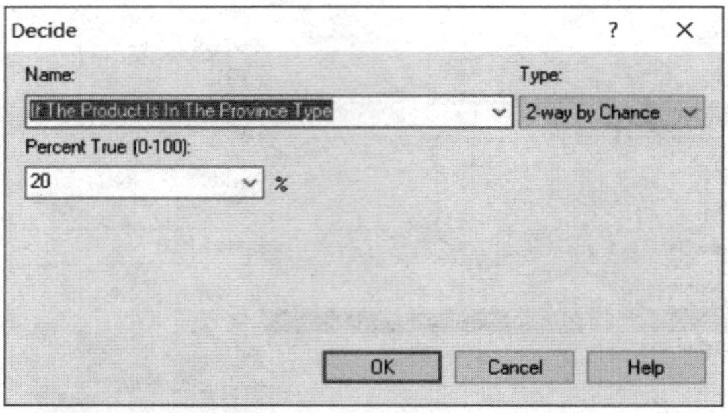

图 11-4 搬运检查对话框

建立搬运活动的 Process 模块，如图 11-5～图 11-7 所示。

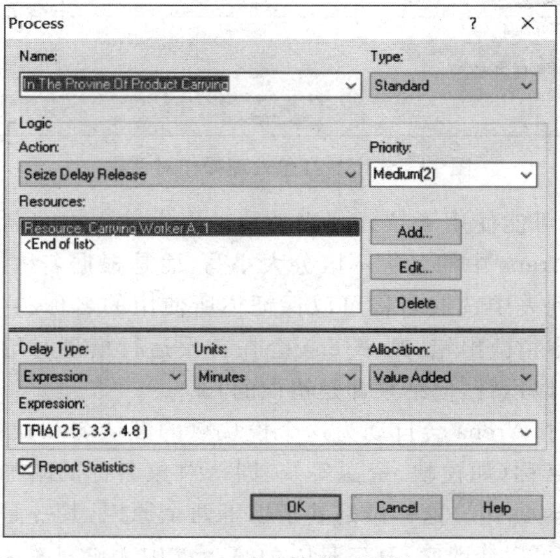

图 11-5 省内操作对话框

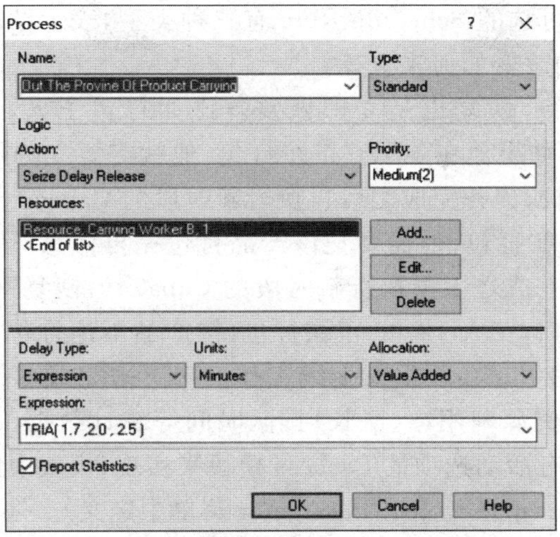

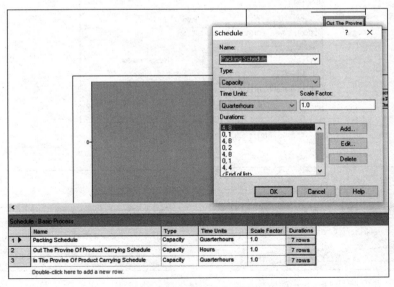

图11-6 省外搬运对话框

Schedule 模块常见的有两种类型(Type)，包括 Arrival 和 Capacity。Arrival 类型和 Creat 模块搭配，用来对实体(Entity)的到来进行日程安排。这里我们要用到的是 Capacity 的情况。它专门用来给资源的使用做日程安排。Capacity 代表可用资源的个数。首先要在 Resource 下选择需要安排日程的资源，这里我们选择 Packing Worker、Carrying Worker B、Carrying Worker A。Type 选择 Based on Schedule，输入 Schedule Name。Schedule Rule 选用 Wait 调度规则。Busy/Hour，Idle/Hour 对应的数字是单位时段的成本，用于在最终报告中分别计算忙碌和空闲时段的成本。4 位打包工人在上班时，Capacity 就是 4。当工人中午午休时，Capacity 就是 0，当然下班之后也是 0。结果显示如图 11-7 所示。

图11-7 Schedule 模块

编辑 Resource 时，可选的 Schedule Rule 有三种类型，表示的是：如果某种资源正在使用过程中，Capacity 的改变如何来执行。

Preempt 是立即执行，恢复也是立即恢复。比如打包工人，假设他中午 12:00 到 12:30 安排了休息时间，如果他在 12:00 正在打包，他就需要立刻停止工作。12:30 再继续工作。Wait 是等待当前任务完成之后再执行新时段的 Capacity，执行时间满，再恢复。假设打包工人 12:00 正在打包，他需要把该产品打包完再休息，休息满 30 分钟再上线。Ignore 是等待当前任务完成之后再执行新时段的 Capacity，恢复则是不管新时段执行了多久，立即回复。假设打包工人 12:00 正在打包，该产品不论打包多久，打包结束之后才能休息，并且规定他在 12:30 必须重新上线工作。接下来完成 Record 和 Dispose 模块。仿真的目的之一是获取资源利用率、队长、排队时间等统计数据。这三个统计数据可以利用每个需要资源的带有活动选项的 Process 模块来实现（模块中的 Report Statistics 框被选中，这可在 Run＞Setup＞Project Parameter 菜单中定义）。还需要获得打包队列、省内搬运队列、省外搬运队列三者平均和最大队列长度（queue）。Record 模块可通过累加器完成这些量的统计。从下拉菜单中选择 Count 类型，累加器默认名称与模块名称相同，这样 Arena 就会自动进行累加统计，如图 11-8～图 11-10 所示。

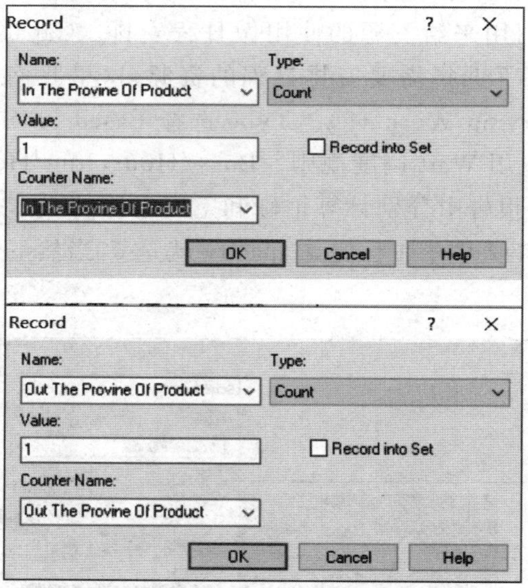

图 11-8　队列记数对话框

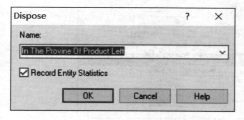

图 11-9　省内产品 Dispose 对话框

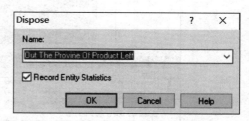

图 11-10　省外产品 Dispose 对话框

确保 Entity 框是按照 Run＞Setup＞Project 参数进行选择的前提下，才能获得这些统计结果数据。尽管已经完成了不少工作，但在运行模型之前还必须花些时间完成其他一些准备工作。这时的模型的确可以运行，但开始运行后，Arena 不知道何时停止！因此必须通过 Run＞Setup 为模型设定运行参数。Run Setup 对话框用五个表页的参数来控制仿真的运行。第一个表是 Project Parameters。在这个表中输入项目标题和分析员姓名后，在 Project Description 部分可输入简要的项目描述。在 Statistics Collection 区，可以选择 Entities 等选项对系统进行统计，如图 11-11 所示。

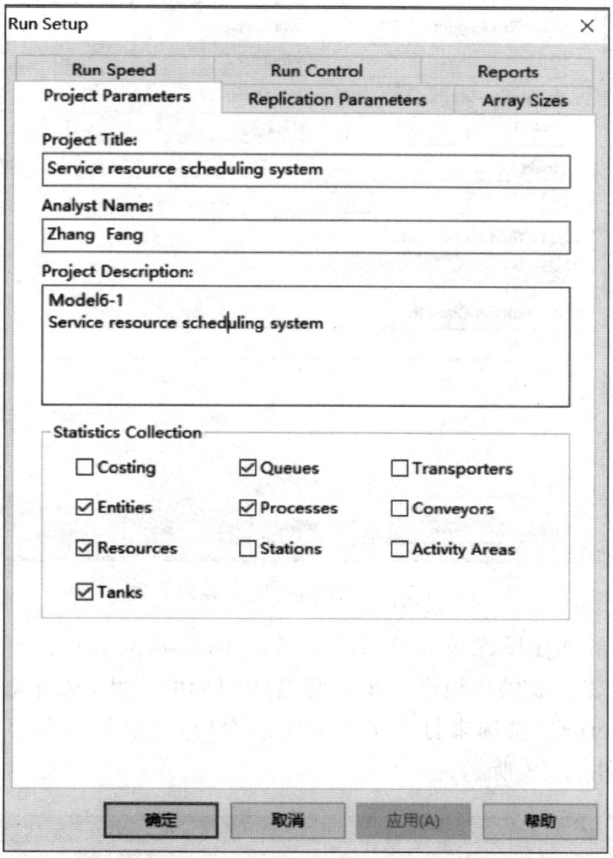

图 11-11　项目运行参数的设置

设置仿真运行长度是在 Replication Parameters 表中完成的，这里将 Replication Length 设为 24 小时（3 个连续的 8 小时轮班），Base Time Units 选取 Minutes，其他域使用默认值。对 Run＞Setup 中的其他三个参数表则使用默认值：Run Speed，Run Control 和 Reports。你可以打开这些参数表来了解其中的参数选项。

在运行新模型前，还必须进行最后的调整。由于有两种不同类型的产品，因此如果在动画显示中能加以区别则效果就更好了。在基本操作面板中的 Entity 数据模块中，会发现两类产品的初始图像都定义为 Picture.Report，因此当运行模型时，所有产品在实体的动画显示中都会出现同样的图标，如图 11-12 所示。

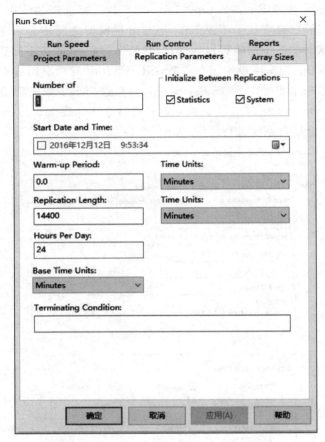

图 11-12　重复运行的参数表设置

单击省内产品的初始图像单元格(Initial Picture),从列表中选择一个别的图片。这里给产品选择是包装。如果还想进一步了解这些图标的形状,从屏幕上面的主菜单中选择 Edit>Entity Pictures 选项来打开实体的图形窗口,可以从当前屏幕的左下栏中观察到图标的形状,如图 11-13 所示。

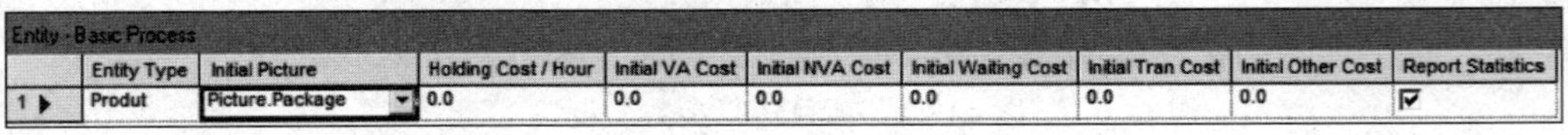

Entity Type	Initial Picture	Holding Cost / Hour	Initial VA Cost	Initial NVA Cost	Initial Waiting Cost	Initial Tran Cost	Initial Other Cost	Report Statistics
Produt	Picture.Package	0.0	0.0	0.0	0.0	0.0	0.0	☑

图 11-13　设置实体的初始图像(Initial Picture)

根据实验要求,模型 7-2 改变打包工人和省外包裹搬运工人的休息方式为交错休息。首先设置打包工人的休息方式。对第一个 Process 模块进行调整,首先在 Set 模块进行设置,将休息时间不同的打包工人,分别设置成 Worker Relax Type 1、Worker Relax Type 2。然后在 Resource 模块进行设置,类型选择 Set,如图 11-14 和图 11-15 所示。

省内产品的搬运工人的设置仍然不变,省外产品 Process 模块做出调整。首先在 Set 模块进行设置,将工作时间不同的两个省外搬运工人分别设置成 B、C,如图 11-16 所示。

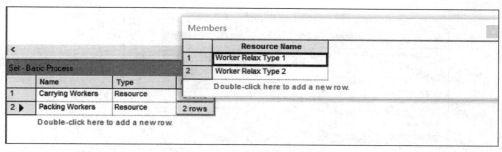

图 11-14　打包工人 Set 设置

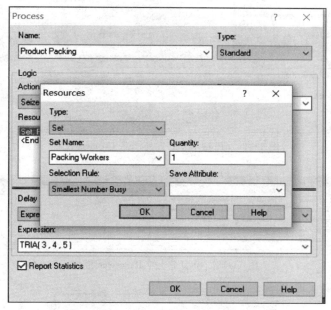

图 11-15　打包工人 Process 模块的资源设置

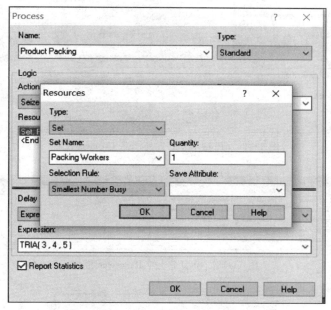

图 11-16　模型 7-2 的省外产品 Set 设置

在 Process 模块的资源设置 Resource 中进行相应的设置,资源类型处选择 Set 类型,如图 11-17 所示。

因此,Resource 模块的相关设置如图 11-18 所示。

Schedule 模块的相应改变如图 11-19～图 11-22 所示。

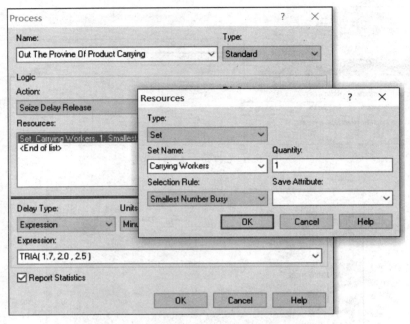

图 11-17　模型 7-2 的省外产品 Process 设置

Resource - Basic Process

	Name	Type	Schedule Name	Schedule Rule	Busy / Hour	Idle / Hour	Per Use	StateSet Name	Failures	Report Statistics
1	Carrying Worker A	Based on Schedule	In The Provine Of Product Carrying Schedule	Wait	0	0	0.0		0 rows	☑
2	Carrying Worker B	Based on Schedule	Out The Provine Of Product Carrying Schedule B	Wait	0	0	0.0		0 rows	☑
3	Carrying Worker C	Based on Schedule	Out The Provine Of Product Carrying Schedule C	Wait	0	0	0.0		0 rows	☑
4	Worker Relax Type 1	Based on Schedule	Packing Schedule 1	Wait	0	0	0.0		0 rows	☑
5	Worker Relax Type 2	Based on Schedule	Packing Schedule 2	Wait	0	0	0.0		0 rows	☑

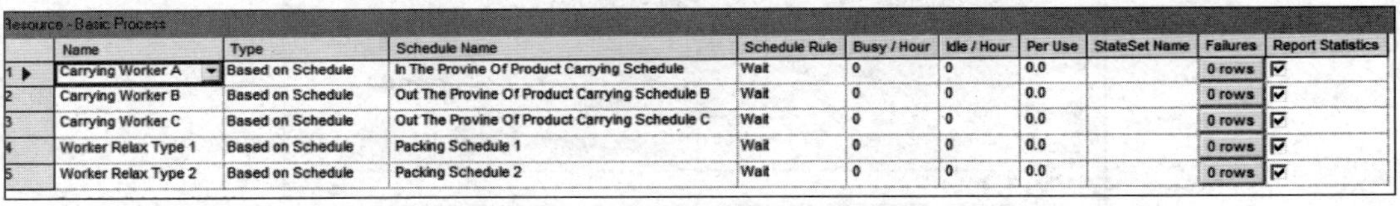

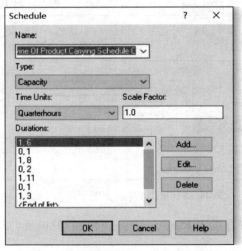

图 11-18　模型 7-2 的 Resource 模块

图 11-19　模型 7-2 发生改变的搬运工人 Schedule 模块

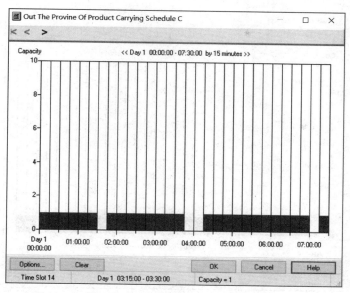

图 11-20　模型 7-2 发生改变的搬运工人 Schedule 模块

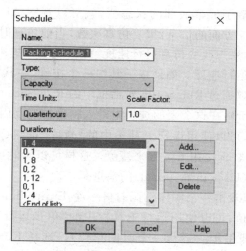

图 11-21　模型 7-2 发生改变的打包工人 Schedule 模块

在运行模型之前,必须对模型加以检验,单击运行交互工具栏中 Check 按钮(√),或选择 Run>Check 命令,或用键盘上的 F4 键都可以对模型进行检验。检验完毕后,弹出一个小的消息窗口显示"模型中无错误或警告"(No errors or warnings in model);否则会弹出一个描述错误的消息窗口,这时就需要选择 Find 选项(如果它可选)。这些功能将提示 Arena"认为"可能出错的地方。建议读者有意往模型中加入一个错误来验证这些功能。对这些功能的使用会随你所建立模型复杂程度的提升而增多。

如果模型检验无错,现在就可以准备开始运行仿真了。单击标准工具条中的"运行"按钮(▶),或 Run>Go 命令,或使用 F5 键都可以启动动画仿真。如果还未检验模型,或是在检验之后又做了修改,Arena 会首先检验模型,然后使用数据对模型进行初始化,再

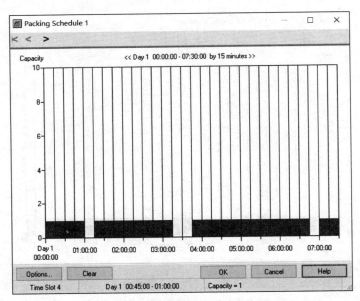

图 11-22　模型 7-2 发生改变的打包工人 Schedule 模块

开始运行模型。如果激活了屏幕底部的状态栏，就可以观察 Arena 当前的执行操作了。状态栏中主要包含以下三方面的信息：重复仿真次数，当前仿真时钟以及仿真状态。

仿真运行开始后，如果想改变仿真运行速度，可以按"＜"键来减慢仿真运行速度，或者按"＞"键来加快仿真运行速度。如果按了其中一个按键，在状态栏左端就会出现当前动画速度因子值。还可以通过 Run Setup 对话框中的 Run Speed 表来控制动画速度因子（Animation Speed Factor）：在这个表的选项中键入精确的速度因子数值。

在仿真运行过程中，可以使用运行工具条中的"暂停"按钮（ ）来暂停运行，或者使用 Run＞Pause 命令，或者直接用 Esc 键来暂停。这样可以暂时中断仿真运行，同时状态栏中会显示"用户中断"（User interrupted）的消息。

在暂停模式下，可以双击一个实体动画打开一个 Entity Summery 对话框，这个框中罗列着每个实体的属性值；可以使用运行工具栏中的"单步运行"按钮（＞|）来实现实体在系统中的单步运行（即每步只运行一个时间单位）。选择 Run＞Run Control＞Batch Run(No Animation) 命令就可以关掉动画效果。

11.5　结果分析

仿真运行中，系统中除产品 Package 外，每个 Create 模块、Process 模块和 Dispose 模块都各有一个计数器，而每个 Decide 模块会有两个计数器。Create 模块、Dispose 模块以及 Decide 模块的计数器在实体离开该模块时自动增加一个单位；而 Process 模块的计数器则代表了当前模块中的实体数，包括排队等待资源的实体数与当前接受操作的实体数之和。如果选择的是 Run＞Fast-Forward 模式（或者使用 Fast-Forward 按钮 ），这些计数器就不再更新，直至仿真运行结束或暂停并改变模型运行的观察模式时才会更新。

模型运行结束时，会"询问"你是否想查看结果。选择 Yes，系统会弹出一个总结报告的窗口（默认报告）。如果内容为"无法获得总结统计"（No Summary Statistics Are Available），是因为在"运行设置"对话框中的"项目参数"表中没有选择 Entity，也就自动放弃收集这些统计数据。

统计报告中出现了三种类型的统计量：tally，time-persistent 和 counter 类型。当多次重复仿真时会出现第四个统计量（outputs）。记数型统计量与时间持续型统计量提供了均值、置信度为 95% 的区间半长、最小值和最大值。

在每次重复仿真结束时，Arena 都会用一种批平均（batch means）方法为每个观测统计量的稳态期望值计算出一个 95% 的置信区间。Arena 首先检查是否收集了足够多的数据，以判别能否满足使用批平均值法的临界统计假设（批量无关性）。结果中偶尔会出现这种情况：如果不满足该假设，则报告中会出现"不足"（Insufficient）的提示，且不会产生区间半长。结果中还会出现几次这样的情况：如果检验批量无关性的数据足够多，但未通过检验，则会出现"相关"（Correlated）的提示，同样也不会计算区间半长。此外，还可能出现的情况是：如果有足够多的数据进行批量无关性检验，且通过了检验，则会产生一个长期（稳态）期望值统计量的置信度为 95% 的区间半长。综上所述，即便从纯计算角度出发，可以计算出结果，但 Arena 会拒绝报告不可靠的区间半长值。

实验结果如图 11-23～图 11-26 所示。

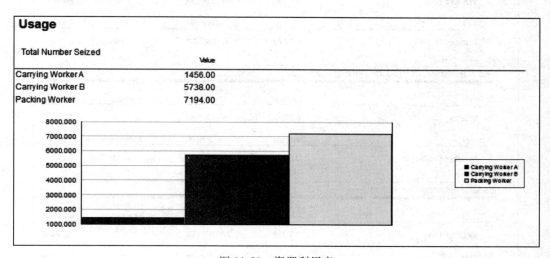

图 11-23　资源利用率

在模型 7-1 中，打包工人平均等待时间是 3 分钟，最长等待队列 22 个产品，平均有 2 个产品等待；省内产品搬运队列平均等待时间是 3.9 分钟，最长等待队列 10 个产品，平均有 1 个产品等待；省外产品搬运队列平均等待时间是 11 分钟，最长等待队列 60 个产品，平均有 4 个产品等待。

在模型 7-2 中，打包工人平均等待时间是 1.8 分钟，最长等待队列 19 个产品，平均有 1 个产品等待；省内产品搬运队列平均等待时间是 3.8 分钟，最长等待队列 7 个产品，平均有 1 个产品等待；省外产品搬运队列平均等待时间是 0.8 分钟，最长等待队列 13 个产

Usage

Total Number Seized

	Value
Carrying Worker A	1427.00
Carrying Worker B	3439.00
Carrying Worker C	2275.00
Worker Relax Type 1	2382.00
Worker Relax Type 2	4771.00

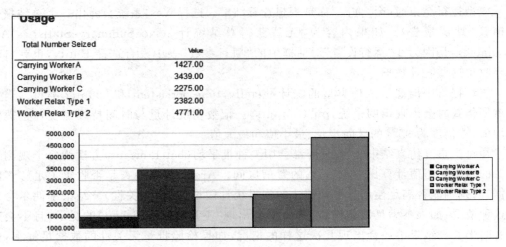

图 11-24 资源利用率变化

In The Provine Of Product Carrying.Queue

Time	Average	Half Width	Minimum	Maximum
Waiting Time	3.8133	0.641536506	0	36.9079

Other	Average	Half Width	Minimum	Maximum
Number Waiting	0.3779	0.061536509	0	7.0000

Out The Provine Of Product Carrying.Queue

Time	Average	Half Width	Minimum	Maximum
Waiting Time	0.8250	0.165382194	0	16.4333

Other	Average	Half Width	Minimum	Maximum
Number Waiting	0.3301	0.075369997	0	13.0000

Product Packing.Queue

Time	Average	Half Width	Minimum	Maximum
Waiting Time	1.7938	0.276169173	0	22.7086

Other	Average	Half Width	Minimum	Maximum
Number Waiting	0.8911	0.139470756	0	19.0000

图 11-25 模型 7-2 仿真结果

品，平均有 1 个产品等待。经过实验对比，得出结论：工人休息时间交替的情况下工作线上产品等待时间减少，每个产品线上工人工作强度比模型 7-1 弱，能提高工作效率，根据 Usage 图表显示，未改变作息时间的打包工人工作强度要大，可将 4 个打包工人作息时间分成两组轮班制，再改变一个打包工人的休息时间。

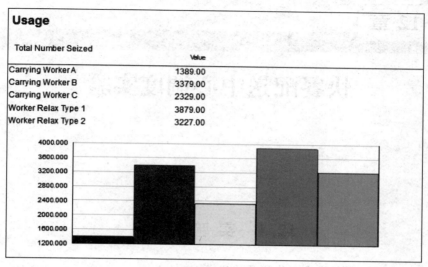

图 11-26　模型 7-2 资源利用率

第 12 章

快餐配送中心调度实验

12.1 实验目的

(1) 掌握 Arena 服务需求变化问题的建模。
(2) 掌握需求波动的刻画方法。

12.2 计划学时

120 分钟。其中,任务介绍与分析 20 分钟,学生模拟实验 30 分钟,课堂练习 50 分钟,作业提交与讨论 20 分钟。

12.3 问题描述

某快餐配送中心在午餐时间的工作量会剧增,高峰期从上午 10 点到下午 2 点。午餐配送订单大致可以分成单人订单、家庭订单、公司团购 3 类,具体如下。

(1) 单人订单。每次到达 1 个订单,到达时间间隔为 EXPO(4) 分钟,首次到达为上午 10 点之后的 EXPO(3) 分钟。

(2) 家庭订单。每次到达 1,2,3 或者 4 位,相应的概率分别为 0.2,0.3,0.3,0.2;到达时间间隔为 EXPO(3) 分钟,首次到达时间为上午 10 点之后的 EXPO(5) 分钟。

(3) 公司团购。每天只会有一个公司团购订单,在上午 11 点到下午 1 点到达(到达时间为在该区间内的均匀分布),每天订单数都不一样,但是大概服从均值为 80 人的泊松分布。

订单达到后,首先要在收费柜台进行网络接单收费和打印订单,时间分别为 TRIA(10,20,40) 秒和 TRIA(15,20,30) 秒,服务员 2 人。

接下来,服务中心需要对顾客订单进行烹制,每个订单的烹制时间为 2 秒到 3 分钟的均匀分布,一共有厨师 3 人。

食物装好之后,需要打包,需要花费时间 EXPO(1) 分钟,打包员 2 人。

接下来需要安排快递人员进行配送,一共有快递人员 8 人,每一个订单配送所花时间为 TRIA(3,5,15) 分钟。

所有柜台服务员轮流休息，在 10:50 开始，每一个服务场所都有一个人休息 10 分钟，轮流进行。如果轮到一位服务员休息，但是他正在为顾客提供服务，那么该服务员必须给当前顾客提供完服务才能休息，但是返回岗位的时间不变，也就是说服务员实际的休息时间可能会比 10 分钟短一点。

员工安排是快递服务中心的主要问题。目前，在中午的 4 小时里，一共有 15 位服务员。由于公共汽车会在 11 点至 1 点到达，而且一次到达的顾客会很多，所以快餐配送中心正在考虑一个可变的员工安排方案，在 4 小时的前 1 小时和最后 1 小时，调整适当人数到烹制和配送环节。

对于仿真结果，观察每个队列的平均对长和最大对长，顾客在每个队列中的平均等待时间和最长等待时间。

12.4 解决步骤

首先绘制基本结构，如图 12-1 所示。

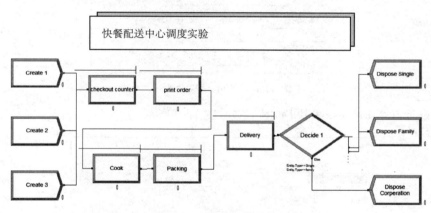

图 12-1 模型整体结构

其次设置 Creat 模块，如图 12-2～图 12-4 所示。

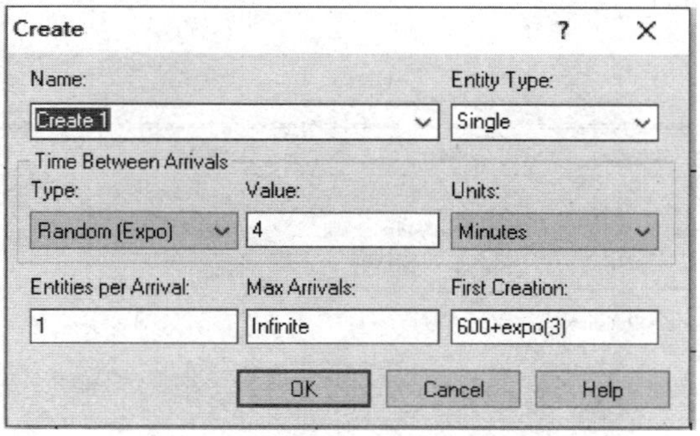

图 12-2 Creat 模块设置一

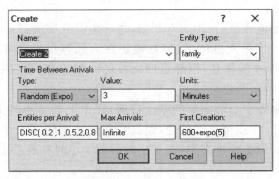

图 12-3 Creat 模块设置二

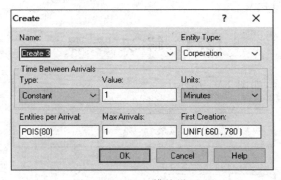

图 12-4 Creat 模块设置三

依次设置五个 Process 模块,如图 12-5～图 12-9 所示。

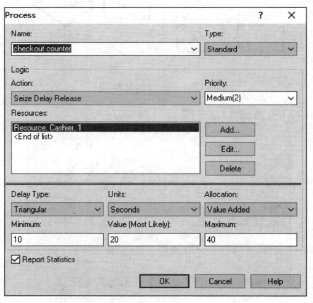

图 12-5 Process 设置一

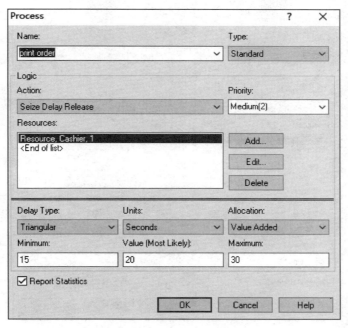

图 12-6　Process 设置二

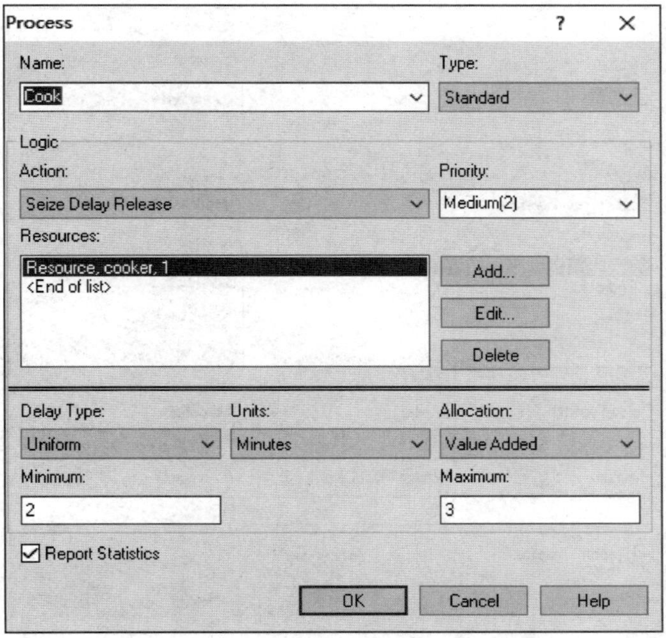

图 12-7　Process 设置三

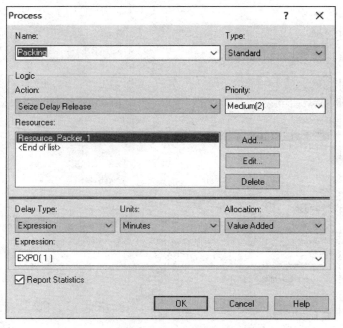

图 12-8　Process 设置四

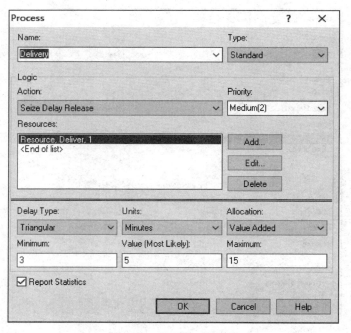

图 12-9　Process 设置五

用 Decide 模块区分不同的实体类型,分别统计,如图 12-10 和图 12-11 所示。

设置 Resource 文件数据,如图 12-12 所示。

根据休息要求,设置相关的 Failure,如图 12-13 所示。

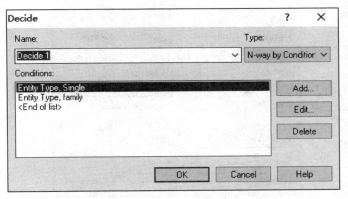

图 12-10　Decide 模块设置

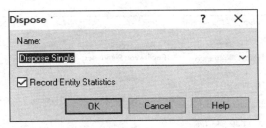

图 12-11　Dispose 模块设置

Resource - Basic Process

	Name	Type	Capacity	Busy / Hour	Idle / Hour	Per Use	StateSet Name	Failures	Report Statistics
1	Cashier	Fixed Capacity	2	0.0	0.0	0.0		1 rows	☑
2	cooker	Fixed Capacity	3	0.0	0.0	0.0		1 rows	☑
3	Deliver	Fixed Capacity	8	0.0	0.0	0.0		1 rows	☑
4	Packer	Fixed Capacity	2	0.0	0.0	0.0		1 rows	☑

Double-click here to add a new row.

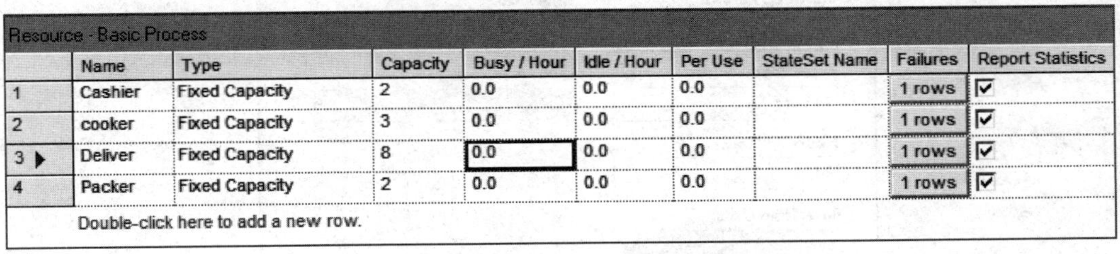

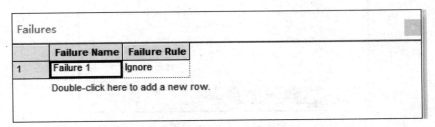

图 12-12　Resource 模块设置

Failures

	Failure Name	Failure Rule
1	Failure 1	Ignore

Double-click here to add a new row.

图 12-13　Failure 模块设置

在 Advanced Process 中设置 Failure 数据，如图 12-14 所示。

最后，还需要在 Setup 中设置模型仿真的相关参数，如图 12-15 所示。

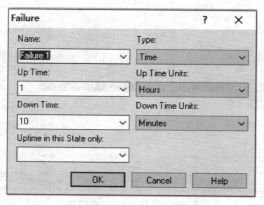

图 12-14　Failure 数据设置

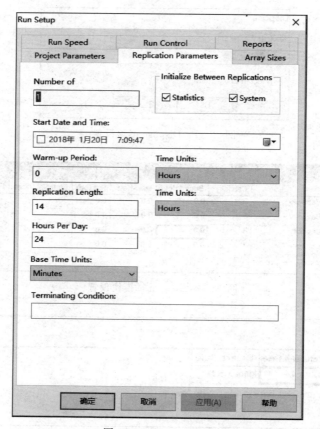

图 12-15　Setup 设置

12.5　结　果　分　析

模型运行结束时,观察报告,如图 12-16～图 12-19 所示。

Number In

	Value
Corperation	76.0000
family	206.00
Single	67.0000

Number Out

	Value
Corperation	76.0000
family	94.0000
Single	34.0000

WIP

	Average	Half Width	Minimum Value	Maximum Value
Corperation	6.6389	(Insufficient)	0.00	76.0000
family	12.8532	(Insufficient)	0.00	113.00
Single	4.2935	(Insufficient)	0.00	35.0000

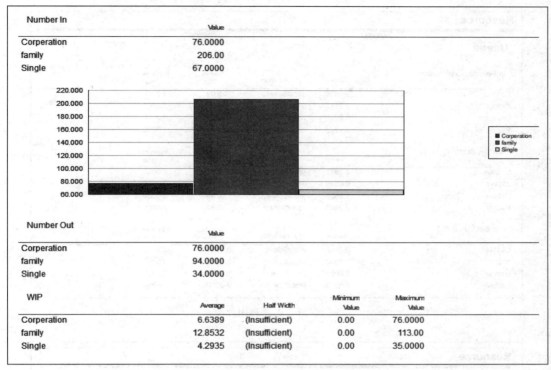

图 12-16　实体输入数据

Queue

Time

Waiting Time

	Average	Half Width	Minimum Value	Maximum Value
checkout counter.Queue	7.8148	(Correlated)	0.00	25.3179
Cook.Queue	26.9773	(Insufficient)	0.00	91.5523
Delivery.Queue	3.8921	(Insufficient)	0.00	17.3355
Packing.Queue	0.7015	(Insufficient)	0.00	10.4199
print order.Queue	7.5471	(Correlated)	0.00	24.9340

Other

Number Waiting

	Average	Half Width	Minimum Value	Maximum Value
checkout counter.Queue	3.2005	(Correlated)	0.00	85.0000
Cook.Queue	13.3377	(Correlated)	0.00	109.00
Delivery.Queue	1.0364	(Insufficient)	0.00	13.0000
Packing.Queue	0.1916	(Insufficient)	0.00	4.0000
print order.Queue	2.9522	4.58641	0.00	83.0000

图 12-17　排队数据

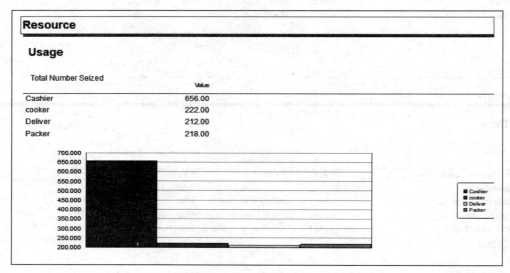

Resource

Usage

Instantaneous Utilization

	Average	Half Width	Minimum Value	Maximum Value
Cashier	0.1436	(Insufficient)	0.00	1.0000
cooker	0.2172	(Insufficient)	0.00	1.0000
Deliver	0.2330	(Insufficient)	0.00	1.0000
Packer	0.1323	(Insufficient)	0.00	1.0000

Number Busy

	Average	Half Width	Minimum Value	Maximum Value
Cashier	0.2872	(Insufficient)	0.00	2.0000
cooker	0.6516	(Insufficient)	0.00	3.0000
Deliver	1.8638	(Insufficient)	0.00	8.0000
Packer	0.2646	(Insufficient)	0.00	2.0000

Number Scheduled

	Average	Half Width	Minimum Value	Maximum Value
Cashier	2.0000	(Insufficient)	2.0000	2.0000
cooker	3.0000	(Insufficient)	3.0000	3.0000
Deliver	8.0000	(Insufficient)	8.0000	8.0000
Packer	2.0000	(Insufficient)	2.0000	2.0000

图 12-18　资源利用效率

Resource

Usage

Total Number Seized

	Value
Cashier	656.00
cooker	222.00
Deliver	212.00
Packer	218.00

图 12-19　资源利用量

员工安排是快递服务中心的主要问题。目前，在中午的 4 小时里，一共有 15 位服务员。由于公共汽车会在 11 点至 1 点到达，而且一次到达的顾客会很多，所以快餐配送中心正在考虑一个可变的员工安排方案，在 4 小时的前 1 小时和最后 1 小时，调整适当人数到烹制和配送环节。读者可自行设置调整，并比较相关结果。

第 13 章

仓库布置优化仿真实验

13.1 实验目的

(1) 掌握队列公式运算方法、仓库布置优化。
(2) 熟练掌握关于现实问题转化为模型的技巧。
(3) 了解 Hold,Separate 等高级模块的写法及应用。

13.2 计划学时

120 分钟。其中,任务介绍与分析 20 分钟,学生模拟实验 30 分钟,课堂练习 50 分钟,作业提交与讨论 20 分钟。

13.3 问题描述

某快速消费品企业生产需要三种原料:原料1,原料2,原料3。由于快速消费品需求波动大、品种变化快,该仓库采用区域存储模式,三种原料存储区的容积分别为20、20、60个托盘。如果一种原料的存储区域已满,不能放到其他原料的空闲存储区域里面,但是可以放入一个容积为15的原料暂存区,如果暂存区已经满了,则暂停接受供货商送货车辆卸货,卸货车辆在仓库外等待。这三种原料由该企业的三个供应商:供应商1,供应商2,供应商3分别来提供。供应商1的送货时间间隔符合平均值是524、标准差是10的正态分布,每次送货的托盘数符合平均值为10、方差是3的正态分布。供应商2的送货时间间隔符合平均值2 504、标准差为50的正态分布,且每次送货的托盘数符合平均值为15、方差为6的正态分布。供应商的送货时间间隔符合平均值2 563、标准差为30的正态分布,且每次送货的托盘数也是符合平均值为15、方差为6的正态分布。生产线对原料的需用会以订单的形式发送到仓库,每次订货都是一个托盘,三种原料的到达时间都符合正态分布,平均值分别为189,120,260,标准差为20,15,30。对于三种原料的第一个订单到达时间是不确定的,但其平均值分别是58,63,74,企业关心的问题是仓库目前的库区容量设置是否合理;如不合理,如何改进。

13.4 解决步骤

下面就第一部分内容详细阐述如下。创造实体,如图 13-1 所示。

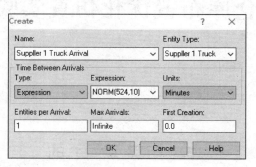

图 13-1 创造实体

绘制基本结构图,如图 13-2 所示。各部分的详细情况,如图 13-3～图 13-5 所示。

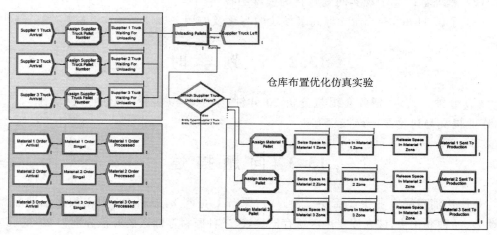

图 13-2 模型整体结构

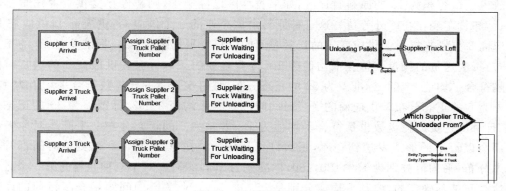

图 13-3 订单处理模块

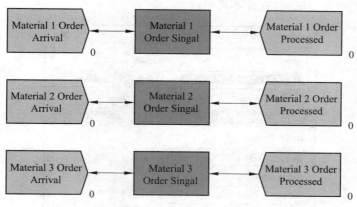

图 13-4 托盘排队模块

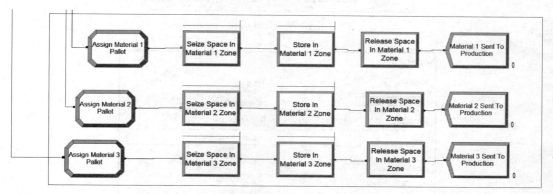

图 13-5 配送模块

为方便读者查阅,将上图分为三部分进行展示如下:

部分 1:收货模块

设置第一部分各环节内容,如图 13-6～图 13-10 所示。

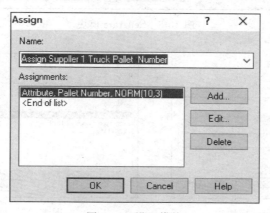

图 13-6 设置模块

表示当公共储存区 15 个位置满了以后,不再进行作业,如图 13-7 所示。类似的,可以设置好其他两个车辆队列，在此不再赘述。

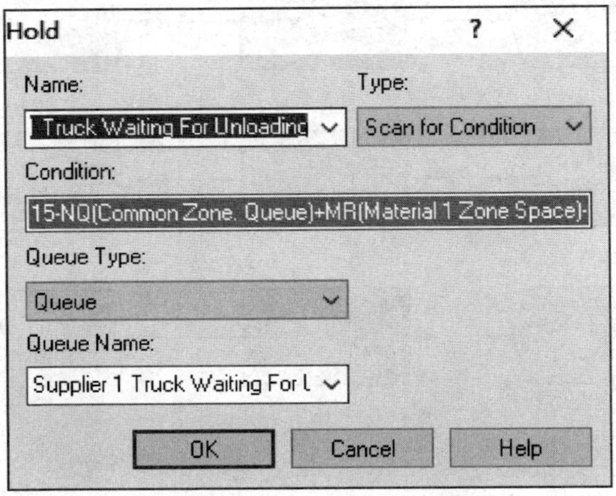

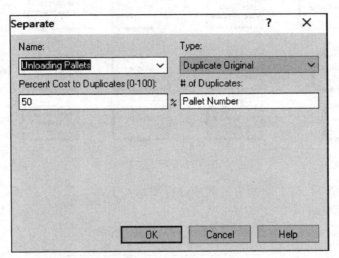

图 13-7　Hold 模块

图 13-8　Separate 模块

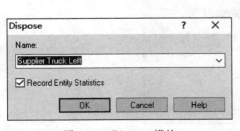

图 13-9　Dispose 模块

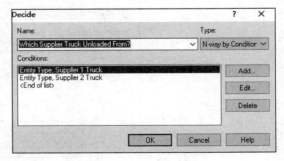

图 13-10　Decide 模块

接下来设置第 2 部分的内容，如图 13-11～图 13-13 所示。

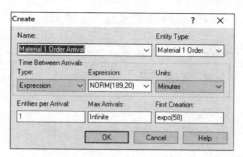

图 13-11 创造一个订单实体

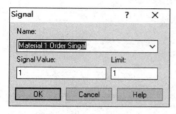

图 13-12 Signal 模块

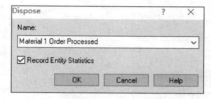

图 13-13 订单实体离开

类似的，可以设置好其他两个队列，在此不再赘述。

接下来，设置第 3 部分，如图 13-14～图 13-18 所示。

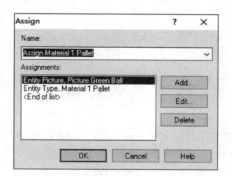

图 13-14 设置模块

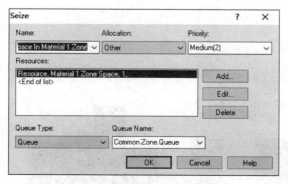

图 13-15 区域控制模块

特别注意，Queue Name 部分必须修改为公共区域的队列。

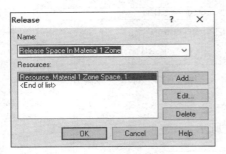

图 13-16　储存在第一区域

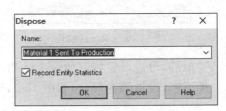

图 13-17　释放区域空间　　　　　　　　图 13-18　货物配送

最后对模型分析进行设置。

13.5　结　果　分　析

模型运行结束时，观察报告，如图 13-19～图 13-23 所示。

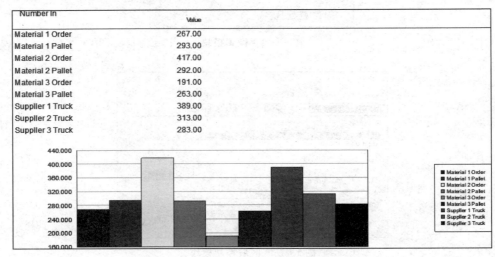

图 13-19　实体结果

Queue

Time

Waiting Time	Average	Half Width	Minimum Value	Maximum Value
Common Zone.Queue	508.38	102.694	0.00	2747.14
Store In Material 1 Zone.Queue	3548.34	(Insufficient)	20.0768	3929.20
Store In Material 2 Zone.Queue	595.03	(Insufficient)	11.7421	1250.32
Store In Material 3 Zone.Queue	698.25	(Insufficient)	7.2626	2566.53
Supplier 1 Truck Waiting For Unloading.Queue	16014.37	(Insufficient)	0.00	34353.02
Supplier 2 Truck Waiting For Unloading.Queue	315.89	(Insufficient)	0.00	3974.61
Supplier 3 Truck Waiting For Unloading.Queue	0.00	(Insufficient)	0.00	0.00

Other

Number Waiting	Average	Half Width	Minimum Value	Maximum Value
Common Zone.Queue	8.7529	(Insufficient)	0.00	14.0000
Store In Material 1 Zone.Queue	19.6926	(Insufficient)	0.00	20.0000
Store In Material 2 Zone.Queue	3.3978	(Insufficient)	0.00	20.0000
Store In Material 3 Zone.Queue	3.6728	(Insufficient)	0.00	29.0000
Supplier 1 Truck Waiting For Unloading.Queue	33.3530	(Insufficient)	0.00	68.0000
Supplier 2 Truck Waiting For Unloading.Queue	0.1327	(Insufficient)	0.00	2.0000
Supplier 3 Truck Waiting For Unloading.Queue	0.00	(Insufficient)	0.00	0.00

图 13-20 排队结果

Resource

Usage

Instantaneous Utilization	Average	Half Width	Minimum Value	Maximum Value
Material 1 Zone Space	0.9846	(Insufficient)	0.00	1.0000
Material 2 Zone Space	0.1699	(Insufficient)	0.00	1.0000
Material 3 Zone Space	0.06121321	(Insufficient)	0.00	0.4833

Number Busy	Average	Half Width	Minimum Value	Maximum Value
Material 1 Zone Space	19.6926	(Insufficient)	0.00	20.0000
Material 2 Zone Space	3.3978	(Insufficient)	0.00	20.0000
Material 3 Zone Space	3.6728	(Insufficient)	0.00	29.0000

Number Scheduled	Average	Half Width	Minimum Value	Maximum Value
Material 1 Zone Space	20.0000	(Insufficient)	20.0000	20.0000
Material 2 Zone Space	20.0000	(Insufficient)	20.0000	20.0000
Material 3 Zone Space	60.0000	(Insufficient)	60.0000	60.0000

图 13-21 资源利用情况

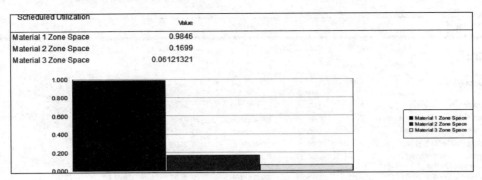

图 13-22 资源利用率

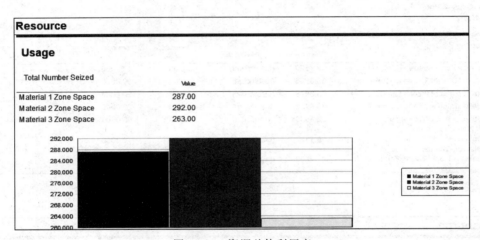

图 13-23 资源总体利用率

第 14 章

库存控制优化仿真实验

14.1 实验目的

(1) 结合库存控制基本理论和方法,进行库存控制管理优化。
(2) 熟练掌握将库存问题转化为 Arena 语言的流程和技术。

14.2 计划学时

120 分钟。其中,任务介绍与分析 20 分钟,学生模拟实验 30 分钟,课堂练习 50 分钟,作业提交与讨论 20 分钟。

14.3 问题描述

S 公司自成立以来,以年均 50% 以上速度增长,目前已经发展为大型机械制造商。公司业务和产业基地遍布全球,在北京、长沙、上海、昆山、乌鲁木齐等地建有产业园,在印度、美国、德国、巴西建有海外研发和制造基地。公司每年将销售收入的 5%~7% 用于研发,致力于将产品升级换代至世界一流水准。凭借技术创新实力,荣获"国家技术发明奖二等奖"荣誉。凭借一流的产品品质,公司承担了很多重大项目的施工建设。自营的机制、完善的网络、独特的理念,将星级服务和超值服务贯穿于产品全过程。

当前,公司的库存问题成为供应链管理中的大难题,突出表现为库存成本居高不下。为此,公司决定采用灵活的库存管理方式进行管理。首先将企业的库存分为两种类型,A_inventory、B_inventory。A_inventory 管理方式(定量订货法):即经常检查库存水平,当库存水平低于安全库存 ss 时,向供应商订货,订货数量固定为 Q。B_inventory 管理方式(定期订货法):根据各自的需求速度,设置了合理的最低及最高库存水平,采用 (s,S) 库存策略;定期检查库存,当库存水平低于库存 s 时,向供应商订货,订货数量 $Q=S-x$,x 为现有库存量。初始库存均假设充足,供应商送货时间为 3 天,库存结构和类型如表 14-1 所示。

表 14-1　库存结构和类型

库存类型	检查间隔	日需求量	管理策略参数		送货时间 LT
A_inventory	12 hours	EXPO(70)	$ssA=200$，订货量 $Q=400$		3 days
B_inventory	10 days	EXPO(25)	最低库存 $Min=150$	最高库存 $Max=1\,000$	3 days

公司想知道，以上的策略下，公司各种类型的库存是否出现了缺货现象？平均库存量水平？公司想进一步优化库存管理，请问有什么好的建议？

14.4　解 决 步 骤

首先绘制基本结构，如图 14-1 所示。

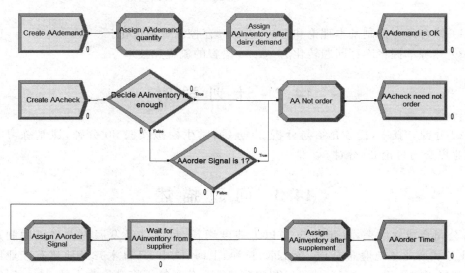

图 14-1　整体框架图

注意，将实体名称设为 AA，以便后续操作。以下分别为具体设置内容，本文仅列出 AA 的设置，其他类似。具体设置流程如图 14-2～图 14-24 所示。

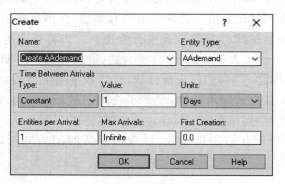

图 14-2　设置库存需求

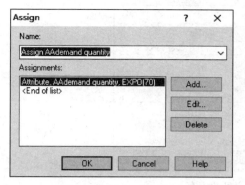

图 14-3 设置需求数量

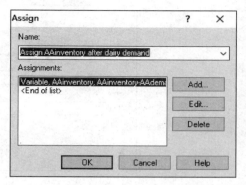

图 14-4 设置库存变量

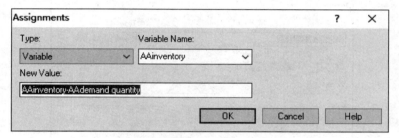

图 14-5 设置库存变量公式

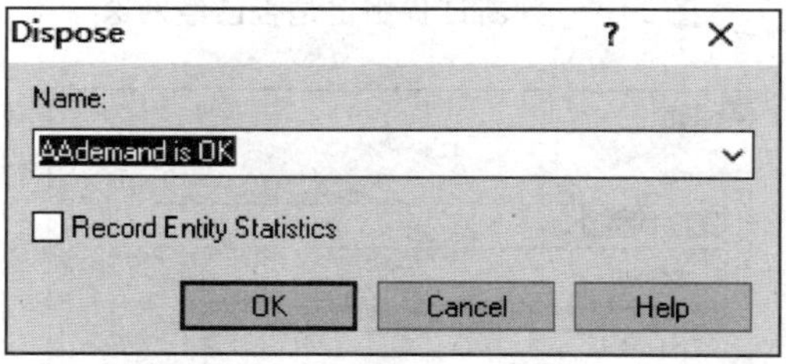

图 14-6 需求实体完成

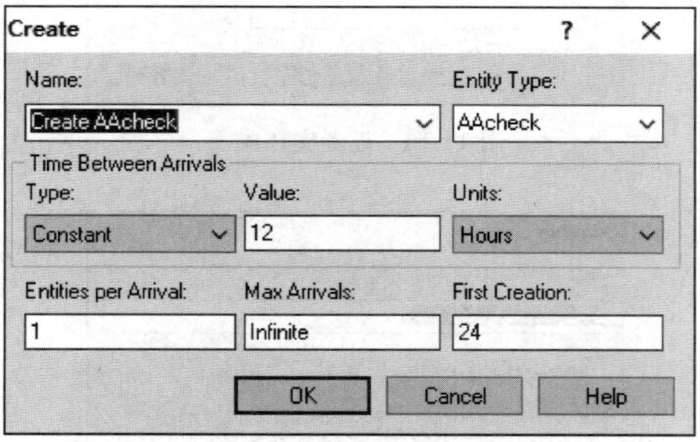

图 14-7 产生检查实体

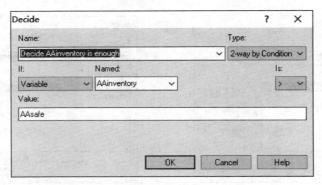

图 14-8　决定是否充足的库存

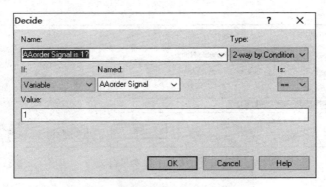

图 14-9　判断订货制定是否已经发送

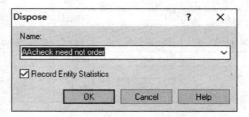

图 14-10　设置实体类型

图 14-11　不需要订货的检查次数

第 14 章　库存控制优化仿真实验

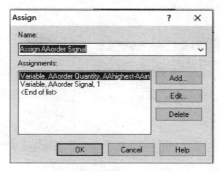

图 14-12　设置需要订货的数量和订货指令

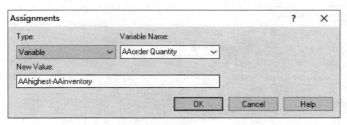

图 14-13　设置订货数量

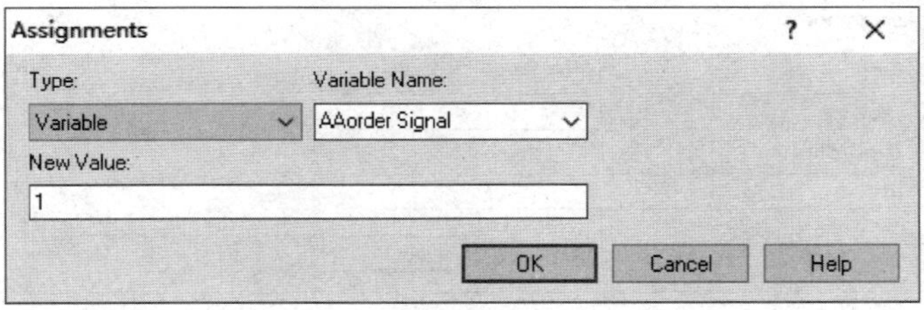

图 14-14　设置订货指令信号为 1

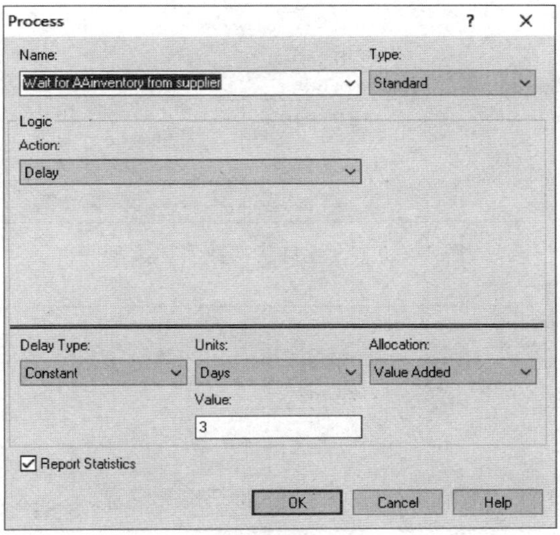

图 14-15　等待供应商送货

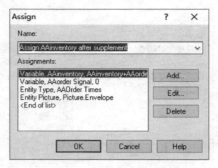

图 14-16 设置订货相关数据

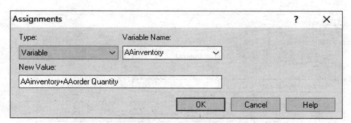

图 14-17 设置库存变化

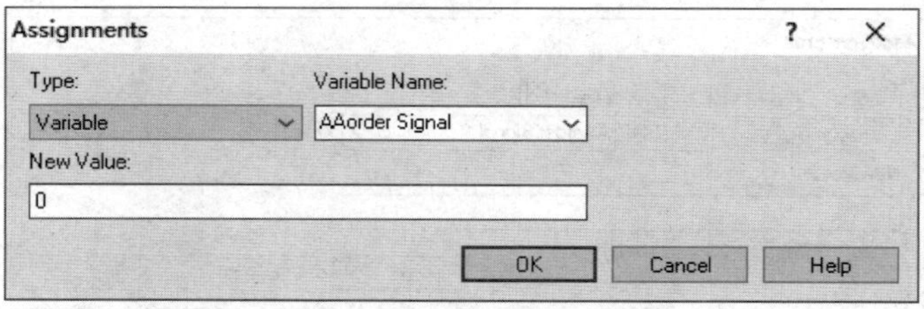

图 14-18 设置订货信号参数

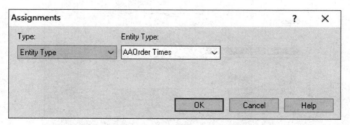

图 14-19 设置订货次数实体类型

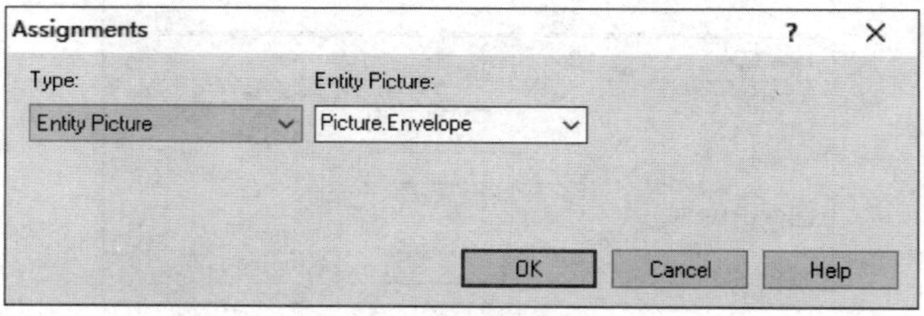

图 14-20 修订订货次数实体图片

第 14 章　库存控制优化仿真实验

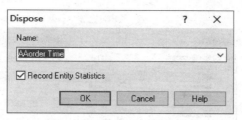

图 14-21　订货实体统计

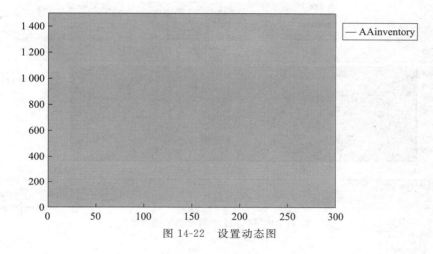

图 14-22　设置动态图

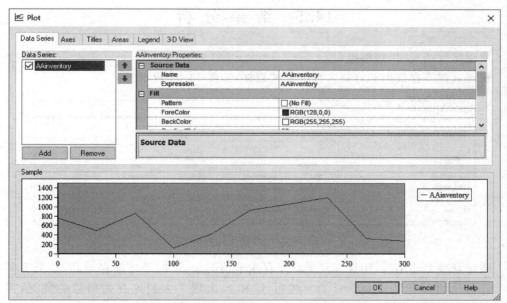

图 14-23　图形设置选择库存参数

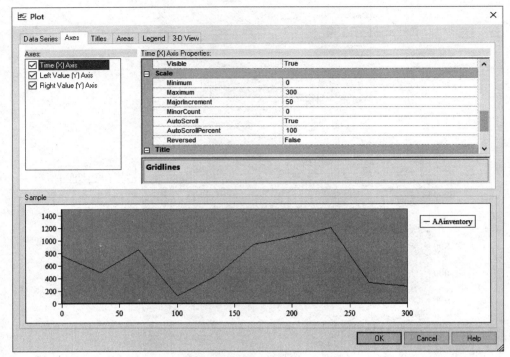

图 14-24　注意设置图形 XY 轴参数

14.5　结 果 分 析

模型运行结束时，观察报告。

重点观察库存数据和订货次数的相关数据，如图 14-25 所示。

User Specified

Time Persistent

Variable	Average	Half Width	Minimum Value	Maximum Value
AAinventory	804.53	(Insufficient)	0.4660	1500.00
BBinventory	986.92	(Insufficient)	-12	2000.00
CCinventory	841.49	(Insufficient)	-463	1800.00
DDinventory	2371.13	(Insufficient)	-69	5000.00
EEinventory	1677.89	(Insufficient)	-426	3500.00

图 14-25　库存变化数据

通过观察上述结果，明显发现平均库存水平情况中，D 的平均库存最高，达到 2 371，这与其每次订货量为 5 000 有关。然而，C 和 E 出现了大量库存为负数的情况，需要调整。

第3篇 仿真习题

第 15 章

仿真实验习题

仿真实验习题 1　物流中心的手工仿真实验

姓名：　　　　　　　　　　实验项目：
学号：　　　　　　　　　　所在小组：
实验学期：　　　　　　　　成绩评定：□优　□良　□中　□及格　□不及格
实验日期：　　　　　　　　指导老师：

实验数据如下。

某物流公司的订单处理中心只有 1 个服务窗口，请根据如下数据进行手工仿真，并将相关结果填入表格中。

顾客到达、间隔和服务时间　　　　　　　　　　单位：分钟

车辆编号	到达时间	到达间隔	服务时间
1	0	12	28
2	12	18	17
3	30	7	34
4	37	7	44
5	44	82	46
6	126	54	42
7	180	170	20
8	350	30	24
9	380	20	26
10	400	10	55
11	410	—	—

注：必须先阅读基本原理第 1 章的内容。

一、模型建立与实验数据

实体	发生时间	事件	P	N	$\sum WQ$	WQ^*	$\sum TS$	TS^*

二、实验结果分析与讨论

三、实验心得与体会

_____
_____
_____
_____

仿真实验习题2 医药物流中心的分拣仿真实验

姓名：　　　　　　　　　　　　　实验项目：
学号：　　　　　　　　　　　　　所在小组：
实验学期：　　　　　　　　　　　成绩评定：□优　□良　□中　□及格　□不及格
实验日期：　　　　　　　　　　　指导老师：

医药物流中心的分拣货物，以 TRIA(2,5,10)时间间隔到达分拣口（时间为分钟）。有四个分拣操作员，分拣订单被自动按照 20%,25%,55%,10%的概率送给四个操作员处理。分拣作业的处理时间和操作员有关：操作员 1 TRIA(15,18,20)，操作员 2 TRIA(16,19,22)，操作员 3 TRIA(16,20,24)，操作员 4 TRIA(17,20,23)。分拣处理完成后，经过一个复核环节，需要 1 名工人复核；有两名工作人员负责复核工作，复核时间为 EXPO(5)，经检验发现大约 7%有差错。有差错的订单送回分拣，由 4 号操作员重新分拣。这些有差错的订单比新到的订单有更高的优先级。因为这些订单要先分拆然后重新分拣，所以平均的处理时间比一般分拣时间多 30%，重新分拣后，不会再有错误，但还是要通过复核人员的复核。(1)运行模型 10 000 分钟，统计分拣操作员利用率和订单的系统逗留时间。(2)假定可以多雇用一名工人，操作员 5 TRIA(15,20,25)，他应该被安排在哪个位置工作呢？

实验要求如下。
(1) 创建一个 Arena 仿真模型。
(2) 用动画工具创建仿真动画。
(3) 比较仿真结果。

一、模型建立与实验数据

_____
_____
_____
_____

二、实验结果分析与讨论

(1) 分拣操作员利用率。

_____
_____
_____
_____

(2) 订单系统逗留时间。

_____
_____
_____
_____
_____

三、实验心得与体会

_____
_____
_____
_____
_____
_____

仿真实验习题3 包装拣选仿真实验

姓名： 　　　　　　　　　　实验项目：
学号： 　　　　　　　　　　所在小组：
实验学期： 　　　　　　　　成绩评定：□优 　□良 　□中 　□及格 　□不及格
实验日期： 　　　　　　　　指导老师：

实验数据如下。

(1) 顾客订单以均值为 20 分钟的指数分布间隔时间到达一个分拣系统。到达后,顾客订单先在 A 区域拣选,拣选时间为 TRIA(4.5,9.3,11) 分钟;完成后在 B 区域拣选,拣选时间为 TRIA(6.4,9.1,11.8) 分钟。拣选完成后,需要进行配送前的包装,时间为威布尔分布,$\beta=19.2, \alpha=15.5$,包装台有 2 个。然后离开系统。做 20 000 分钟的仿真,性能指标选取平均排队时间、平均队长和包装台利用率。

(2) 包装台的工人容量修改为：0:00—08:00,1 个;08:00—16:00,3 个;16:00—00:00,2 个。并把 B 区的拣选时间改为 TRIA(6.7,9.1,13.6)。对新模型做 20 000 分钟的仿真,并比较两个模型的结果(使用三个输出性能指标)。

实验要求:对这两个模型分别做 20 次重复仿真,对结果做简单的统计比较。

一、模型建立与实验数据

二、实验结果分析与讨论

平均排队时间、平均队长和包装台利用率。

三、实验心得与体会

仿真实验习题 4　掷骰子仿真实验

姓名:　　　　　　　　　实验项目:
学号:　　　　　　　　　所在小组:
实验学期:　　　　　　　成绩评定:　□优　　□良　　□中　　□及格　　□不及格
实验日期:　　　　　　　指导老师:

仿真问题:爱因斯坦经典名言"上帝永远不会掷骰子"。两个朋友决定试试各自的运气,他们约定如下。

(1) 朋友甲:连续掷 1 颗骰子,直到出现 6 为止。每掷一次,如果没有出现 6,需要给乙 5 元。如果甲掷的骰子出现了 6,则乙需要给甲 35 元;同时,将骰子给朋友乙。

(2) 朋友乙:连续掷 2 颗骰子,直到出现两个 6 为止。每掷一次,如果没有出现 6,需要给甲 5 元。如果乙掷的骰子出现了两个 6,则甲需要给乙 240 元。当某一方的钱小于等于零时,称为破产。游戏开始时,甲乙都有 300 元钱,请问谁将先破产?

实验要求如下。
(1) 创建一个 Arena 仿真模型模拟实验。
(2) 用动画工具栏统计甲、乙钱数。
(3) 重复游戏 1 000 次,看甲乙输赢次数。

一、模型建立与实验数据

二、实验结果分析与讨论

(1) 甲、乙钱数动态图形。
(2) 甲乙输赢次数。

三、实验心得与体会

仿真实验习题 5　物流客服中心仿真实验

姓名：　　　　　　　　　　　实验项目：
学号：　　　　　　　　　　　所在小组：
实验学期：　　　　　　　　　成绩评定：□优　□良　□中　□及格　□不及格
实验日期：　　　　　　　　　指导老师：

物流客服中心仿真实验：为提升物流客服中心的服务水平,A 公司将客户分类为普通客户 Customer 和重要客户 Vip。普通客户 Customer 到达时间间隔服从对数正态分布,分布的对数平均值为 8 分钟,对数标准偏差为 2 分钟,首次到达时间为 0。到达的普通客户 Customer 在一个专门给普通客户指定的队列中等待服务，客户服务处理时间为 TRIA(5,9,18) 分钟，资源数为 1。重要客户 Vip 到达时间间隔服从均值为 17 分钟的指数分布，首次到达时间为 0。重要客户 Vip 在另外一个队列中等待服务，客户服务处理时间为 TRIA(13,22,35) 分钟，资源数为 2。经过前期的初步客户服务之后，所有的客户都将进入到一个服务合同签署与费用支付的环节，服务时间为 TRIA(8,10,16) 分钟，资源数为 2，所有客户都必须遵循"先到先服务"规则。经过这个步骤后，客户离开。

运行仿真模型 5 000 分钟，确定不同客户 Customer 和 Vip 的平均系统逗留时间、排队时间等。请问在不增加人员的情况下，是否有改进的办法？

一、模型建立与实验数据

二、实验结果分析与讨论

Customer 和 Vip 的平均系统逗留时间、排队时间。

三、实验心得与体会

改进方法及仿真结果比较。

仿真实验习题 6　流通加工系统仿真实验

姓　名：　　　　　　　　　实验项目：
学　号：　　　　　　　　　所在小组：
实验学期：　　　　　　　　成绩评定：□优　□良　□中　□及格　□不及格
实验日期：　　　　　　　　指导老师：

流通加工系统仿真实验：某物流公司为提升其服务能力和服务水平，对客户开展了流通加工服务。具体服务内容为，当客户的商品（以食品为例）进入物流中心之后，物流中心员工对保质期和外观进行检查,然后进行相关的技术鉴定。

具体情况如下:客户的商品进入物流公司的仓库的时间间隔为 EXPO(1)分钟。然后将商品分为 TypeA,TypeB,TypeC 三种类型,比例为 20%,30% 和 50%,分别在三条队列中排队。TypeA 需要进行外观检测和有效期检查,TypeB 需要进行有效期检查和农药残留检查,TypeC 需要进行外观检测、有效期检查和农药残留检查。外观检测的时间为 $1+\text{WEIB}(4.5,2)$ 分钟,资源数为 1 个;有效期检查的时间为均值为 2 分钟的指数分布,资源数为 2;农药残留检查服从 TRIA(7,11,15)分钟,资源数为 1。所有不同类型的商品共用相关的服务资源,采用先到先服务的模式。经过检查,有 13% 的商品不合格,作为废品处理。通过检查的合格商品,需要进行贴条形码的作业,服务时间为 EXPO(2.5)分钟,资源数为 2。因为不同商品的特性不同,贴条形码的优先顺序为 TypeA＞TypeC＞TypeB。

(1) 运行该仿真 1 000 分钟,观察运出系统的合格商品数量、废品数量。
(2) 对模型动画进行设置。
(3) 请对系统的人员安排进行优化设计,并比较优化效果。

一、模型建立与实验数据

(1) 运行该仿真 1 000 分钟,观察运出系统的合格商品数量、废品数量。
(2) 对模型动画进行设置。

二、实验结果分析与讨论

人员安排优化方案及其效果分析。

三、实验心得与体会

改进方法及仿真结果比较。

仿真实验习题7　配送中心收发货作业仿真实验

姓名：　　　　　　　　　　　实验项目：
学号：　　　　　　　　　　　所在小组：
实验学期：　　　　　　　　　成绩评定：□优　□良　□中　□及格　□不及格
实验日期：　　　　　　　　　指导老师：

配送中心收发货作业仿真实验：某大型配送中心采用 7×24 的工作时间，即全天候服务，主要有四种类型的客户（类型1,2,3,4）将到配送中心接受服务，主要的服务流程有7个（入库验货，入库登记，入库作业，贴标签，出库拣选，出库登记，出库验货）。初始到达时间均为0。

客户类型	时间间隔	每次到达个数	需要的业务流程
类型1	EXPO(15)	15	入库验货,入库登记,贴标签,入库作业
类型2	TRIA(20,30,40)	20	入库验货,入库登记,贴标签,入库作业
类型3	EXPO(35)	25	出库拣选,贴标签,出库登记,出库验货
类型4	TRIA(15,35,55)	30	出库拣选,贴标签,出库登记,出库验货

各种作业人员共计20人（含管理人员2人），单个业务处理时间如下表所示。等待接受增值服务的队列遵循"先到先服务"规则。忽略所有的客户传送时间。所有的服务人员采用两班倒（即每班12小时），在上班每第4小时的最后30分钟为休息时间，使用"等待"(ignore)调度规则。

业务类型	服务时间	业务类型	服务时间
入库验货	EXPO(1)	出库拣选	EXPO(5)
入库登记	TRIA(2,3,4)	出库登记	TRIA(2,3,4)
入库作业	EXPO(3)	出库验货	EXPO(2)
贴标签	TRIA(1.5,2.5,3.5)		

实验要求如下。

（1）自行初步设定人员配置情况，并运行仿真模型一周时间，确定客户的平均系统逗留时间（不分类型，所有的客户一起考虑），以及两种客户各自指定队列的平均队长。

（2）以平均人员利用率最高为优化目标，合理设置人员安排。

（3）对模型动画进行设置，包括对不同的客户类型使用不同的图形，资源的繁忙和闲置状态也用不同的图形。

一、模型建立与实验数据

自行初步设定人员配置情况，并运行仿真模型一周时间，确定客户的平均系统逗留时间(不分类型,所有的客户一起考虑),以及两种客户各自指定队列的平均队长。

例如,先按照每个岗位1人,研究各自的人员利用情况和排队情况。

二、实验结果分析与讨论

(1) 以平均人员利用率最高为优化目标,合理设置人员安排。

(2) 对模型动画进行设置,包括对不同的客户类型使用不同的图形,资源的繁忙和闲置状态也用不同的图形。

三、实验心得与体会

改进方法及仿真结果比较。

仿真实验习题 8 快递分拣中心作业仿真实验

姓名:　　　　　　　　　　实验项目:
学号:　　　　　　　　　　所在小组:
实验学期:　　　　　　　　成绩评定: □优　□良　□中　□及格　□不及格
实验日期:　　　　　　　　指导老师:

快递分拣中心作业仿真实验:某快递分拣中心采用波次作业方式进行,每天 11:00—14:00,17:00—20:00 两次进行,主要工作为扫描、分拣、装车三个环节,以单个订单为处理单元。

客户主要分为零星客户、经常客户、重点客户、企业客户四种类型,其优先等级依次递增,分别达到的情况如下表,客户订单每天从08:00开始到达。

客户类型	达到区间	每次到达个数	每小时到达次数	需要的业务流程
零星客户	08:00—20:00	EXPO(5)	10	扫描,分拣,装车
经常客户	08:00—20:00	TRIA(20,30,40)	10	扫描,分拣,装车
重点客户	08:00—16:00	EXPO(60)	10	扫描,分拣,装车
企业客户	08:00—16:00	TRIA(15,35,55)	10	扫描,分拣,装车

各种作业人员共计130人(含管理人员2人),单个业务处理时间如下表所示。等待接受增值服务的队列遵循"先到先服务"规则。忽略所有的客户传送时间。所有的服务人员在波次作业中不休息。

业务类型	服务时间(秒)	员工人数
扫描	EXPO(15)	3
分拣	TRIA(15,35,55)	5
装车	EXPO(40)	6

实验要求如下。

(1) 自行初步设定人员配置情况,并运行仿真模型一周时间,确定客户的平均系统逗留时间(不分类型,所有的客户一起考虑),以及两种客户各自指定队列的平均队长。

(2) 以平均人员利用率最高为优化目标,合理设置人员安排。

一、模型建立与实验数据

自行初步设定人员配置情况,并运行仿真模型一周时间,确定客户的平均系统逗留时间(不分类型,所有的客户一起考虑),以及两种客户各自指定队列的平均队长。

二、实验结果分析与讨论

以平均人员利用率最高为优化目标,合理设置人员安排。

三、实验心得与体会

改进方法及仿真结果比较。

_____

_____

_____

仿真实验习题9　仓库面积配置优化仿真实验

姓名：	实验项目：
学号：	所在小组：
实验学期：	成绩评定：□优　□良　□中　□及格　□不及格
实验日期：	指导老师：

仓库面积配置优化仿真实验：某城市配送物流企业的主要客户有4个，客户经营的产品为快速消费食品，如袋装面包、方便面、薯片、糖果等。他们共同租用了城市配送物流企业的2万m^2的仓库。由于客户的商品具有较高的周转速度且变化较大，物流公司采用分区化管理策略与周转库容相结合的办法。物流公司将仓库划分为A,B,C,D,E五个储存区域，其中A,B,C,D分别对应四个客户的固定式储存区域，E区为周转库容。五个储存区域的库容量分别为5 500m^2、3 500m^2、6 000m^2、2 000m^2、3 000m^2，见下图。

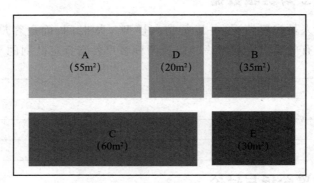

图　仓库布局示意图

在日常运作中，客户的货物都首先存放在各自对应的区域内；指定的仓储区域空间已满后，可以暂时存放在区域E；当区域E也存满了以后，则停止卸货。

在操作中，均采用托盘操作，以下的入库和出库单位均为托盘。为提高仓库利用效率，采用了货架形式储存，平均每平方米的区域可存放2个托盘，即各储存区的托盘容量分别为：110个、70个、120个、40个、60个。统计了2020年1月1日—2020年12月31日的仓库收货和发货数据，如下表。

问题：

（1）请根据以往的统计数据，分析收发货规律，判断目前的储位是否合理？仓库容量是否充足？运行300天观察效果。

（2）企业市场部门预计，2021年的库存量将增加5%左右，在仓库容量不能增加的情况下，物流专家推荐引入计算机管理技术，实现随机储位管理（即取消分区，整体利用）。请问是否可以提升储位利用效率？

仓库收货数据（一个托盘可存放100个货物）

收货时间	收货数量	收货区域	收货时间	收货数量	收货区域
2020/1/1 21:10:05	7 066	A	2020/7/2 3:04:22	6 607	B
2020/1/2 8:13:33	3 610	D	2020/7/4 16:56:15	5 414	C
2020/1/2 9:33:05	6 814	C	2020/7/9 18:25:47	9 137	A
2020/1/2 15:10:05	6 656	B	2020/7/12 17:29:38	6 814	C
2020/1/9 21:23:08	8 748	A	2020/7/17 3:20:43	6 443	B
2020/1/13 10:56:34	9 788	C	2020/7/18 18:43:47	9 267	A
2020/1/15 16:30:22	7 180	B	2020/7/20 16:29:38	3 729	D
2020/1/18 21:37:23	9 267	A	2020/7/20 19:11:03	9 703	C
2020/1/22 12:40:02	9 931	C	2020/7/28 20:01:54	9 267	A
2020/1/28 16:31:50	6 042	B	2020/7/29 19:54:36	9 954	C
2020/1/28 21:57:25	9 282	A	2020/7/31 4:38:02	4 771	B
2020/1/30 9:37:02	3 610	D	2020/8/5 21:21:57	7 261	A
2020/2/2 13:31:26	9 590	C	2020/8/6 21:23:09	4 239	C
2020/2/7 23:11:40	8 443	A	2020/8/14 5:55:13	6 607	B
2020/2/10 13:55:51	8 103	C	2020/8/14 21:34:58	8 383	A
2020/2/12 16:47:04	6 116	B	2020/8/17 22:52:34	5 872	C
2020/2/17 10:25:48	8 703	A	2020/8/20 18:24:07	3 863	D
2020/2/22 15:22:16	7 271	C	2020/8/23 22:57:13	9 235	A
2020/2/26 17:51:36	7 005	B	2020/8/27 23:44:55	6 814	C
2020/2/27 10:42:04	9 252	A	2020/8/29 5:58:26	6 974	B
2020/2/27 11:20:30	3 970	D	2020/9/1 23:13:27	8 870	A
2020/3/1 16:09:49	9 981	C	2020/9/8 9:26:17	8 461	C
2020/3/8 11:03:17	7 356	A	2020/9/10 23:27:31	6 967	A
2020/3/12 17:49:10	3 940	C	2020/9/11 6:02:42	6 607	B
2020/3/12 19:09:02	4 674	B	2020/9/16 18:53:39	3 345	D
2020/3/17 11:25:36	9 282	A	2020/9/20 11:16:44	9 590	C
2020/3/20 19:43:39	4 983	C	2020/9/21 8:44:32	7 450	A
2020/3/23 19:27:30	7 199	B	2020/9/25 7:23:14	7 218	B
2020/3/25 12:40:37	7 965	A	2020/10/1 9:58:47	9 199	A
2020/3/29 12:11:54	3 863	D	2020/10/2 12:52:06	9 995	C

续表

收货时间	收货数量	收货区域	收货时间	收货数量	收货区域
2020/4/1 20:13:11	9 995	C	2020/10/6 8:27:32	5 804	B
2020/4/4 12:58:36	7 632	A	2020/10/11 10:19:45	8 554	A
2020/4/4 20:44:42	6 832	B	2020/10/13 14:45:39	8 461	C
2020/4/12 22:08:43	9 703	C	2020/10/17 20:49:11	3 958	D
2020/4/14 13:15:48	8 703	A	2020/10/19 10:31:55	8 042	A
2020/4/19 21:48:55	4 674	B	2020/10/21 8:33:50	7 267	B
2020/4/22 10:01:06	9 954	C	2020/10/21 15:12:12	8 775	C
2020/4/22 13:37:55	8 554	A	2020/10/29 11:50:08	8 703	A
2020/4/26 12:36:19	3 996	D	2020/10/29 17:06:38	9 042	C
2020/4/30 10:51:32	5 872	C	2020/11/1 9:44:14	6 832	B
2020/4/30 13:57:05	8 187	A	2020/11/6 12:06:12	8 255	A
2020/5/1 21:54:24	7 252	B	2020/11/6 17:47:06	5 872	C
2020/5/10 14:18:10	7 066	A	2020/11/14 10:50:44	6 116	B
2020/5/11 12:32:54	9 703	C	2020/11/14 12:19:14	8 116	A
2020/5/12 22:59:42	6 042	B	2020/11/16 8:41:34	3 990	D
2020/5/18 15:36:09	8 607	A	2020/11/17 18:34:30	9 993	C
2020/5/21 12:54:21	9 981	C	2020/11/24 12:40:23	7 164	A
2020/5/24 0:18:06	7 235	B	2020/11/26 12:10:59	5 356	B
2020/5/24 14:02:44	3 227	D	2020/11/27 20:18:58	6 343	C
2020/5/27 16:57:23	7 719	A	2020/12/3 12:59:23	9 062	A
2020/6/2 14:48:51	8 103	C	2020/12/7 13:30:21	4 967	B
2020/6/4 1:34:37	7 113	B	2020/12/9 20:54:20	4 589	C
2020/6/4 17:16:21	9 218	A	2020/12/12 9:32:00	3 227	D
2020/6/12 15:08:16	9 265	C	2020/12/12 14:14:26	9 113	A
2020/6/14 17:29:27	7 066	A	2020/12/20 15:28:29	7 261	A
2020/6/18 2:44:56	4 771	B	2020/12/20 21:40:48	8 103	C
2020/6/19 14:50:17	3 672	D	2020/12/22 13:47:54	7 005	B
2020/6/23 17:51:25	8 255	A	2020/12/29 23:34:20	8 461	C
2020/6/24 16:37:45	9 703	C	2020/12/30 15:43:27	7 261	A
2020/7/1 18:05:38	7 632	A	2020/12/31 11:13:22	3 825	D

采用 SPSS 或者 Arena 的 input 分析工具,得到收货数据分布情况如下。

A 数量:EXPO(5)　　A 时间:NORM(11.5)

B 数量:EXPO(5)　　B 时间:UNIF(24,27)

C 数量:EXPO(5)　　C 时间:NORM(15)

D 数量:EXPO(5)　　D 时间:NORM(95)

单位均为托盘和小时。

一、模型建立与实验数据

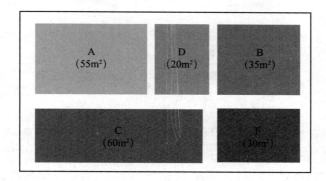

以上设置是否合理？

二、实验结果分析与讨论

企业市场部门预计,2021年的库存量将增加5%左右,在仓库容量不能增加的情况下,物流专家推荐引入计算机管理技术,实现随机储位管理(即取消分区,整体利用)。请问是否可以提升储位利用效率？

三、实验心得与体会

改进方法及仿真结果比较。

仿真实验习题 10　零售公司的库存管理优化实验

姓　　名：　　　　　　　　　　　　实验项目：
学　　号：　　　　　　　　　　　　所在小组：
实验学期：　　　　　　　　　　　　成绩评定：□优　□良　□中　□及格　□不及格
实验日期：　　　　　　　　　　　　指导老师：

零售公司的库存管理优化实验：D公司是中国的综合网络零售商，是中国电子商务领域受消费者欢迎和具有影响力的电子商务网站之一，在线销售家电、数码通信、计算机、家居百货、服装服饰、母婴、图书、食品、在线旅游等12大类数万个品牌百万种优质商品。凭借全供应链继续扩大在中国电子商务市场的优势，D公司已经建立华北、华东、华南、西南、华中、东北六大物流中心，同时在全国超过360座城市建立核心城市配送站。

近年来，伴随业务的快速发展，库存管理中的问题日益突出，主要表现为公司仓库规模不断扩大，费用快速上升。为更好解决这些问题，公司物流部门将库存分为三类，实施ABC重点管理，具体数据如下。

类型	需求量	订货方法
A_inventory	50 unit/day	定量订货法。每天检查库存，当库存不高于500 units时，订货1 000 units
B_inventory	70 unit/day	定期订货法。每15 days检查一次库存量，当不高于800 units时，订货1 500 units
C_inventory	100 unit/day	定期订货法。每30 days检查一次库存量，当不高于800 units时，订货3 000 units

供应商送货需要时间，服从EXPO(5)day。

已知每次订货需要固定费用900元，仓储保管费用为1元/unit.day。如果发生缺货的现象，那么A_inventory，B_inventory，C_inventory的缺货损失分别为3元/unit.day，2元/unit.day，1元/unit.day。

根据以上信息，请制作仿真模型，并讨论三类库存的年物流总费用(含缺货损失)，并制订优化方案。

一、模型建立与实验数据

_____
_____
_____
_____

二、实验结果分析与讨论

三、实验心得与体会

讨论定量订货法和定期订货法的优劣势,以及如何改进案例中的相关管理措施。

参 考 文 献

[1] 凯尔顿,等. 仿真使用 Arena 软件[M]. 周泓,等译. 3 版. 北京:机械工业出版社,2007.
[2] 李欣. 物流系统建模与仿真——使用 Arena 软件[M]. 上海:格致出版社,2013.
[3] 汪送. 基于 Arena 仿真的事故网络风险耦合特性分析[J]. 火力与指挥控制,2020,42(7):48-51,55.
[4] 姜润洲. 软件 Arena 在计量检测实验室中的 6S 管理与应用[J]. 电子测试,2020(11):109-110.
[5] 林臣琪. 基于 Arena 的超市收银台排班分析——以杭州市物美超市为例[J]. 经营与管理,2020(2):132-135.
[6] 陈艳清,逯一辰,张亚洁. 基于 Arena 仿真的三峡坝前联运港口应急分流能力研究[J]. 武汉理工大学学报,2016,38(7):76-81.
[7] 徐钦,侯立峰. 基于 Arena 的飞行保障时间分析及过程建模[J]. 信息与电脑(理论版),2016(14):33-34.
[8] 李长春,刘雪芳. 基于 Arena 的 3D 打印云制造服务平台流程设计及仿真优化系统[J]. 机电工程技术,2016,45(6):7-14.
[9] 刘清,余燕平. 基于 Arena 的三峡船舶积压疏导策略效果研究[J]. 武汉理工大学学报(交通科学与工程版),2016,40(2):210-213.
[10] 桂劲松,温志超. 基于 Arena 仿真软件的渔港码头作业方式选择[J]. 渔业现代化,2015,42(6):61-65.
[11] 朱翠娟,霍俊爽,孙庆峰. 基于 Arena 的水灾应急疏散仿真研究[J]. 综合运输,2015,37(12):77-81,93.
[12] 刘清,张亚洁. 基于 Arena 的三峡升船机优化调度仿真研究[J]. 武汉理工大学学报,2015,37(4):43-46.
[13] 陶雷,黄宏香,陈泳娟,等. 基于 Arena 的餐饮业服务仿真模型研究[J]. 价值工程,2015,34(6):224-225.
[14] 鲁艳萍. 基于 Arena 的汽车涂装物流过程仿真研究[J]. 物流技术,2015,34(2):203-207.
[15] 罗珉,李亮宇. 互联网时代的商业模式创新:价值创造视角[J]. 中国工业经济,2015(1):95-107.
[16] 马晓娟. 基于 Arena 的物流配送中心货物拣选作业的仿真分析与应用[J]. 物流技术,2014(24):67-70.
[17] 黄娇晶. Arena 在订单分配策略优化应用研究[J]. 物流工程与管理,2014,36(12):27-28.
[18] 杨学良,李军祥,台玉红. 基于 Arena 仿真的联络中心运营效率对比研究[J]. 系统仿真学报,2014,26(11):2739-2744.
[19] 江积海. 国外商业模式创新中价值创造研究的文献述评及展望[J]. 经济管理,2014,36(8):187-199.
[20] 周伟,吴善刚,肖英杰,杨小军. 基于 Arena 软件的 LNG 船舶通航组织仿真[J]. 上海海事大学学报,2014,35(2):6-10.
[21] 陈思云,秦艳超. 基于 Arena 的汽车备件仓库资源配置优化研究[J]. 武汉理工大学学报(信息与管理工程版),2014,36(3):324-327.
[22] 刘媛媛,孙若莹. 基于 Arena 的供应链管理中牛鞭效应研究[J]. 物流工程与管理,2013,35(6):115-118.
[23] 张晓萍. 系统仿真软件 Flexsim3.0 实用教程[M]. 北京:清华大学出版社,2006.